林业理论与管理研究

丛喜东　徐　蕊　万平平 ◎著

 吉林科学技术出版社

图书在版编目（CIP）数据

林业理论与管理研究 / 丛喜东，徐蕊，万平平主编
. -- 长春：吉林科学技术出版社，2023.5
ISBN 978-7-5744-0470-0

Ⅰ. ①林… Ⅱ. ①丛… ②徐… ③万… Ⅲ. ①林业管
理—研究 Ⅳ. ①F307.2

中国国家版本馆 CIP 数据核字(2023)第 105647 号

林业理论与管理研究

作 者	丛喜东 徐 蕊 万平平
出 版 人	宛 霞
责任编辑	赵 沫
幅面尺寸	185 mm×260 mm
开 本	16
字 数	272 千字
印 张	11.75
版 次	2023 年 5 月第 1 版
印 次	2023 年 5 月第 1 次印刷

出 版　吉林科学技术出版社
发 行　吉林科学技术出版社
地 址　长春市净月区福祉大路 5788 号
邮 编　130118
发行部电话/传真　0431-81629529　81629530　81629531
　　　　　　　　　81629532　81629533　81629534

储运部电话　0431-86059116
编辑部电话　0431-81629518
印 刷　北京四海锦诚印刷技术有限公司

书 号　ISBN 978-7-5744-0470-0
定 价　65.00 元

前　言

现代林业发展至今，既是历史的既定结果，也是现代科学、经济发展和生态文明建设的必然产物。在现代林业发展过程中，绿色经济成为我国经济的重要变革方向，同时也是全球达成的广泛共识。作为生态环境的主体，林业对推动生态建设、经济发展、社会进步等方面都具有重大意义。推动林业发展进步、加快生态文明建设，是时代赋予我们的责任，也是我国生态文明建设现代化的重要标志。

基于此，本书以"林业理论与管理研究"为题，全书共分为6个章节：第一章作为引导，带领读者了解林业的重要性；第二章主要介绍林业绿色经济理论的起源与发展，阐述林业绿色经济理论的诸多理论基础，以及该理论的实际应用；第三章着墨较多，对森林群落及生态系统进行说明，详细解释了森林价值和经济核算的方式，并对森林病虫害的防治以及森林火灾两大林业主要难题给出了一定的预防、解决方案；第四章更偏重于讲述现代林业工程建设，面对我国多样的地形，诸多不同的技术方法及体系也在此进行说明；第五章围绕林业的经济效益展开，对其经营方式和所能带来的经济效益的评价方法进行汇总；第六章深入分析前文所提到的可持续发展理论，体现该理论对林业的重要影响，并提出了在可持续发展理论支撑下未来林业的创新方向与发展策略。

本书的宗旨是通过对现代林业理论、特点、生态建设等多方面、多角度不同程度的介绍，加深读者对林业及现代林业发展的认识，了解其重要意义所在，从而推动我国林业建设不断发展。

笔者在撰写本书的过程中，得到了许多专家学者的帮助和指导，在此表示诚挚的谢意。由于笔者水平有限，加之时间仓促，书中所涉及的内容难免有疏漏之处，希望各位读者多提宝贵意见，以便笔者进一步修改，使之更加完善。

前 言

目　录

第一章 导 论

第一节 林业的内涵与特点

现代林业是一个具有时代特征的概念，随着经济社会的不断发展，现代林业的内涵也在不断地发生着变化。正确理解和认识新时期现代林业的基本内涵，对于指导现代林业建设的实践具有重要的意义。

一、现代林业的概念

早在改革开放初期，我国就有人提出了建设现代林业。当时人们简单地将现代林业理解为林业机械化，后来又走入了只讲生态建设，不讲林业产业的朴素生态林业的误区。一般认为，现代林业是在现代科学的思维方式指导下，以现代科学理论、技术与管理为指导，通过新的森林经营方式与新的林业经济增长方式，达到充分发挥森林的生态、经济、社会与文明功能，担负起优化环境、促进经济发展、提高社会文明、实现可持续发展的目标和任务。

随着时代的发展，林业本身的范围、目标和任务也在发生着变化。从林业资源所涵盖的范围来看，我国的林业资源不仅包括林地、林木等传统的森林资源，同时还包括湿地资源、荒漠资源，以及以森林、湿地、荒漠生态系统为依托而生存的野生动植物资源。从发展目标和任务看，已经从传统的以木材生产为核心的单目标经营，转向重视林业资源的多种功能、追求多种效益。我国林业不仅要承担木材及非木质林产品的供给任务，同时还要在维护国土生态安全、改善人居环境、发展林区经济、促进农民增收、弘扬生态文化、建设生态文明中发挥重要的作用。

因此，衡量一个国家或地区的林业是否达到了现代林业的要求，最重要的就是考察其发展理念、生产力水平、功能和效益是否达到了所处时代的领先水平。建设现代林业就是要遵循当今时代最先进的发展理念，以先进的科学技术、精良的物质装备和高素质的务林人为支撑，运用完善的经营机制和高效的管理手段，建设完善的林业生态体系、发达的林业产业体系和繁荣的生态文化体系，充分发挥林业资源的多种功能和多重价值，最大限度地满足社会的多样化需求。

按照伦理学的理论，概念是对事物最一般、最本质属性的高度概括，是人类抽象的、普遍的思维产物。先进的发展理念、技术和装备、管理体制等都是建设现代林业过程中的必要手段，而最终体现出来的是林业发展的状态和方向。因此，现代林业就是可持续发展的林业，它是指充分发挥林业资源的多种功能和多重价值、不断满足社会多样化需求的林业发展状态和方向。

二、现代林业的内涵

内涵是对某一概念中所包含的各种本质属性的具体界定。中国现代林业的基本内涵可表述为：以建设生态文明社会为目标，以可持续发展理论为指导，用多目标经营做大林业，用现代科学技术提升林业，用现代物质条件装备林业，用现代信息手段管理林业，用现代市场机制发展林业，用现代法律制度保障林业，用扩大对外开放拓展林业，用高素质新型务林人推进林业，努力提高林业科学化、机械化和信息化水平，提高林地产出率、资源利用率和劳动生产率，提高林业发展的质量、素质和效益，建设完善的林业生态体系、发达的林业产业体系和繁荣的生态文化体系。

（一）多目标经营

森林具有多种功能和多种价值，从单一的经济目标向生态、经济、社会多种效益并重的多目标经营转变，是当今世界林业发展的共同趋势。20世纪80年代中期，我国对林业发展道路进行了深入、系统的研究和探索，提出了符合我国国情、林情的林业分工理论，按照林业的主导功能特点或要求划类，并按各类的特点和规律运行的林业经营体制和经营模式，通过森林功能性分类，充分发挥林业资源的多种功能和多种效益，不断增加林业生态产品、物质产品和文化产品的有效供给，持续不断地满足社会和广大民众对林业的多样化需求。

"森林资源具有多种效益，林业企业在较大空间范围内经营森林资源，既要满足社会对林业企业生产各种林产品的需求，又要满足人们的旅游、心理、环境等需求，而社会需求的这两类产品又具有不同的性质，对其管理的方式、方法不同。林业企业生产经营的这一性质，决定了企业管理目标的多样性，但这一多元化的目标又是相互联系的。因此，林业企业的管理目标应相互协调，以实现企业的整体目标。"①

中国现代林业的最终目标是建设生态文明社会，具体目标是实现生态、经济、社会三大效益的最大化。

（二）现代发展理念

理念就是理性的观念，是人们对事物发展方向的根本思路。现代林业的发展理念，就是通过科学论证和理性思考而确立的未来林业发展的最高境界和根本观念，主要解决林

---

① 耿玉德 . 现代林业企业管理学 [M]. 哈尔滨：东北林业大学出版社，2016：6.

业发展走什么道路、达到什么样的最终目标等根本方向问题。因此，现代林业的发展理念必须是最科学的，既符合当今世界林业发展潮流，又符合中国的国情和林情。

中国现代林业的发展理念应该是：以可持续发展理论为指导，坚持以生态建设为主的林业发展战略，全面落实科学发展观，最终实现人与自然和谐的生态文明社会。这一发展理念的 4 个方面是一脉相承的，也是一个不可分割的整体。建设人与自然和谐的生态文明社会，是实现全面建成小康社会目标的新要求之一，是落实科学发展观的必然要求，也是"三生态"战略思想的重要组成部分，充分体现了可持续发展的基本理念，成为现代林业建设的最高目标。

可持续发展理论是在人类社会经济发展面临着严重的人口、资源与环境问题的背景下产生和发展起来的，联合国环境规划署把可持续发展定义为满足当前需要而又不削弱子孙后代满足其需要之能力的发展。可持续发展的核心是发展，重要标志是资源的永续利用和良好的生态环境。可持续发展要求既要考虑当前发展的需要，又要考虑未来发展的需要，不以牺牲后代人的利益为代价。

在建设现代林业的过程中，要充分考虑发展的可持续性，既充分满足当代人对林业三大产品的需求，又不对后代人的发展产生影响。大力发展循环经济，建设资源节约型、生态良好和环境友好型社会，必须合理利用资源，大力保护自然生态和自然资源，恢复、治理、重建和发展自然生态和自然资源，是实现可持续发展的必然要求。可持续林业从健康、完整的生态系统，生物多样性，良好的环境及主要林产品持续生产等诸多方面，反映了现代林业的多重价值观。

三、现代林业的特点

我国的现代林业经历了一个以森林生态效益为主的现代林业，到外延更加系统和宽泛的现代林业，再到具有科学性和可比性的现代林业。

作为建设生态文明的主力军，现代林业的发展必须以生态文明为战略目标，为建设生态文明服务。建设现代林业就是要实现生态良好、产业发达、文化繁荣、和谐发展。因此，通过与传统林业相比较，并对现代林业在建设生态文明过程中的作用分析，可以看到现代林业所具有的鲜明特征。

（一）生态性与公益性

现代林业的首要任务就是建立以森林生态系统为主体的、完备的国土生态安全保障体系。防止水土流失和保护生物多样性等作用，是保护地球和人类的天然屏障。因此，建设生态文明不仅要把森林作为重中之重，还要善于利用森林、湿地对保护生态的巨大作用。

生态建设是林业工作的重要主题，是林业部门最重要、最基本的任务。全面推进现代林业建设必须坚持以生态建设为主的林业发展战略不动摇，努力为人民提供更多更好的生态产品。而生态产品本质上是一种公共物品，这就决定了现代林业首先具有公益性特征。

（二）市场性与科学性

现代林业既要坚持生态建设的公益性，又要坚持林业产业的市场性。发展现代林业产业必须遵循市场规律，明确产权是市场经济有效运作的前提，因此，对于森工企业来说，要明晰产权，建立现代企业制度；对于集体林区来说，要通过林权改革来调动人民群众的积极性；对于国家来说，要建立合理的生态补偿制度，促进社会的和谐发展。

资源管理的科学性与公平性是建设生态文明的又一要求。集体林权改革无疑是公平性和科学性的重要体现。只有用自己的资源来办自己的事，才能达到效率最大化，才能实现资源的永续利用和发展。因此，全面落实服务型绿色行政管理体系的建设是实现管理科学和产权明晰的具体措施。

对林业资源的科学管理主要从 3 个方面得以实现：①管理机构的创新，随着现代林业的发展，应当建立同现代形势相适应的管理机构，如现代林业综合执法大队、现代林业的应用推广机构和现代林业的资产评估机构等，同时要加强和完善基层林业技术推广体系建设；②管理方式的创新，政府必须以信息化、数字化的管理方式来对整个林业生态状况进行管理，确保获得真实、及时的信息；③管理制度的创新，如改革绩效考核体系，将生态环境作为考核要素之一，以衡量政府的政绩。

第二节　林业建设的任务、内容与布局

一、我国现代林业建设的主要任务与内容

"任何时候都不能有丝毫放松。对乱砍滥伐应当随起随剎，绝不能手软。要彻底改变以'木材生产为中心'的理念，坚决调减木材产量，给林业以休养生息的机会。"[1] 发展现代林业、建设生态文明是中国林业发展的方向、旗帜和主题。现代林业建设的主要任务是：按照生态良好、产业发达、文化繁荣、发展和谐的要求，着力构建完善的林业生态体系、发达的林业产业体系和繁荣的生态文化体系，充分发挥森林的多种功能和综合效益，不断满足人类对林业的多种需求。重点实施好天然林资源保护、退耕还林、湿地保护与恢复、城市林业等多项生态工程，建立以森林生态系统为主体的、完备的国土生态安全保障体系，是现代林业建设的基本任务。

① 蒋志仁，刘菊梅，蒋志成 . 现代林业发展战略研究 [M]. 北京：北京工业大学出版社，2019：5.

随着我国经济社会的快速发展，林业产业的外延在不断拓展，内涵在不断丰富。建立以林业资源节约利用、高效利用、综合利用、循环利用为内容的，发达的产业体系是现代林业建设的重要任务。林业产业体系建设重点应包括加快发展以森林资源培育为基础的林业第一产业，全面提升以木竹加工为主的林业第二产业，大力发展以生态服务为主的林业第三产业。建立以生态文明为主要价值取向的、繁荣的林业生态文化体系是现代林业建设的新任务。生态文化体系建设的重点是努力构建生态文化物质载体，促进生态文化产业发展，加大生态文化的传播普及，加强生态文化基础教育，提高生态文化体系建设的保障能力，开展生态文化体系建设的理论研究。

（一）努力构建人与自然和谐的、完善的生态体系

林业生态体系包括3个系统、1个多样性，即森林生态系统、湿地生态系统、荒漠生态系统和生物多样性。

努力构建人与自然和谐的、完善的林业生态体系，必须加强生态建设，充分发挥林业的生态效益，着力建设森林生态系统，大力保护湿地生态系统，不断改善荒漠生态系统，努力维护生物多样性，突出发展，强化保护，提升质量，努力建设布局科学、结构合理、功能完备、效益显著的林业生态体系。

（二）不断完善充满活力的、发达的林业产业体系

林业产业体系包括第一产业、第二产业、第三产业三次产业和一个新兴产业。不断完善充满活力的、发达的林业产业体系，必须加快产业发展，充分发挥林业的经济效益，全面提升传统产业，积极发展新兴产业，以兴林富民为宗旨，完善宏观调控，加强市场监管，优化公共服务，坚持低投入、高效益，低消耗、高产出，努力建设品种丰富、优质高效、运行有序、充满活力的林业产业体系。

各类商品林基地建设取得新进展，优质、高产、高效、新兴林业产业迅猛发展，林业经济结构得到优化，建成林业产业强国。

（三）逐步建立丰富多彩的、繁荣的生态文化体系

生态文化体系包括植物生态文化、动物生态文化、人文生态文化和环境生态文化等。

逐步建立丰富多彩的、繁荣的生态文化体系，必须培育生态文化，充分发挥林业的社会效益，大力繁荣生态文化，普及生态知识，倡导生态道德，增强生态意识，弘扬生态文明，以人与自然和谐相处为核心价值观，以森林文化、湿地文化、野生动物文化为主体，努力构建主题突出、内涵丰富、形式多样、喜闻乐见的生态文化体系。

加快城乡绿化，改善人居环境，发展森林旅游，增进人民健康，提供就业机会，增

加农民收入，促进新农村建设。

（四）大力推进优质高效的服务型林业保障体系

林业保障体系包括科学化、信息化、机械化三大支柱和改革、投资 2 个关键，涉及绿色办公、绿色生产、绿色采购、绿色统计、绿色审计、绿色财政和绿色金融等。

林业保障体系要求林业行政管理部门切实转变职能、理顺关系、优化结构、提高效能，做到权责一致、分工合理、决策科学、执行顺畅、监督有力、成本节约，为现代林业建设提供体制保障。

大力推进优质高效的服务型林业保障体系，必须按照科学发展观的要求，大力推进林业科学化、信息化、机械化进程；坚持和完善林权制度改革，进一步加快构建现代林业体制机制，进一步扩大重点国有林区、国有林场的改革，加大政策调整力度，逐步理顺林业机制，加快林业部门的职能转变，建立和推行生态文明建设绩效考评与问责制度；同时，要建立支持现代林业发展的公共财政制度，完善林业投融资政策，健全林业社会化服务体系，按照服务型政府的要求建设林业保障体系。

二、现代林业建设的布局

"国有林区，尤其是国有重点林区，在新的战略机遇期和黄金发展期扮演着重要的角色，是改革创新的主力军。"①21 世纪上半叶中国林业发展总体战略构想是：①确立以生态建设为主的林业可持续发展道路；②建立以森林植被为主体的国土生态安全体系；③建设山川秀美的生态文明社会。

林业发展总体战略构想的核心是"生态建设、生态安全、生态文明"。这三者之间相互关联、相辅相成。生态建设是生态安全的前提，生态安全是生态文明的基础和保障，生态文明是生态建设和生态安全所追求的最终目标。按照"三个代表"重要思想，"生态建设、生态安全、生态文明"既代表了先进生产力发展的必然要求和广大人民群众的根本利益，又顺应了世界发展的大趋势，展示了中华民族对自身发展的审慎选择、对生态建设的高度责任感和对全球森林问题的整体关怀，体现了可持续发展的理念。

现代林业建设总体布局要以天然林资源保护、退耕还林、"三北"及长江流域等重点防护林体系建设、京津风沙源治理、野生动植物保护及自然保护区建设、重点地区速生丰产用材林基地建设等林业六大重点工程为框架，构建"点、线、面"结合的全国森林生态网络体系。即以全国城镇绿化区、森林公园和周边自然保护区及典型生态区为"点"；以大江大河、主要山脉、海岸线、主干铁路公路为"线"；以东北内蒙古国有林区，西北、华北北部和东北西部干旱半干旱地区，华北及中原平原地区，南方集体林地区，东南沿海热带林地区，西南高山峡谷地区，青藏高原高寒地区 8 大区为"面"。实现森林资源在空

① 吕洁华，张滨.国有林区林业产业识别与产业建设研究——以黑龙江省为例 [M].北京：科学出版社，2018：1.

间布局上的均衡、合理配置。

东北内蒙古国有林区以天然林保护和培育为重点，华北中原地区以平原防护林建设和用材林基地建设为重点，西北、华北北部和东北西部地区以风沙治理和水土保持林建设为重点，长江上中游地区以生态和生物多样性保护为重点，南方集体林区以用材林和经济林生产为重点，东南沿海地区以热带林保护和沿海防护林建设为重点，青藏高原地区以野生动植物保护为重点。

（一）总体布局

1. 构建点、线、面相结合的森林生态网络

良好的生态环境应该建立在总量保证、布局均衡、结构合理、运行通畅的植被系统基础上。森林生态网络是这一系统的主体。当前我国生态环境不良的根本原因是植被系统不健全，而要改变这种状况的根本措施就是建立一个合理的森林生态网络。

建立合理的森林生态网络应该充分考虑 4 个因素：一是森林资源总量要达到一定面积，即要有相应的森林覆盖率，按照科学测算，森林覆盖率至少要达到 26%；二要做到合理布局，从生态建设需要和我国国情、林情出发，今后恢复和建设植被的重点区域应该是生态问题突出、有林业用地但又植被稀少的地区，如西部的无林少林地区，大江大河源头及流域，各种道路两侧及城市、平原等；三是提高森林植被的质量，做到林种、树种、林龄及森林与其他植被的结构搭配合理；四是有效保护好现有的天然森林植被，充分发挥森林天然群落特有的生态效能。从这些要求出发，以林为主，因地制宜，实行乔、灌、草立体开发，是从微观的角度解决环境发展的时间与空间、技术与经济、质量与效益结合的问题；而点、线、面协调配套，则是从宏观发展战略的角度，以整个国土生态环境为全局，提出森林生态网络工程总体结构与布局的问题。

"点"是指以人口相对密集的中心城市为主体，辐射周围若干城镇所形成的具有一定规模的森林生态网络点状分布区。它包括城市森林公园、城市园林、城市绿地、城郊接合部以及远郊大环境绿化区（森林风景区、自然保护区等）。

城市是一个特殊的生态系统，它是以人为主体并与周围的其他生物和非生物建立相互联系，受自然生命保障系统所供养的"社会－经济－自然复合生态系统"。随着经济的持续高速增长，我国城市化发展趋势加快，已经成为世界上城市最多的国家之一，尤其是经济比较发达的珠江三角洲、长江三角洲、胶东半岛以及京、津、唐地区已经形成城市走廊（或称城市群）的雏形。

虽然城市化极大地推动了我国社会进步和经济繁荣，但在没有强有力的控制条件下，城市化不可避免地导致城市地区生态的退化，各种环境困扰和城市病愈演愈烈。因此，以绿色植物为主体的城市生态环境建设已成为我国森林生态网络系统工程建设不可缺少的一个重要组成部分，引起了全社会和有关部门的高度重视。

现代城市的总体规划必须以相应规模的绿地比例为基础（国际上通常以城市居民人均绿地面积不少于 $10m^2$ 作为最低的环境需求标准），同时，按照城市的自然、地理、经济、社会状况、城市规划和城市性质等确定城市绿化指标体系，并制定城市"三废"（废气、废水、废渣）排放以及噪声、粉尘等综合治理措施和专项防护标准。城市森林建设是国家生态环境建设的重要组成部分，必须把城市森林建设作为国家生态环境建设的重要组成部分。

城市森林建设是城市有生命的基础设施建设，人们对居住在空气清新、环境优美的城市环境里的需求越来越迫切，已经成为我国城市林业发展和城市森林建设的源动力。近年来，在国家有关部门提出的建设森林城市、生态城市及园林城市、文明卫生城市的评定标准中，均把绿化达标列为重要依据，表明我国城市建设正逐步进入法治化、标准化、规范化轨道。

"线"是指以我国主要公路、铁路交通干线两侧，主要大江与大河两岸，海岸线以及平原农田生态防护林带（林网）为主体，按不同地区的等级、层次标准以及防护目的和效益指标，在特定条件下，通过不同组合建成乔、灌、草立体防护林带。这些林带应达到一定规模，并发挥防风、防沙、防浪、护路、护岸、护堤、护田和抑螺防病等作用。

"面"是指以我国林业区划的东北区、西北区、华北区、南方区、西南区、热带区、青藏高原区等为主体，以大江、大河、流域或山脉为核心，根据不同自然状况所形成的森林生态网络系统的块状分布区。它包括西北森林草原生态区、各种类型的野生动植物自然保护区以及正在建设中的全国重点防护林体系工程建设区等，形成以涵养水源、水土保持、生物多样化、基因保护、防风固沙以及用材等为经营目的，集中连片的生态公益林网络体系。

我国森林生态网络体系工程点、线、面相结合，从总体布局上来说是一个相互依存、相互补充、共同发挥社会公益效益、维护国土生态安全的有机整体。

2. 实行分区指导

根据不同地区对林业发展的要求和影响生产力发展的主导因素，按照"东扩、西治、南用、北休"的总体布局和区域发展战略，实行分区指导。

（1）东扩。东扩是指发展城乡林业，扩展林业产业链，主要面向我国中东部地区和沿海地区。

主攻方向：通过完善政策机制，拓展林业发展空间，延伸林业产业链，积极发展城乡林业，推动城乡绿化美化一体化，建设高效农田防护林体系，大力改善农业生产条件，兼顾木材加工业原料需求以及城乡绿化美化的种苗需求，把这一区域作为我国木材供应的战略支撑点之一，促进林业向农区、城区和下游产业延伸，扩展林业发展的领域和空间。

（2）西治。西治是指加速生态修复，实行综合治理，主要面向我国西部的"三北"

地区、西南峡谷和青藏高原地区，是林业生态建设的主战场，也是今后提高我国森林覆盖率的重点地区。

主攻方向：在优先保护好现有森林植被的同时，通过加大西部生态治理工程的投入力度，加快对风沙源区、黄土高原区、大江大河源区和高寒地区的生态治理，尽快增加林草植被，有效地治理风沙危害，努力减轻水土流失，切实改善西部地区的生态状况，保障我国的生态安全。

（3）南用。南用是指发展产业基地，提高森林质量和水平，主要面向我国南方的集体林区和沿海热带地区，是今后一个时期我国林业产业发展的重点区域。

主攻方向：在积极保护生态的前提下，充分发挥地域和政策机制的优势，通过强化科技支撑，提高发展质量，加速推进用材林、工业原料林和经济林等商品林基地建设，大力发展林纸林板一体化、木材加工、林产化工等林业产业，满足经济建设和社会发展对林产品的多样化需求。

（4）北休。北休是指强化天然林保育，继续休养生息，主要面向我国东北林区。

主攻方向：通过深化改革和加快调整，进一步休养生息，加强森林经营，在保护生态前提下，建设我国用材林资源战略储备基地，把东北国有林区建设成为资源稳步增长、自然生态良好、经济持续发展、生活明显改善、社会全面进步的社会主义新林区。

3. 重点突出三大片建设

（1）环京津生态圈是首都乃至中国的"形象工程"。在这一生态圈建设中，防沙治沙和涵养水源是两大根本任务。它对降低这一区域的风沙危害、改善水源供给，同时对优化首都生态环境、提升首都国际形象、举办绿色奥运等具有特殊的经济意义和政治意义。环京津生态圈包括北京、天津、河北、内蒙古、山西5个省（直辖市、自治区）的相关地区。生态治理的主要目标是为首都阻沙源、为京津保水源，并为当地经济发展和人民生活开拓财源。

生态圈建设的总体思路是：①加强现有植被保护，大力封沙育林育草、植树造林种草，加快退耕还林还草，恢复沙区植被，建设乔、灌、草相结合的防风固沙体系；②综合治理退化草原，实行禁牧舍饲，恢复草原生态和产业功能；③搞好水土流失综合治理，合理开发利用水资源，改善北京及周边地区的生态环境；④缓解风沙危害，促进北京及周边地区经济和社会的可持续发展。

生态圈建设的主要任务是：①造林营林，包括退耕还林、人工造林、封沙育林、飞播造林、种苗基地建设等；②治理草地，包括人工种草、飞播牧草、围栏封育、草种基地建设及相关的基础设施建设；③建设水利设施，包括建立水源工程、节水灌溉、小流域综合治理等。基于这一区域多处在风沙区、经济欠发达和靠近京津、有一定融资优势的特点，生态建设应尽可能选择生态与经济结合型的治理模式，视条件发展林果业、培植沙产业，同时注重发展非公有制林业。

（2）长江和黄河两大流域。主要包括长江及淮河流域的青海、西藏、甘肃、四川、云南、贵州、重庆、陕西、湖北、湖南、江西、安徽、河南、江苏、浙江、山东、上海17个省（自治区、直辖市），建设思路是：以长江为主线，以流域水系为单元，以恢复和扩大森林植被为手段，以遏制水土流失、治理石漠化为重点，以改善流域生态环境为目标，建立起多林种、多树种相结合，生态结构稳定和功能完备的防护林体系。主要任务是：开展退耕还林、人工造林、封山（沙）育林、飞播造林以及低效林改造等。同时，要注重发挥区域优势，发展适销对路和品种优良的经济林业，培植竹产业，大力发展森林旅游业等林业第三产业。

在黄河流域，重点生态治理区域是上中游地区，主要包括青海、甘肃、宁夏、内蒙古、陕西、山西、河南的大部分或部分地区。生态环境问题最严重的是黄土高原地区。黄土高原地区是世界上面积最大的黄土覆盖地区，气候干旱，植被稀疏，水土流失十分严重，流失面积占黄土高原总面积的70%，是黄河泥沙的主要来源地。建设思路是：①以小流域治理为单元，对坡耕地和风沙危害严重的沙化耕地实行退耕还林，实行乔、灌、草结合，恢复和增加植被；②对黄河危害较大的地区要大力营造沙棘等水土保持林，减少粗沙流失危害；③积极发展林果业、畜牧业和农副产品加工业，帮助农民脱贫致富。

（3）东北片、西北片和南方片。东北片和南方片是我国的传统林区，既是木材和林产品供给的主要基地，也是生态环境建设的重点地区；西北片是我国风沙危害、水土流失的主要区域，是我国生态环境治理的重点和"瓶颈"地区。

东北片肩负商品林生产和生态环境保护的双重重任，总体发展战略是：①通过合理划分林业用地结构，加强现有林和天然次生林保护，建设完善的防护体系，防止内蒙古东部沙地东移；②通过加强三江平原、松辽平原农田林网建设，完善农田防护林体系，综合治理水土流失，减少坡面和耕地冲刷；③加强森林抚育管理，提高森林质量，同时，合理区划和建设速生丰产林，实现由采伐天然林为主向采伐人工林为主的转变，提高木材及林产品供给能力；④加强与俄罗斯东部区域的森林合作开发，强化林业产业，尤其是木材加工业的能力建设；⑤合理利用区位优势和丘陵浅山区的森林景观，发展森林旅游业及林区其他第三产业。

西北片面积广大，地理条件复杂，有风沙区、草原区，还有丘陵、戈壁、高原冻融区等。这里主要的生态问题是水土流失、风沙危害及与此相关的旱涝、沙暴灾害等，治理重点是植树种草，改善生态环境。主要任务是：①切实保护好现有的天然林生态系统，特别是长江、黄河源头及流域的天然林资源和自然保护区；②实施退耕还林，扩大林草植被；③大力开展沙区，特别是沙漠边缘区造林种草，控制荒漠化扩大趋势；④有计划地建设农田和草原防护林网；⑤有计划地发展薪炭林，逐步解决农村能源问题；⑥因地制宜地发展经济林果业、沙产业、森林旅游业及林业多种产业。

南方片自然条件相对优越，立地条件好，适宜森林生长。全区经济发展水平高，劳动力充足，交通等社会经济条件好；集体林多，森林资源总量多，分布较为均匀。林业产业特别是人工林培育业发达，森林单位面积的林业产值高，适生树种多，林地利用率高，土地生产率较高。总体上，这一地区具有很强的原料和市场指向，适宜大力发展森林资源培育业和培育、加工相结合的大型林业企业。主要任务是：①有效提高森林资源质量，调整森林资源结构和林业产业结构，提高森林综合效益；②建设高效、优质的定向原料林基地，将未来林业产业发展的基础建立在主要依靠人工工业原料林上，同时，大力发展竹产业和经济林产业；③进行深加工和精加工，大力发展木材制浆造纸业，扶持发展以森林旅游业为重点的林业第三产业及建立在高新技术开发基础上的林业生物工程产业。

（二）区域布局

1. 东北林区

以实施东北内蒙古重点国有林区天然林保护工程为契机，促进林区由采伐森林为主向管护森林为主转变，通过休养生息恢复森林植被。

东北林区主要具有原料的指向性（且可以来自俄罗斯东部森林），兼有部分市场指向（且可以出售国外），应重点发展人工用材林，大力发展非国境线上的山区林业和平原林业；应提高林产工业科技水平，减少初级产品产量，提高精深加工产品产量，从而用较少的资源消耗获得较大的经济产出。

2. 西北、华北北部和东北西部干旱半干旱地区

实行以保护为前提、全面治理为主的发展策略。在战略措施上应以实施防沙治沙工程和退耕还林工程为核心，并对现有森林植被实行严格保护。

（1）在沙源和干旱区全面遏制沙化土地扩展的趋势，特别是对直接影响京津生态安全的两大沙尘暴多发地区，进行重点治理。在沙漠仍在推进的边缘地带，以种植耐旱灌木为主，建立起能遏制沙漠推进的生态屏障；对已经沙化的地区进行大规模的治理，扩大人类的生存空间；对沙漠中人们集居形成的绿洲，在巩固的基础上不断扩大绿洲范围。

（2）对水土流失严重的黄土高原和黄河中上游地区、林草交错带上的风沙地等实行大规模退耕还林还草，按照"退耕还林、封山绿化、以粮代赈、个体承包"的思路将退化耕地和风沙地的还林还草和防沙治沙、水土治理紧密结合起来，大力恢复林草植被，以灌草养地。为了考虑农民的长远生计和地区木材等林产品供应，在林灌草的防护作用下，适当种植用材林和特有经济树种，发展经济果品及其深加工产品。

（3）对仅存的少量天然林资源实行停伐保护，国有林场职工逐步分流。

3. 华北及中原平原地区

在策略上适宜发展混农林业或种植林业。一方面，建立完善的农田防护林网，保护

基本耕地；另一方面，由于农田防护林生长迅速，应引导农民科学合理地利用沟渠路旁、农田网带、滩涂植树造林，通过集约经营培育平原速生丰产林，从而不断地产出用材，满足木材加工企业的部分需求，实现生态效益和经济效益的双增长。同时，在靠近城市的地区，发展高投入、高产出的种苗花卉业，满足城市发展和人们生活水平逐渐提高的需要。

4. 南方集体林地区

南方集体林地区的主要任务是有效提高森林资源质量，建设优质高效用材林基地、集约化生产经济林，大力发展水果产业，加大林业产业的经济回收力度，调整森林资源结构和林业产业结构，提高森林综合效益。

在策略上首先应搞好分类经营，明确生态公益林和商品林的建设区域。结合退耕还林工程加快对尚未造林的荒山荒地绿化、陡坡耕地还林和灌木林的改造，利用先进的营造林技术对难利用土地进行改造，尽量扩大林业规模，强化森林经营管理，缩短森林资源的培育周期，提高集体林质量和单位面积的木材产量。另外，通过发展集团型林企合成体，对森林资源初级产品进行深加工，提高精深加工产品的产出。

5. 东南沿海热带林地区

东南沿海热带林地区的主要任务是在保护好热带雨林和沿海红树林资源的前提下，发展具有热带特色的商品林业。

在策略上主要实施天然林资源保护工程、沿海防护林工程和速生丰产用材林基地建设工程。在适宜的山区和丘陵地带大力发展集约化速生丰产用材林、热带地区珍稀树种大径材培育林、热带水果经济林、短伐期工业原料林，尤其是热带珍稀木材和果品，发展木材精深加工和林化产品。

6. 西南高山峡谷地区

西南高山峡谷地区的主要任务是建设生态公益林，改善生态环境，确保大江大河生态安全。在发展策略上应以保护天然林、建设江河沿线防护林为重点，以实施天然林资源保护工程和退耕还林工程为契机，将天然林停伐保护同退耕还林、治理荒山荒地结合进行。在地势平缓、不会形成水土流失的适宜区域，可发展一些经济林和速生丰产用材林、工业原料林基地；在缺薪少柴地区，发展一些薪炭林，以缓解农村烧柴对植被破坏的压力。同时，大力调整林业产业结构，提高精深加工产品的产出，重点应发展人造板材。

7. 青藏高原高寒地区

青藏高原高寒地区的主要任务是保护高寒高原典型生态系统。应采取全面的严格保护措施，适当辅以治理措施，防止林、灌、草植被退化，增强高寒湿地涵养水源功能，确保大江大河中下游的生态安全。同时，要加强对野生动物的保护、管理和执法力度。

8. 城市化地区

（1）加大城市森林建设力度，将城市林业发展纳入城市总体发展规划。突出重点，强调游憩林建设和人居林，生态林建设，从以视觉效果为主向视觉效果与生态功能兼顾转变；从注重绿化建设用地面积增加向提高土地空间利用效率转变；从集中在建成区的内部绿化美化向建立城乡一体的城市森林生态系统转变。

（2）在重视林业生态布局的同时也要重视林业产业布局。东部具有良好的经济社会条件，应用政策机制调动积极性，将基干林带划定为国家重点公益林并积极探索其补偿新机制，出台适合平原林业、城市林业和沿海林业特点的木材采伐管理办法，延伸产业，形成一、二、三产业协调发展的新兴产业体系。持续发展，即全面提高林业的整体水平，实现少林地区的林业可持续发展。

山西、内蒙古中西部、河南西北部、广西西北部、重庆、四川、贵州、云南、西藏、陕西、甘肃、宁夏、青海、新疆等地为我国生态最脆弱、治理难度最大、任务最艰巨的区域，加快以上地区的生态治理步伐，为西部大开发战略的顺利实施提供生态基础支撑。

南部的湖北、湖南、安徽南部、江西及浙江、福建、广东、广西、海南等林业产业发展最具活力的地区，应充分利用南方优越的水热条件和经济社会优势，全面提高林业的质量和效益；加大科技投入，强化科技支撑，通过技术升级以提升林业的整体水平，充分发挥区域自然条件优势，提高林地产出率，实现生态、经济与社会效益的紧密结合和最大化。

同时深入推进辽宁、吉林、黑龙江和内蒙古大兴安岭等重点国有林区天然林休养生息政策，大力加快东北林区森林资源管理体制、经营机制和管理方式改革，将产业结构由单一的木材采伐利用转变到第一、二、三产业并重上来。加速构筑东北地区以森林植被为主体的生态体系、以丰富森林资源为依托的产业体系、以加快森林发展为对象的服务体系，最终实现重振东北林业雄风的目标。

另外，在进行区域布局时应加强生态文明建设，文明不仅是人类特有的存在方式，而且是人类唯一的存在方式，也就是人类实践的存在方式。"生态文明"是在生态良好、社会经济发达、物质生产丰厚的基础上所实现的人类文明的高级形态，是与社会法律规范和道德规范相协调、与传统美德相承接的良好的社会人文环境、思想理念与行为方式，是经济社会可持续发展的重要标志和先进文化的重要象征，代表了广大人民群众的根本利益。

建立生态文明、经济繁荣的社会，就是要按照以人为本的发展观、不侵害后代人的生存发展权的道德观、人与自然和谐相处的价值观，指导林业建设，弘扬森林文化，改善生态环境，实现山川秀美，推进我国物质文明和精神文明建设，促使人们在思想观念、思维方式、科学教育、审美意识、人文关怀诸方面产生新的变化，逐步从生产方式、消费方式、生活方式等各方面构建生态文明的社会形态。

中国作为最大的发展中国家，正在致力于建设山川秀美、生态平衡、环境整洁的现代文明国家。在生态建设进程中，我们必须把增强国民生态文明意识列入国民素质教育的重要内容中。通过多种形式，向国民特别是青少年展示丰富的森林文化，扩大生态文明宣传的深度和广度，增强国民生态忧患意识、参与意识和责任意识。

第三节　林业资源的功能

生态系统服务功能包括生态系统对人类可以产生直接影响的调节功能、供给功能和文化功能，以及对维持生态系统的其他功能具有重要作用的支持功能（如土壤形成、养分循环和初级生产等）。通过影响人类的安全、维持高质量生活的基本物质需求、健康，以及社会文化关系等生态系统服务功能的变化，从而对人类福利产生深远的影响。林业资源作为自然资源的组成部分，同样具有调节、供给和文化三大服务功能。调节服务功能包括固碳释氧、调节小气候、保持水土、防风固沙、涵养水源和净化空气等方面；供给服务功能包括提供木材与非木质林产品；文化服务功能包括美学与文学艺术、游憩与保健疗养、科普与教育、宗教与民俗等方面。

一、固碳释氧

森林作为陆地生态系统的主体，在稳定和减缓全球气候变化方面起着至关重要的作用。森林植被通过光合作用可以吸收固定 CO_2，成为陆地生态系统中 CO_2 最大的贮存库和吸收汇。而毁林开荒、土地退化、筑路和城市扩张会导致毁林，也会导致温室气体向大气排放。以森林保护、造林和减少毁林为主要措施的森林减排已经成为应对气候变化的重要途径。

森林生态系统是陆地生态系统中最大的碳库，其增加或减少都将对大气产生重要影响。人类使用化石燃料进行工业生产以及毁林开荒等活动导致大量的 CO_2 向大气排放，使大气 CO_2 浓度显著增加。陆地生态系统和海洋吸收其中排放的一部分，但全球排放量与吸收量之间仍存在不平衡。这就是被科学界常常提到的 CO_2 失汇现象。

最近几十年来城市化进程不断加快，人口数量不断增长，工业生产逐渐密集，呼吸和燃烧消耗了大量 O_2、排放了大量 CO_2。迄今为止，任何发达的生产技术都不能代替植物的光合作用。

二、调节小气候

（一）调节温度作用

林带改变气流结构和降低风速作用的结果必然会改变林带附近的热量收支，从而引起温度的变化。但是，这种过程十分复杂，影响防护农田内气温因素的不仅包括林带结构、下垫面性状，而且还涉及风速、湍流交换强弱、昼夜时相、季节、天气类型、地域气候背景等。

在实际蒸散和潜在蒸散接近的湿润地区，防护区内影响温度的主要因素为风速，在风速降低区内，气温会有所增加；在实际蒸散小于潜在蒸散的半湿润地区，在叶面气孔调节作用的影响下，一部分能量没有被用于土壤蒸发和植物蒸腾，使气温降低。因此这一地区的防护林对农田气温的影响具有正负两种可能性。在半湿润易干旱或比较干旱地区，由于植物蒸腾作用而引起的降温作用比因风速降低而引起的增温作用程度相对显著，因此这一地区防护林具有降低农田气温的作用。我国华北平原属于干旱半干旱季风气候区，该地区的农田防护林对温度影响的总体趋势为：夏秋季节和白天具有降温作用；春冬季节和夜间气温具有升温及气温变幅减小作用。在严重干旱的地区，防护林对农田实际蒸散的影响较小，这时风速的降低将成为影响气温的决定性因素，防护林可导致农田气温升高。

（二）调节林内湿度作用

在防护林带作用范围内，风速和乱流交换的减弱，使得植物蒸腾和土壤蒸发的水分在近地层大气中逗留的时间要相对延长，因此，近地面的空气湿度常常高于旷野。

（三）调节风速

防护林最显著的小气候效应是防风效应或风速减弱效应。人类营造防护林最原始的目的就是借助防护林减弱风力、减少风害，故防护林素有"防风林"之称。防护林减弱风力的主要原因有：

第一，林带对风起一种阻挡作用，可改变风的流动方向，使林带背风面的风力减弱。

第二，林带对风的阻力夺取风的动量，使其在地面逸散，风因失去动量而减弱。

第三，减弱后的风在下风方向无须经过很久即可逐渐恢复风速，这是因为通过湍流作用，有动量从风力较强部分被扩散的缘故。从力学角度而言，防护林防风原理在于气流通过林带时，通过削弱气流动能而减弱风速。动能削弱的原因来自于3个方面：①气流穿过林带内部时，由于与树干及枝叶的摩擦，使部分动能转化为热能，与此同时由于气流受林木类似筛网或栅栏的作用，将气流中的大旋涡分割成若干小旋涡，消耗了动能，这些小旋涡又互相碰撞和摩擦，进一步削弱了气流的大量能量；②气流翻越林带时，在林带的抬升和摩擦下，与上空气流汇合，损失部分动能；③穿过林带的气流和翻越林带的气流，在背风面一定距离内汇合时，又造成动能损失，使防护林背风区风速减弱最为明显。

三、保持水土

（一）森林对降水起再分配作用

降水经过森林冠层后发生再分配过程。再分配过程包括3个不同的部分：①穿透降水是指从植被冠层上滴落下来的或从林冠空隙处直接降落下来的那部分降水；②茎流水是指沿着树干流至土壤的那部分水分；③截留降水系指雨水以水珠或薄膜形式被保持在植物体表面、树皮裂隙中以及叶片与树枝的角隅等处，截留降水很少达到地面，会通过物理蒸发返回到大气中。

森林冠层对降水的截留受到众多因素的影响，主要受到降水量、降水强度、降水的持续时间以及当地的气候状况的影响，并与森林的组成、结构、郁闭度等因素密切相关。

林分郁闭度对林冠截留的影响远大于树种间的影响。森林的覆盖度越高，层次结构越复杂，降水截留的层面越多，截留量也越大。

（二）森林对地表径流的作用

1. 森林对地表径流的分流阻滞作用

当降雨量超过森林调蓄能力时，通常产生地表径流，但是降水量小于森林调蓄水量时也可能会产生地表径流。分布在不同气候地带的森林都具有减少地表径流的作用。

2. 森林延缓地表径流历时的作用

森林不但能够有效地削减地表径流量，而且还能延缓地表径流历时。一般情况下，降水持续时间越长，产流过程越长；降水初始与终止时的强度越大，产流前土壤越湿润，产流开始的时间就越快，而结束径流的时间就越迟。这是地表径流与降水过程的一般规律。从森林生态系统的结构和功能分析，森林群落的层次结构越复杂，枯枝落叶层越厚，土壤孔隙越发育，产流开始的时间就越迟，结束径流的时间相对较晚，森林削减和延缓地表径流的效果越明显。例如在相同的降水条件下，不同森林类型的产流与终止时间分别比降水开始时间推迟 7 ~ 50min，而结束径流的时间又比降水终止时间推后 40 ~ 500min。结构复杂的森林削减和延缓径流的作用远比结构简单的草坡地强。在出现多次降水的情况下，森林植被出现的洪峰均比草坡地的低；而在降水结束、径流逐渐减少时，森林的径流量普遍比草坡地大，明显地显示出森林削减洪峰、延缓地表径流的作用。但是，发育不良的森林，例如只有乔木层，无灌木层、草本层和枯枝落叶层，森林调节径流量和延缓径流过程的作用会大大削弱，甚至也可能产生比草坡地更高的径流量。

3. 森林对土壤水蚀的控制作用

森林地上和地下部分防止土壤的水蚀功能，主要体现在 7 个方面：①林冠可以拦截相当数量的降水量，减弱暴雨强度并延长其降落时间；②可以保护土壤免受破坏性雨滴的机械破坏作用；③可以提高土壤的入渗力，抑制地表径流的形成；④可以调节融雪水，使吹雪的程度降到最低；⑤可以减弱土壤冻结深度，延缓融雪，增加地下水储量；⑥根系和树干可以对土壤起到机械固持作用；⑦林分的生物小循环对土壤的理化性质、抗水蚀能力、抗风蚀能力起到改良作用。

四、防风固沙

（一）固沙作用

森林以其茂密的枝叶和聚积枯落物庇护表层沙粒，避免风的直接作用；同时植被作为沙地上一种具有可塑性结构的障碍物，使地面粗糙度增大，大大降低近地层风速；植被可加速土壤形成过程，提高黏结力，根系也起到固结沙粒的作用；植被还能促进地表形成"结皮"，从而提高临界风速值，增强抗风蚀能力，起到固沙作用，其中植被降低风速的作用最为明显也最为重要。植被降低近地层风速作用大小与覆盖度有关，覆盖度越大，风速降低值越大。

（二）阻沙作用

由于风沙流是一种贴近地表的运动现象，因此，不同植被固沙和阻沙能力的大小主要取决于近地层枝叶分布状况。近地层枝叶浓密、控制范围较大的植物，其固沙和阻沙能力也较强。在乔、灌、草三类植物中，乔木只有单一主干，固沙和阻沙能力较弱，有些乔木甚至树冠已郁闭，表层沙仍然继续流动；灌木多在近地表处丛状分枝，固沙和阻沙能力较强；多年生草本植物基部丛生，亦具有固沙和阻沙能力，但比灌木植株低矮，固沙范围和积沙数量均较低，加之入冬后地上部分干枯，所积沙堆因重新裸露而遭吹蚀，因此不稳定。这也是在治沙工作中选择植物种时首选灌木的原因之一。而不同灌木，其近地层枝叶分布情况和数量亦不同，固沙和阻沙能力也有差异，因此选择时应进一步分析。

（三）对风沙土的改良作用

植被固定流沙以后，大大加速了风沙土的成土过程。植被对风沙土的改良作用，主要表现在以下 8 个方面：

第一，机械组成发生变化，粉粒、黏粒含量增加。

第二，物理性质发生变化，比重、容重减少，孔隙度增加。

第三，水分性质发生变化，田间持水量增加，透水性减慢。

第四，有机质含量增加。

第五，氮、磷、钾三要素含量增加。

第六，碳酸钙含量增加，pH 值提高。

第七，土壤微生物数量增加。

第八，沙层含水率减少。幼年植株耗水量少，对沙层水分影响不大。随着林龄的增加，对沙层水分产生显著影响。在降水较多年份，所消耗的水分能在雨季得到一定补偿，沙层内水分含量可恢复到 2% 左右；而降水较少年份，补给量少，0 ~ 150cm 深的沙层内含水率下降至 1% 以下，严重影响植物的生长发育。

五、涵养水源

（一）净化水质作用

森林对污水净化能力也极强。据测定，从空旷的山坡上流下的水中，污染物的含量为 169g/m^2，而从林中流下来的水中污染物的含量只有 64g/m^2。污水通过 30 ~ 40m 的林带后，水中所含的细菌数量比不经过林带的减少 50%。一些耐水性强的树种对水中有害物质有很强的吸收作用，如柳树对水溶液中的氰化物去除率达 94% ~ 97.8%。湿地生态系统则可以通过沉淀、吸附、离子交换、络合反应、硝化、反硝化、营养元素的生物转化和微生物分解过程处理污水。

（二）削减洪峰作用

森林通过乔、灌、草及枯落物层的截持含蓄、大量蒸腾、土壤渗透、延缓融雪等过程，使地表径流减少，甚至为零，从而起到削减洪水的作用。这一作用的大小，又受到森林类型、林分结构、林地土壤结构和降水特性等多方面的影响。通常，复层异龄的针阔混交林要比单层同龄纯林的作用大，对短时间降水过程的作用明显，随降水时间的延长，森林的削洪作用也逐渐减弱，甚至到零。因此，森林的削洪作用有一定限度，但不论作用程度如何，各地域的测定分析结果证实，森林的削洪作用是肯定的。

六、净化空气

（一）滞尘作用

大气中的尘埃是导致城市能见度低和对人体健康产生严重危害的主要污染物之一。人们在积极采取措施减少污染源的同时，需要更加重视增加城市植被覆盖，发挥森林在滞尘方面的重要作用。

（二）杀菌作用

植物的绿叶能分泌出如乙醇、有机酸和萜类等挥发性物质，可杀死细菌、真菌和原生动物。如香樟、松树等能够减少空气中的细菌数量，松、柏每日能分泌 60kg 杀菌素，可杀死白喉、肺结核、痢疾等病菌。另外，树木的枝叶可以附着大量的尘埃，从而减少了空气中作为有害菌载体的尘埃数量，也就减少了空气中的有害菌数量，净化了空气。绿地不仅能杀灭空气中的细菌，还能杀灭土壤里的细菌。有些树林能杀灭流过林地污水中的细菌，如污水通过 30 ~ 40m 宽的林带后，其含菌量比经过没有树林的地面减少一半；又如通过 30 年生的杨树、桦树混交林，细菌数量能减少 90%。

杀菌能力强的树种有夹竹桃、稠李、高山榕、樟树、桉树、紫荆、木麻黄、银杏、桂花、玉兰、千金榆、银桦、厚皮香、柠檬、合欢、圆柏、核桃、核桃楸、假槟榔、木菠萝、雪松、刺槐、垂柳、落叶松、柳杉、云杉、柑橘、侧柏等。

（三）增加空气中负离子及保健物质含量

森林能增加空气负离子含量。森林的树冠、枝叶的尖端放电以及光合作用过程的光电效应均会促使空气电解，产生大量的空气负离子。空气负离子能吸附、聚集和沉降空气中的污染物和悬浮颗粒，从而净化空气。空气中正、负离子可与未带电荷的污染物相互作用结合，对工业上难以除去的飘尘有明显的沉降效果。空气负离子同时有抑菌、杀菌和抑制病毒的作用。空气负离子对人体具有保健作用，主要表现在调节神经系统和大脑皮层功能，加强新陈代谢，促进血液循环，改善心、肺、脑等器官的功能等。

植物的花叶、根芽等组织的油腺细胞不断地分泌出一种浓香的挥发性有机物，这种气体能杀死细菌和真菌，有利于净化空气、提高人们的健康水平，被称为植物精气。森林植物精气的主要成分是芳香性碳水化合物——萜烯，主要包含有香精油、乙醇、有机酸、醚、酮等，这些物质有利于人们的身体健康。除杀菌外，萜烯还对人体有抗炎症、抗风湿、抗肿瘤、促进胆汁分泌等功效。

第二章 林业绿色经济理论与实践管理

第一节 林业绿色经济的兴起与发展

一、绿色经济的提出

绿色经济的提出源于人们对经济与环境协调发展的思考。自从工业革命以来，工业化创造了辉煌的人类物质文明和精神文明，也创造了千百年来社会飞速发展的奇迹。一方面，社会生产力水平得到了极大的解放，工业化取得了巨大的成就；另一方面，工业革命使人类陷入人口资源短缺、生态恶化的危机之中。日益严重的生态危机促使人类逐渐清醒，并意识到由不可持续发展向可持续发展转型、由工业文明向生态文明转型、由传统工业经济向绿色经济转型的必要性和紧迫性。

"绿色经济"的早期思想萌芽可以追溯到 20 世纪 60 年代～70 年代发生的针对全球粮食安全的"绿色革命"。1989 年，英国环境经济学家大卫·皮尔斯在《绿色经济的蓝图》中明确提出了"绿色经济"的概念。随着经济社会的发展和人们认识的不断深化，当前围绕"绿色"在经济中的作用和地位，"绿色增长""绿色经济""绿色发展"几个概念逐渐得到世界各国的认可和推崇，众多学者在此基础上，对绿色经济进行了解读，绿色经济逐渐发展起来。

二、绿色经济的发展历程

"人类对森林经营理论认识上的三次飞跃：第一次飞跃以森林永续利用理论为标志，人类认识到了森林的人工可更新性和人工促进的高产性；第二次飞跃以森林多效益理论、'新林业'理论和'接近自然的林业'理论为标志，人类认识到了森林的多功能性和人类过分干预的负面影响；第三次飞跃以森林可持续经营理论为标志，人类认识到了森林效益的世代与区域公平性。"①

---

① 盛友谊，郭尔庆，王勇.现代林业理论与工程实践 [M].长春：吉林科学技术出版社，2012：3.

（一）三次绿色浪潮

1. 第一次绿色浪潮——环境主义的浪潮

第一次绿色浪潮发生在 20 世纪 60 年代～70 年代，实际上是因为经济增长对资源环境产生的负面影响而被发现的。理论思考以《寂静的春天》和《只有一个地球》等著作为代表，制度性事件是 1972 年的斯德哥尔摩联合国人类环境会议，提出环境保护应该成为发展的重要方面。

第一次绿色浪潮的理论成果：①对追求无限增长的经济增长模式提出了批评和反思，指出褐色经济在经济增长的同时并没有带来所期望的环境和社会的发展；②强调从末端治理的角度消除经济增长的负面环境影响，具有先污染后治理的特征，环境保护部门开始成为环境治理的体制力量。

总体上，第一次绿色浪潮是在经济系统之外考虑环境问题，没有涉及经济发展模式本身，本质上属于对传统经济的补救。

1972 年出版的《增长的极限》，超前性地提出用强可持续性的模式替代无限增长的褐色经济模式，但是经济增长的生态极限尚没有显现，因此难以成为理论思考和政策制定的主流。

2. 第二次绿色浪潮——弱可持续的浪潮

第二次绿色浪潮发生在 20 世纪 80 年代～90 年代，实际上是要制止经济增长与资源环境退化的分裂状况。理论思考以《我们共同的未来》和《倍数 4》等著作为代表，制度性事件是 1992 年的里约联合国环境与发展会议，确立了可持续发展战略。

第二次绿色浪潮的理论成果：①提出了基于弱可持续发展的绿色思想，强调经济、社会、环境等 3 个支柱总和意义上的非减发展，认为只要经济增长的成果能够充抵资源环境退化，发展仍然是可持续的；②从末端治理进入生产过程，提出了经济增长的绿色化改进，重点是提高资源环境的生产效率。

总体上，第二次绿色浪潮要求在经济模式不变的情况下提高效率，没有考虑经济模式本身需要变革。

1989 年大卫·皮尔斯出版著作《绿色经济的蓝图》，对弱可持续性和强可持续性进行了区分，指出前者强调经济、社会、环境 3 个支柱的总和进步，只要经济增长能抵消环境和社会损失，就是可持续发展；而后者强调可持续发展是关键自然资本，如地球生态服务等的非减化，如果不是，那么即使有很大的经济增长，也不是可持续发展。但是当时的主流仍采纳了弱可持续发展作为政策依据。

3. 第三次绿色浪潮——强可持续的浪潮

第三次绿色浪潮发生在 2000 年以来至今，实际上是因为发现过去 40 年的经济增长已经超越了地球的生态承载能力，要求实现环境非下降的经济增长的声音趋向强烈，气候问题和低碳经济即是典型。理论思考以联合国环境署2008年的《全球绿色新政》和2011年的《迈向绿色经济》等为代表，制度性事件是2012年的"里约+20"联合国可持续发展大会，在呼吁经济范式变革的意义上提出了绿色经济新理念。

绿色经济新理论有2个特征：①提出了基于强可持续发展的绿色思想，强调地球关键自然资本的非减发展，意味着人类经济社会发展必须尊重地球边界和自然极限；②提出了包含自然资本在内的生产函数，要求绿色经济在提高人造资本的资源生产率的同时，要将投资从传统的消耗自然资本转向维护和扩展自然资本，要求通过教育、学习等方式积累和提高有利于绿色经济的人力资本。

总体上，与前两次浪潮相比，当前的第三次绿色浪潮或绿色经济浪潮具有强烈的经济变革意义，认为过去40年占主导地位的褐色经济需要被终结，代之以在关键自然资本非退化下的经济增长即强调强可持续性的绿色经济新模式。

（二）绿色经济发展的3个阶段

1. 萌芽阶段

美国科学家、生态学家蕾切尔·卡逊在《寂静的春天》一书中揭示了人类同大气、海洋、河流、土壤、动物和植物之间的密切关系，论述了环境污染对生物圈及人类的影响，初步提出了经济与环境的伦理关系的问题。一个新的词汇——环境保护，及其维护生态平衡的观念在生态学、经济学和伦理学领域开始流传开来。由此环保理念如星星之火，开始燎原，为绿色经济的提出奠定了基础。美国经济学家鲍尔丁将生态学理论引入经济学，首次明确提出生态经济学的概念，并在《一门科学：生态经济学》一文中对利用市场机制控制人口和调节消费品的分配、资源的合理开发与利用、环境污染以及国内生产总值衡量人类福利的弊端等问题做了深刻而独到的论述，生态经济学作为一门学科由此发端。

2. 诞生阶段

1989年，经济学家大卫·皮尔斯等正式提出了"绿色经济"。虽然他们没有对此进行解释，但基本把绿色经济理解为能够实现可持续发展的经济。他们主张从社会和生态条件出发，建立一种可承受的经济，使经济发展在自然环境和人类自身可承受的条件下进行。他们认为绿色经济在处理国家限定的环境损失方面发挥了很大的作用，但在扼制这些令人生畏的问题方面同样可以发挥很大的作用。大卫·皮尔斯于1989年出版的《绿色经济的蓝图》一书标志着绿色经济诞生阶段的开始。他主张绿色经济是从社会及其生态条件出发，建立一种可承受的经济。经济发展必须是自然环境和人类自身可以承受的，不会因盲目追求生产增长而造成社会分裂和生态危机，不会因为自然资源耗竭而使经济无法持续发展。

绿色经济的本质是以生态经济协调发展为核心的可持续发展经济。世界环境与发展委员会受联合国第 42 届大会的委托向大会提交了《我们共同的未来》的研究报告。该报告系统地研究了当今人类面临的一系列重大经济、社会和环境问题，以可持续发展为基本纲领，从保护环境、维持生态平衡、满足当代和后代的合理需要出发，提出了许多富有建设性和创造性的行动建议。报告把环境与经济发展作为一个整体加以考虑，认为人类社会的可持续发展只能以生态环境和自然资源的持久、稳定的承受能力为基础，环境问题也只有在社会和经济的可持续发展中才能得到有效的解决。

可持续发展是既能满足当代人的需要，又不对后代构成危害，它包括 2 个十分重要的概念，即需要的概念和限制的概念。可持续发展要求社会从两方面满足人民的需要：①提高生产潜力；②确保代内公平和代际公平。

3. 发展阶段

随着 2008 年金融危机的爆发，绿色经济迅速出现在人们的视野中并蓬勃发展起来，其标志性事件是 2012 年"里约 +20"联合国可持续发展大会。2012 年 6 月，联合国可持续发展大会提出以发展绿色经济为主题，明确了全球经济向绿色转型的发展方向，由此绿色经济和绿色发展成为全球广泛共识：经济、社会发展必须与环境友好、与生态文明相互协调，提高人类生活质量、促进全人类共同繁荣必须通过全球可持续发展才能实现。

新倡导的绿色经济内在地包括了经济高效、规模有度、社会包容等要素，相对于以往不涉及经济模式变革的浅绿色改进，是一种深绿色的变革。它强调绿色经济对传统以效率为导向的经济模式增加了 2 个重要维度：①绿色经济试图将空气、水、土壤、矿产和其他自然资源的利用计入国家财富预算，强调经济增长要控制在关键自然资本的边界之内；②绿色经济试图将"公平"或包容性变成与传统经济学中的"效率"同等重要的基本理念。

当前可以发现人们对绿色经济的理解存在着 3 种不同的深度和角度，人们或者从自己的认知习惯去解读绿色经济，或者潜移默化地受到传统环保主义或传统绿色思潮的影响。更精细地观察后可以发现从浅绿到深绿的理解不仅是认知差异问题，更是利益冲突问题。

第二节　林业绿色经济的理论基础

林业绿色经济的兴起与发展离不开林业经济学、绿色经济学、资源经济学、环境经济学、生态经济学、低碳经济学等众多关联学科所提供的理论基础支撑。

一、森林资源资本化理论

（一）森林资源资本化的概念

自然资本是指通过生态环境的自我运动和人类合作下的活动而能生产出满足人类目前和未来需要的各种产品和服务的生态系统存量。它除了拥有一般资本所具有的共性外，还具有显著的增殖性、不可替代性、存量与流量特性，以及非完全资本折旧特性。

森林资源资本化，是指森林资源的经营者要取得森林资源的经营权就要向资源所有者（国家）支付一笔款项，相当于森林资源的所有权权益价值。对经营企业来说，应将这项支出记作一项资产——递耗资产，然后随着资源的开发和使用，分期转入产品的成本中去，从其收入中不断得到补偿。

森林资源资产化管理就是指将森林资源转化为资产，其运营作为产业，按经济规律进行管理。也就是说将森林资源资产纳入国有资产管理体系，按照科学的原则和经济规律进行产权管理，使国家和其他所有者对森林资源的所有权在经济上真正得以体现，并确保国有森林资源资产的保值增值。

森林资源资产按其形态可划分为林木资产、林地资产、森林景观资产和森林环境资产等；按经营管理的形式划分为公益性森林资源资产（如防护林）和经营性森林资源资产（如用材林资产、经济林资产、薪炭林资产和竹林资产等）。

（二）森林资源资本化理论与林业绿色经济联系

森林资源资本化管理有助于加强对森林资源的管理，使其产权更加明确，更加合理、高效地使用森林资源，摆脱资源困境，走上森林资源良性循环、持续发展的道路。这与林业绿色经济中的"改善人类福利和社会公平"和"极大地降低环境危害和生态稀缺"的目标相吻合。

二、生态系统服务价值理论

（一）生态系统服务价值的概念

生态系统服务的构成和类型对人类的价值是显著的。根据诸多学者和国际机构的研究，一般认为生态系统价值构成分为2种类型：可利用价值和非可利用价值。可利用价值又可划分为直接利用价值和间接利用价值，非可利用价值包括存在价值和遗产价值。另一种分类方式是根据生态系统提供服务的差异分为享乐价值和开发性价值。享乐价值是指能够为人类提供精神满足和心理愉悦的价值，例如良好的自然环境、生态文化等价值。开发性价值是指通过人类的能动性开发，获取自然生态系统所提供的可供人类使用的物质产品的价值，诸如能源、原材料等的价值。2种价值开发方式存在一定冲突，开发性价值的使用会部分导致享乐价值的损失。

森林生态系统是森林生物群落（包括乔木、灌木、草本植物、地被植物及各种动物和微生物等）与其周围环境（包括土壤、大气、水分、阳光、温度等各种非生物环境条件）在物质循环和能量转换过程中形成的功能系统。简单地说，就是以乔木树种为主体的生态系统。

森林生态系统是陆地上面积最大、分布最广、组成结构最复杂、物质资源最丰富的生态系统，它也是自然界功能最完善的资源库，生物基因库，水、碳、养分及能源储存调节库，对改善生态环境、维护生态平衡具有不可替代的作用。森林虽仅占陆地 1/3 的面积，但森林的年生长量却占全部陆地植物年生长量的 65%，因此，森林不仅是陆地生态系统的主体，而且是人类的一个巨大的可再生自然资源库。

（二）生态系统服务价值理论与林业绿色经济联系

生态系统价值理论围绕人类社会和自然生态系统之间的相互作用的关系进行研究，目的是将生态系统提供的免费的产品与服务价值化，从而减少对生态系统的破坏，加强对资源与环境的可持续发展，改善人类生存环境。因此，生态系统价值理论为森林生态系统服务价值评估提供了重要的理论基础，而森林生态系统服务价值评估又是林业绿色经济的重要内容，因而，生态系统价值理论自然也成为林业绿色经济的重要理论基础，而且为林业绿色经济提供了一些可操作的研究范式。

三、绿色经济增长理论

（一）绿色经济增长的概念

绿色经济增长是以生态经济和知识经济为基础、以市场为导向、以经济与环境的和谐与可持续发展为目的建立和发展起来的一种新的经济发展方式。绿色经济增长，本质上就是通过改进生产技术，提高资源、能源利用效率，从而构建科技含量高、资源消耗低、环境污染少的产业结构和生产方式，推动节能环保、新能源等绿色产业的发展，实现经济增长与环境保护的双重目标，从而实现经济的可持续发展。

2012 年联合国可持续发展大会已把绿色增长确定为大会主题，呼吁各国要促进绿色增长，以修复支撑全球经济的自然生态系统。推动绿色发展，促进绿色增长，需要良好的生态环境提升承载能力，需要绿色的资源能源支撑经济发展，需要先进的生态文化引领时代潮流。

（二）绿色经济增长理论与林业绿色经济联系

当前，气候变化、土地退化、能源资源短缺、自然灾害频发、生物多样性减少等全球性生态问题日益突出，已经威胁到人类的生存与发展。有效应对挑战、实现绿色增长，已经成为国际社会普遍关注的重大课题。绿色增长的突出特点是低消耗、低排放、可循环，核心是不断增加生态资本。

森林是陆地生态系统的主体，依靠科学技术，全面提升森林资源的数量、质量和效益，是扩大生态资本、实现绿色增长的重要途径。森林是陆地生态系统的主体和维护生态安全的保障，对人类生存发展具有不可替代的作用。森林具有可再生性、多样性、多功能性，承载着巨大的生态产业、可循环的林产工业、内容丰富的生物产业。森林是陆地上最大的碳储库，减少森林损毁、增加森林资源是应对气候变化的有效途径。

在绿色经济背景下，林业部门的重要职责就是要加快保护和建设森林生态系统，全面提升林业生态服务功能；保护和维护湿地生态系统，保障国家水生态安全；治理和修复荒漠生态系统，加强国土生态脆弱带治理与恢复；加强生物多样性保护，维护国家生物物种安全；加强林业机构建设，提升林业管理地位与服务水平，把林业发展纳入经济社会发展总体布局，从而有效地推动绿色增长。

林业绿色经济所追求的是林业领域的绿色增长，发展林业绿色经济是实现绿色经济增长的重要途径。绿色增长为林业绿色经济发展提供了理论基础，也指明了目标方向，二者联系密切。

四、生态经济理论

（一）生态经济的概念

生态经济学是一门从经济学角度来研究由自然生态系统和社会经济系统复合而成的生态经济社会系统运动规律的科学。它将生态因素纳入经济学的分析框架，研究自然生态和人类社会经济活动的相互作用；从最广泛的视角看待生态系统和经济系统之间的关系，既从生态学的角度，又从经济学的角度研究生态系统和经济系统相结合的更高层次的复杂系统结构、功能和规律；重视自然生态和人类社会经济活动的相互作用，从中理解生态经济复合系统协调、可持续发展的规律性。

生态经济学认为，人和自然，即社会经济系统和自然生态系统之间的相互作用可以形成 3 种状态：①自然生态与社会经济相互促进、协调和可持续发展状态；②自然生态与社会经济相互矛盾、恶性循环状态；③自然生态与社会经济长期对立、生态和经济平衡都被破坏的状态。生态经济学力求将生态因素纳入经济学的分析框架中来，研究生态因素与经济现象的相互关系，寻求经济活动与生态变化的良性平衡及经济的可持续发展。

（二）生态经济理论与林业绿色经济联系

1. 森林生态需求

森林生态系统服务功能是森林生态系统与生态过程形成的维持人类赖以生存的自然

环境条件与效用，它除了为人类提供食物、工农业原料、药品等可以商品化的功能外，还在调节气候、净化环境、维护生物多样性等方面提供它的生态、社会等多种服务功能，并起着重要作用。

（1）根据环境质量、消费者素质和生活水平的不同，森林生态需求具有 3 个层次：在森林生态需求初级阶段，人们更多的是追求环境的绿化美化，从视觉上获得美的享受，但对具体的生态功能没有深入的了解；随着人们森林生态知识面的扩宽，逐步认识到调节气候及促进物质循环、涵养水源、保育土壤、固碳制氧、净化环境、生物多样性、防风固沙等生态服务；随着生活水平的提高，生态安全成为人们生态需求的主要内容，通过游憩、呼吸新鲜空气获得身心健康，最终达到自发地保护生态环境，形成一种文化和精神，即生态文明。

（2）根据需求主体的不同，森林生态需求具有 3 个层次。经济社会中活动主体有消费者、企业和政府，三者特点和需求各不相同，所以我们在该处将需求主体亦分为消费者、企业和政府三类，根据需求主体的不同，将森林生态需求分为 3 层：①消费者森林生态需求是指消费者个人作为自然人对森林生态系统服务的需求，属于微观层面的需求。②企业森林生态需求是指企业组织对森林生态系统服务的需求，是中观层面的需求。企业的森林生态需求可以粗略地分为四类：企业的品牌形象需要绿色内涵，从而产生森林生态需求；企业实体的自然环境的优劣产生森林生态需求；企业在生产过程的生态化产生森林生态需求；部分企业需要利用森林生态的自净能力，而产生森林生态需求。③政府森林生态需求是指政府对森林生态系统服务的需求，是宏观层面的需求，是消费者森林生态需求的衍生需求。

2. 生态经济与林业绿色经济联系

森林生态经济系统是由森林生态系统和林业经济系统相互作用、相互渗透而组成的，具有一定结构和功能的复合系统。抽象地说，森林生态经济系统是由森林生态系统和林业经济系统两大子系统所组成。森林生态系统和林业经济系统在认识上可以抽象地加以分割，但实际上是不可分割的。

在构成森林生态经济系统的森林生态系统和林业经济系统中，生态系统是整个系统的基础，而经济系统则对整个系统的变化越来越起着主导作用。这里，生态系统对整个系统的基础作用表现在，生态系统为经济系统提供了物质基础，经济系统所有运转的物质和能量，都是人类通过劳动这种人与自然之间的物质转换过程从生态系统中取得的，所以，经济系统离开或脱离一定的生态系统是无法存在的。

林业发展要以木材生产为主转向以生态建设为主，保持物种丰富、结构复杂、功能强大的生态系统，在实现生态环境健康而稳定的前提下，合理有效地对森林资源进行开发利用，建成比较完备的森林生态体系和比较发达的林业产业体系，并采取有效措施，构建一种能维系环境永续不衰的生态经济模式。

生态经济学为创建人与自然的和谐统一，实现生态、经济、社会的可持续发展提供了科学的理论基础。由此可以看出，林业绿色经济活动离不开森林生态系统的经营，森林生态系统经营要遵循生态学和生态经济学规律。森林生态经济是生态经济的重要构成，林业绿色经济是生态经济的重要发展，生态经济学理论是发展林业绿色经济的理论基础，为分析林业绿色经济提供理论分析框架。

五、资源经济理论

（一）资源经济的概念

资源经济学是研究经济发展与资源开发、利用、保护、分配和管理之间关系的一门综合性学科。其研究的根本目的是实现自然资源的合理开发利用，以最佳的社会、经济、生态效益，支撑社会经济的可持续发展。在经济学学科体系中，资源经济学属于应用经济学的一个分支。在资源科学学科体系中，资源经济学作为其重要基础分支学科，其理论与方法为资源科学的其他分支学科提供了理论依据。

自然资源是人类赖以生存和发展的物质基础，在社会经济发展中处于基础性、战略性地位。我国主要自然资源人均占有量不足世界人均占有量的一半，水资源短缺，耕地紧张，主要矿产资源长期短缺，国内储量有限且资源品位不高。能源尤其是油气资源十分紧缺，目前我国已经是世界最大石油进口国，石油对外依存度较高，能源安全面临油价、油源、通道、政治四大风险。资源短缺问题是困扰我国社会经济发展的重要限制性因素。随着经济快速增长和人均收入水平提高，资源紧缺矛盾日益突出。加强资源经济研究，对保障国家资源安全、促进资源可持续利用、加快转变经济增长方式和建设资源节约型社会具有重要意义。

（二）资源经济理论与林业绿色经济联系

从经济学角度看，森林资源危机的实质是有效供给不足、需求过大的结果，而有效供给不足的终极原因是森林资源稀缺。我国森林资源危机就是由于森林资源稀缺引起的。我国森林资源稀缺表现在可采资源锐减、森林质量下降、过量消耗与供不应求并存等方面；造成森林资源稀缺的主要原因是人口膨胀、投入不足、分布不匀以及价格扭曲；森林资源稀缺，具有不可替代性、长期性、波及性等特点。

由此可知，森林资源是人类赖以生存和发展的重要物质基础。加强对资源经济学的研究有助于促进资源的合理利用，实现社会、经济、生态效益，并且其理论与方法为森林资源经济研究提供基础与借鉴。而林业绿色经济发展离不开森林资源的有效配置。因此，资源经济理论为促进林业绿色经济发展提供了理论基础与方法指导。

六、环境价值理论

（一）环境价值的概念

环境包括环境容量、环境景观、生态平衡和自我调节能力、气候等。环境具有一定价值。环境概念除物质性部分以外，还包括非物质部分，即环境状态。归纳起来环境资源价值主要体现在 4 个方面：固有的自然资源方面的价值、基于开发利用资源的人类劳动投入所产生的价值、固有的生态环境功能价值、环境资源中的各要素所具有内在的目的性和不可替代的内在价值。根据角度不同，对环境价值的内涵可以从三方面来辩证理解：整体价值和个别价值、显性价值和隐性价值、使用价值和非使用价值等。

与经济价值、社会价值相比，环境价值除了具备一般价值的共性特征外，还具备独特的个性特征：

1. 整体性

环境价值的客体具有整体性。环境价值是各种环境因子之间互相联系、互相影响、互相作用的结果，是自然环境的整体效用；环境价值的主体是人类整体，而不是某一个人或某一群人，环境价值所作用和影响的对象是人类整体，因而很容易被个体人和群体人为了本位私利而忽视。

2. 长远性

自然环境的变化对人类产生的作用和影响是长远的。环境治理的行动发生在近期，而环境治理产生的环境效益却发生在远期，环境破坏的行为发生在近期，而环境破坏带来的影响却可能一直延续到远期，因而使环境价值具有长远性。

3. 不可替代性

环境价值不可用其他任何一种价值来代替。经济价值代替不了环境价值，环境价值的各种组成部分和表现形式之间也不可完全代替，我们不能用晴朗的天空来代替潺潺的流水，也不能用安静的声音环境来代替污浊的空气环境，更不能用一定金钱来衡量原始森林的全部价值。因此，环境价值的弹性系数很低，甚至为零。

4. 不易度量性

环境价值不像经济价值那样显而易见，它对人类生存发展的作用和影响具有隐匿性。近年来，很多组织机构、专家学者在研究"绿色 GDP""绿色核算""真实储蓄"与可持续发展指标体系（ISD）等问题，都是对环境价值的度量进行尝试，但都不能真实、全面地反映和度量自然环境的全部价值。

（二）环境价值理论与林业绿色经济联系

1. 森林环境福利理论

森林环境福利指某些森林资源在提供资源价值的同时，还向社会其他经济主体提供环境服务，实现生态效益。这部分价值在传统核算体系中无偿提供，没有考虑其价值，因此称为全体社会成员的环境福利。森林环境福利价值在数量上大致等于期内森林生态效益价值减去期内政府或社会生态环境补偿后的余额。

马克思商品使用价值理论是森林具有福利效益的立论基础。环境稀缺论是森林福利效益被纳入经济学研究框架的前提。公共物品理论为森林福利效益确立了科学的经济地位。经济外部性理论为森林福利效益的持续发挥提供了科学方法。

森林的福利效益是通过森林的功能发挥，对居民的文化、健康、住房、收入、就业等福利关键指标产生影响，这一过程中的作用机制是复杂的，其中有的存在重复。福利指标受到多种森林功能的影响，同时有的森林功能具有多种福利效益。

2. 森林的外部性

森林作为陆地上最复杂的生态系统，为人类提供自然环境条件和效用，不仅提供林木、林副产品等有形经济产品，还提供诸多森林生态服务效益。这些森林生态效益如果得不到经济主体或社会的合理付费（或补偿），便形成外部性。

森林作为环境的一部分，具有生态环境服务价值或效益，且具有正的外部性，能够产生森林环境福利。这不仅属于环境价值理论研究范畴，也是林业绿色经济的研究领域，此外，注重环境价值同样是发展林业绿色经济的核心理念之一。

七、可持续发展理论

（一）可持续发展的概念

可持续发展的概念最初是由世界环境与发展委员会提出的。1987年，在其报告《我们共同的未来》中，世界环境与发展委员会第一次对于可持续发展的概念进行了具体阐述，并获得了国际社会的广泛共识。可持续发展是指既要满足现代人的需求，又不以损害后代人满足其自身的需求作为条件。具体地，可持续发展就是指一国在经济、社会、资源和环境保护等4个方面实现协调稳定发展，它们是不可分割的整体，不但要发展经济，而且要保护好人类赖以生存的自然资源环境，包括大气、森林、土地、淡水和海洋等，使人类子孙后代能够实现永续发展和安居乐业。可持续发展与环境保护是相互联系又相互区别的2个概念，可持续发展的一个重要方面是环境保护，但可持续发展的核心在于发展，不仅要包括经济和社会的发展，而且包括严格控制人口，提高人口素质，以及保护环境，最终实现人类对于资源的永续利用。

（二）可持续发展理论与林业绿色经济联系

林业可持续发展，就是既满足当代人的林业需求，又不对后代人满足其林业需求的能力构成危害的林业发展。在这里，前面描述的是林业的可持续性，是对林业发展的属性的界定，其中所强调的"能力"，是指林业的自然资源、经济资源和社会资源存量都不随时间而下降。这样来定义林业可持续发展，既包含了发展的含义，又包含了可持续性的含义，同时也界定了发展的部门特性。

1. 林业可持续发展的指导思想

林业可持续发展追求林业经济增长，规避无发展的增长。林业可持续发展的重要任务仍然是实现林业经济增长，但要达到的是具有可持续意义的经济增长，力避"无发展的增长"。依靠科学技术进步，采取科学的经济增长方式才是可持续的。

林业可持续发展以森林生态系统为基础。包括林业经济增长在内的经济和社会发展对森林资源的利用，不能超越森林生态系统的承载能力。这里所说的"利用"包括木材生产和各种生态利用。

林业可持续发展承认森林生态效益的价值。这是与传统的林业经济发展在理念上的根本区别。按照这一新理念，经济和社会对森林生态资源的利用，应当付出成本，林业经营主体应当获得它生产生态效益的经济补偿。

林业可持续发展谋求社会的全面进步。前面已经说明，在人类可持续发展系统中，经济发展是基础，自然生态保护是条件，社会进步才是目的。这个思想同样适用于林业可持续发展。

2. 林业可持续发展的基本原则

（1）公平性原则：即代内公平和代际公平，要给后代人以公平利用林业资源的权利。

（2）持续性原则：林业的经济增长必须充分考虑森林资源的承载能力。如果一种经营模式变成了满足需求的能力的约束，就要创造另一种打破这种约束的模式，森林资源的分类经营就是这样提出的。

（3）公益性原则：森林的生态服务属公共物品，没有区界和国界，因此林业可持续发展需要全领域和全球共同行动。

（4）需求性原则：林业可持续发展面对的是各类经济需求、各类环境需求和各类社会效益的需求。而且这些需求仍在发生结构上的细化和总量上的扩张。林业可持续发展面对的就是满足这种系统性的需求。

3. 林业可持续发展的特征和目标

林业可持续发展的特征是：发展有持久性；发展有动态性；发展有协调性；发展有综合性；发展有可行性。其中，综合性是指这种发展包括林业生态问题、林业经济问题和林业社会问题。动态性是说可持续的林业发展是一个过程，不同的时期有不同的社会经济需求和不同的发展内容。

林业可持续发展的目标是：谋求林业经济的增长；改善林业经济增长的质量；满足人类在总量和结构上的林业需求；保护林业的自然资源基础；开发林业的人力资源；把握林业的技术发展方向；协调林业的经济生态决策。

4. 林业可持续性的分类

林业的可持续性包括以下 4 个部分：

（1）森林资源的可持续性，主要包括生物资源的可持续性（生物多样性、自然保护区）、天然林保护、森林营造、次生林经营等。

（2）森林物产的可持续性，主要包括木材培育业、用材林产业、经济林产业、薪炭林产业等。

（3）森林环境产出的可持续性，主要包括生态工程建设。

（4）森林社会功能的可持续性，主要包括生态游憩、森林保健、森林文化、城市森林、净化环境等。

可持续发展理念是对传统发展方式的反思，强调经济、社会、资源和环境保护等 4 个方面实现协调稳定的发展。林业可持续发展既是可持续发展理念在林业中的具体体现，也是实现绿色经济发展的重要途径。二者均在追求经济增长的同时注重生态效益、公平及可持续发展。因而，推动林业绿色经济发展可以更好地促进林业的可持续发展；反之则反是。

八、循环经济理论

（一）循环经济的概念

循环经济本质上是一种生态经济，是遵循生态学和经济学原理及其基本规律，按照"减量化（Reduce）、再利用（Reuse）、再循环（Recycle）"的原则（简称"3R"原则），运用系统工程的方法，实现经济发展过程中物质和能量循环利用的一种新型经济形式。它是以与环境友好的方式利用自然资源和环境容量，保护环境和发展经济，以更小的代价、更高的效率，实现经济活动的生态化。通过提高资源利用效率，进而提高环境效率和经济发展质量，达到经济效益、社会效益、环境效益的共赢。

循环经济概念的内涵，包括 3 个层次的基本含义：①社会经济系统对物质资源在时间、空间、数量上的最佳运用，即在资源减量化优先为前提下的资源最优利用；②环境资源的开发利用方式和程度与生态环境友好，对环境影响尽可能小，至少与生态环境承载力相适应；③在发展的同时建立和谐与生态环境互动关系，即人类社会既是环境资源的享用者，又是生态环境建设者的关系，实现人类与自然的相互促进、共同发展。

（二）循环经济理论与林业绿色经济联系

林业是中国社会经济发展的重要组成部分，但是长期以来，中国林业走的是传统的粗放型经济增长道路，依靠大量资源的消耗来推动经济的增长，使得林业面临的资源与环境方面的压力越来越大，经济增长潜力已接近极限，此时将循环经济发展思路引入林业产业，为中国林业的发展指出了一条新的道路。

循环型林业体系的建立能够有效缓解林业产业发展与资源、环境之间的矛盾，同时对实现林业的可持续发展也具有重要的意义。循环型林业是将循环经济理念引入林业产业发展的过程中，是循环经济思想在林业产业建设中的应用。循环型林业以资源消耗低、环境污染少、经济效益高为目标，追求林业的可持续发展，按照"3R"原则，通过优化林业产业由生产至消费的整个产业链结构，实现物质材料的多级循环利用和生产性活动对环境的危害最小的一种林业产业经营模式。其实质就是要发展环境友好型林业，充分、合理利用自然资源和环境容量，实现林业经营活动的生态化。这就要求林业产业与其他类型工业产业共同形成基于全社会的大循环，使林业产业及其相关产业的经济活动形成"资源—产品—再生资源"的闭路循环，所有投入的原材料和资源在这个不断进行的循环回路中都能得到最合理的利用，进而使得整个林业产业链的活动对自然环境的危害减少到最低限度，同时也可以获得最大的经济效益。

在保护生态环境的同时兼顾经济效益正是林业产业发展循环经济的内涵，将生态环境保护与林业产业建设融为一体，克服了以往生态林业发展中侧重环境保护而忽略了经济效益的问题，有利于缓解目前林木使用量的急剧增加与自身资源短缺、生态恶化的尖锐矛盾，对实现资源环境的永续利用、实现林业的可持续发展具有重要的指导意义。

1. 林业循环经济的发展目标

林业发展循环经济的目标是在林业生产过程中以及林产品的生命周期中，尽量减少林业资源的投入量和废气、废水、固体剩余物的排放量，提高资源的利用效率，加大对废弃物资源的回收再利用，提高整个林业产业系统的生产效率，实现林业产业发展与生态环境保护并举，促进林业可持续发展。

2. 林业循环经济的参与主体

林业循环经济的参与主体是指在发展循环型林业、建立林业循环经济体系过程中的具体实施者。根据实施者的实行范围可以建立一个由小到大的参与层面：企业层面—生态园区层面—社会层面。

（1）企业层面。单个林业企业在生产过程中要尽量节约原材料、减少浪费，增加自身产品的技术含量，提高产品附加值，同时也要通过清洁生产合理配置林业资源，最大限度地减少对自然环境有不良影响的废水、废气等污染物的排放，另外，对于可回收的资源也要尽量转化为产品，以实现整个生产过程中的闭路循环。

（2）生态园区层面。生态园区应该以生态理论为指导，尽力模仿自然环境，使得材料和能源在整个产业系统中能够循环使用，上游企业的废弃物能够成为下游企业的原料和动力，让各种资源都能够充分地利用起来，实现资源共享，共同发展。园区内的各个产业部门应该按要素需求耦合共生、相互依存，各个产业链交织成网，从而形成一个比较完整的生态产业网络，使得各种资源得到最佳的配置、废弃物都得到合理的利用、环境污染降到最低水平。

（3）社会层面。整个社会以及各级政府部门应加强可持续发展的意识，鼓励、监督、指导各企业发展清洁生产，控制污染排放，努力引导公众在整个社会意识形态中形成循环经济思想，为循环经济的发展奠定社会基础。

3.林业发展循环经济的技术及制度支持

先进的生产模式依靠先进的技术来支持，林业要发展循环经济也需要先进的科学技术和生产设备，也需要科学的方法来管理。必须充分利用当今现代化的科学技术，为林业的可持续发展提供保证。

在制度上，政府需要通过财政等手段鼓励开展促进环境保护和合理利用资源的各种活动。通过政策的引导，比如提供补贴、减免税收、投资建设等手段促进循环型林业体系的建立。

还要充分利用市场机制，如建立排污权市场等。由政府建立允许排污量，并将总量分配到各个地区，以此明确排污单位对资源和排污容量的使用权，并允许排污权在市场上交易，依靠市场的供求关系来实现环境容量资源的优化配置。排污权会通过市场从治理费用低的污染源转移到费用高的污染源，从而使社会以最低的成本实现污染物排放的减少。

同时还要完善各种相关法律法规的建立，为循环型林业产业体系的发展提供法律支持，也可以使政府、企业及群众强化自身责任意识，自觉地规范和约束自身的行为，从而更加有效地推动林业循环经济体系的发展。

4.林业循环经济特点

林业循环经济有其经济和生态作用双重特点。发展林业循环经济，使得森林资源加工生产后转化为产品，创造经济价值，尔后变为废弃物得到再次循环利用，再次创造经济价值。在此过程中森林生态系统吸收废气创造氧气，创造了生态价值，而资源的循环再利用，减少了废弃物对环境的污染，也创造了生态价值，因此林业自身具有双重性。

循环型林业以资源消耗低、环境污染少、经济效益高为目标，追求林业的可持续发展，通过优化由生产至消费的整个林业产业链结构，实现物质材料的多级循环利用和生产性活动对环境危害最小化。这种林业产业经营模式体现出林业绿色经济中循环发展、高效节约的绿色理念，通过发展林业循环经济，可以高效节约利用资源，降低资源消耗，减少对环境的危害，更加绿色、环保地发展林业经济，也是林业绿色经济发展的重要路径和模式。

九、能源经济理论

（一）能源经济的概念

近年来，中国的能源增长不能满足国民经济发展的需求，能源消费总量明显地受到储存量约束，能源短缺与高能耗的粗放经济增长方式，以及由能源消费所带来的环保影响，成为国民经济发展的"瓶颈"。能源经济学是研究分析能源在开发利用过程中的各种经济现象及其演变规律的一门科学，主要解决能源资源问题和能源商品问题，包括企业和消费者供应、转换、运输和使用能源资源的行为或动机，市场及其规制结构，能源利用的经济效益，能源开发和利用导致的分配和环境问题。在能源经济学中，能源与经济增长（增长率和增长结构）及社会发展的关系、能源与环境污染的关系及能源资源的优化配置问题都是其研究的主要内容。

（二）能源经济理论与林业绿色经济联系

林业作为可再生能源重要生产部门，在国家能源战略中具有举足轻重的作用。林业生物质能资源种类多，生物量大，燃烧值高，资源丰富，且具有可再生性和可持续性，但开发利用率低，产业发展潜力巨大。因此，促进林业生物质能源产业可持续发展，缓解能源危机，保障能源安全，减少环境污染，推进新林区建设，具有重要的理论价值和现实指导意义。

以森林资源为基础的林业生物质能源是生物质能源的重要组成部分，是高效、无污染、最安全的能源，是具有巨大发展潜力的生物质能源。大力发展可再生能源，加快开发生物质能源，建设一批秸秆和林木电站，扩大生物质固体成形燃料、燃料乙醇和生物柴油的生产能力，已列入《国民经济和社会发展第十一个五年规划纲要》。因此，林业生物质能源作为可再生能源，尤其是生物质能源的重要组成部分，也是我国替代能源发展战略的重要组成部分。

大力发展林业生物质能源，不与农业争地，不与人争粮，又可以加速绿化进程，促进农民增收，推动新农村（新林区）建设，还能减少温室气体排放，是实现能源、环境、林业多赢的战略举措。对于保障能源安全，实现能源结构多元化，改善生态环境，推动林业两大体系建设，调整农村产业结构，建设社会主义新农村、新林区具有举足轻重的地位和作用。

能源经济理论为发展林业绿色经济提供有效的实现途径。相对于化石燃料，林业生物质能源不仅清洁、可再生、减少碳排放，而且有助于加速绿化进程，促进农民增收，推动新农村建设，因此发展林业生物质能源是林业绿色经济的有效实现形式。

十、低碳经济理论

（一）低碳经济的概念

低碳经济是指以低能耗、低污染、低排放为基础，以高效能、高效率、高效益为特征的绿色生态经济，是人类社会继农业文明、工业文明之后的又一次重大进步。森林既是吸收碳汇，也是排放源，在应对气候变化中具有减缓和适应双重功能。保护森林、减少毁林、提高森林质量、推动森林可持续经营、促进现代林业发展是低碳经济发展的重要选择。林业部门在其中起着举足轻重的作用，因此需要深入学习挖掘林业在低碳经济中的作用，促进林业低碳经济的发展。

（二）低碳经济理论与林业绿色经济联系

林业低碳经济基本内涵是在不影响林业经济和林区社会发展的前提下，通过技术创新和管理制度创新，降低林业经济发展对生态系统中碳循环的影响，尽可能最大限度地增加森林碳汇和减少温室气体排放，从而减缓全球气候变暖，实现林业经济和社会的清洁发展与可持续发展。其基本特征是：在林业生产的全过程中实现经济活动低碳化；其实质是通过源头和过程控制，增强森林碳汇功能，降低林业碳源效应，发展林业生物质清洁能源，提高能源效率和追求绿色经济，维持地球生物圈的碳平衡、从而维持全球的生态平衡；其目标是通过积极有效地利用现有或开发、应用新的低碳技术，在保护森林资源的同时，获得更多的林业经济产出，从而实现减缓气候变暖和促进林业可持续发展。

1. 林业低碳经济在应对气候变化、促进经济发展中的作用

林业低碳经济所发挥的作用主要包括以下 7 个方面：

（1）植树造林增加碳汇，改善人居环境，促进生态文明。

（2）加强森林经营，提高森林质量，促进碳吸收和固碳。

（3）保护和控制森林火灾和病虫害，减少林地征占用，减少碳排放。

（4）大力发展经济林，特别是木本粮油包括生物质能源林，其产品生产过程就是吸收二氧化碳的低碳过程。

（5）森林作为生态游憩资源，其形成过程就是增汇、固碳的过程，为人们提供了低

碳的休闲娱乐场所。

（6）使用木质林产品，延长其使用寿命，可固定大量二氧化碳。

（7）保护湿地和林地土壤，减少碳排放。此外，森林固碳具有工业减排不可比拟的低成本优势，能够增加绿色就业、促进新农村建设等；还有保护生物多样性、涵养水源、保持水土、改善农业生产条件等适应气候变化的功能。

林业产业的行业性质，决定了其本质上就是一种低碳产业，具体体现在以下五个方面：

（1）植树造林、森林经营等，在提高森林质量和蓄积量的同时，直接增加了森林碳汇，促进了对二氧化碳的吸收和固定。因此，围绕着森林培育和经营展开的生产活动，是低碳活动。

（2）经济林，特别是木本粮油，包括生物质能源林的培育和经营，既是碳汇形成的过程，又是为可再生性能源、清洁能源生产提供原料的过程，因此也是低碳活动。

（3）发展自然保护区经济，保护湿地和林地土壤，保护生物多样性，是增加碳汇的重要途径。

（4）保护和控制森林火灾和病虫害，发展森林旅游产业，是林业产业低碳特征的重要体现。

（5）发展木质林产品，扩大木质林产品的消费，是固定二氧化碳的重要途径。

2. 发展林业低碳经济的举措

目前，陆地生态系统仍有很大的碳汇潜力，因此，从发展低碳经济、应对气候变化的角度，今后还应从以下几方面进一步充分发挥林业作用：

（1）进一步加大植树造林力度，扩大我国森林面积，增加碳吸收。

（2）加强森林管理，提高现有林分质量，增强我国森林生态系统整体的碳汇功能。通过对水分、土壤、火灾和病虫害进行管理与控制、实施林分抚育管理等措施，将能够进一步提高现有森林质量，较大程度地增强我国森林生态系统整体的碳汇功能。

（3）加大湿地和林地土壤保护力度，有助于减少碳排放。湿地保护不力，将会加速湿地中储存的有机碳的分解，导致 CO_2 大量排放。因此，应加大对湿地和林地土壤保护力度，减少湿地开垦，实行退田还湖，恢复湿地功能；减少森林土壤裸露，保持土壤肥力和结构，减少土壤流失，预防因毁林和森林火灾而导致林地的退化。在森林采伐过程中，采用环境影响小的方式，减少对林下土壤的干扰，保留林下枯落物等。

（4）大力开发与森林相关的生物质能源。研究表明：用1立方米木片取代等量煤炭燃烧可减排160千克碳。我国现有的部分宜林荒山荒地以及部分难以利用土地，都可用来营造木质和油料能源林，用于生产木质成形燃料、生物柴油和部分替代化石能源。

（5）加大对森林火灾、病虫害和非法征占用林地的防控力度，减少因森林保护不力导致的碳排放。

（6）适度增加木材使用，开发延长木材使用周期的技术，有助于增加木质林产品储碳量。木质类材料在生产和加工过程中所消耗的能源，大大低于铁及铝等金属材料，可以抑制化石燃料（石油和煤炭等）的消费。据英国的一项研究，用1立方米木材代替1立方米红砖，可减排1100千克碳。如果以木质林产品部分替代能源密集型材料，不但可以增加陆地碳储存，还可以大大减少生产这些材料过程中化石燃料的温室气体排放。虽然部分木产品中的碳最终将通过分解作用返回大气，但森林的可再生性可将部分排放的二氧化碳重新吸收回来，避免化石燃料燃烧引起的净排放。

综上所述，林业低碳经济基本内涵决定了林业低碳经济是林业绿色经济的重要组成部分，发展林业低碳经济既能主动降低对环境的破坏，又能改善生活质量，实现清洁环保的发展。

十一、包容性经济理论

（一）包容性经济的概念

"包容性增长"的概念最早由亚洲开发银行首席经济学家艾弗兹·阿里2007年提出。国外学者普遍认为公平是和谐发展的基石，要确保经济繁荣所带来的好处能够惠及百姓，应把关注的重点从应对严重的贫困挑战转变为支持更高和更为包容性的增长，促进社会的包容性，减少和消除社会机会不均等的产生。

包容性增长实质上就是一种在经济增长过程中通过倡导和保证机会平等使增长成果能广泛惠及所有民众的发展理念和理论体系，其基本要义为：经济增长、权利获得、机会平等、成果共享。

新绿色经济的社会包容性，要求发展林业保障民生和改善民生。我国生态和民生林业建设，必将创造规模巨大的"包容性财富"，促进自然资源和财富公平分配，有利于在山区林区加强民生保障和促进民生改善，实现绿色经济所强调的包容性。

在可持续发展和消除贫困的背景下，国际社会倡导发展新绿色经济，林业受到了前所未有的关注。"里约+20"峰会强调林业／森林在发展绿色经济中具有重要积极作用，联合国环境署认为林业在发展绿色经济中处于"基础地位"，联合国粮农组织坚持并倡导把林业纳入绿色经济的"核心内容"。各种理论和思潮也不断涌现出来，让我们对绿色经济的认识不断深化，不断丰富。在"里约+20"峰会成果文件《我们希望的未来》和联合国环境署《迈向绿色经济》等文件中，新绿色经济展示出新维度——安全性和包容性。

面对时代要求和形势发展，我国林业建设发展做出了积极而科学的回应，通过加强林业生态和民生建设促进绿色增长。安全性和包容性的绿色经济理论让我们对绿色经济的认识不断深化和丰富，为生态和民生林业建设提供了一定的理论支持，为认识新时期我国林业可持续发展提供了新的视野。

（二）包容性经济理论与林业绿色经济联系

1. 林业与扶贫

林业扶贫是当地政府为消除贫困，调动农民积极参与，充分利用山区丰富的森林资源，发展林业项目，调整林业产业结构，保护和改善生态环境，增加农民就业机会与家庭收入，建立林业主导型山区综合开发与生态环境保护相结合的发展模式，走可持续林业道路而采取的一系列措施。

多年来，林业扶贫以解决贫困人口温饱问题和稳定已脱贫人口为目标，以改善连片生态贫困地区生态环境为重点，采用行业扶贫、定点扶贫、各级政府扶贫多种形式，发挥山区优势，增强当地农民与林场职工经营林业的动力，发展林业生产力，增加林业产出，实现生态与产业共赢。

林业扶贫有多种模式和多个层次：按发展动力和运行机制可分为政府推动模式、市场推动模式、品牌和龙头企业拉动模式等；按政府组织行为可划分为招商引资模式、政策扶持模式等；依据生产要素可划分为资源型发展模式、科技型发展模式、文化型发展模式。这些模式往往代表了林业产业发展阶段的不同形态，在很多情况下都是相互兼容的。

2. 林业与减贫

林业减贫作用机制框架主要围绕政府、涉林企业、农户三大主体为中心进行展开，通过林产品销售收入、涉林劳务收入、林业生态补偿收入、林地租金收入、林业衍生产品收入等途径，实现农民增收致富，达到林业减贫的目标。而农户的五大收入受到多方面的影响，要实现农户增收致富要综合协调各方面因素。

改革开放以来，我国林业建设经历了以经济建设为主向生态优先转变，再到生态经济并重的螺旋式发展过程。林业重点工程建设的起点是20世纪80年代中国经济的起飞。这一时期林业建设的主要任务是为国民经济建设提供木材和资本积累，为改善人民生活提供资源和收入。

林业重点工程实施区与我国集中连片特殊困难地区高度重合，减轻贫困是生态建设工程面临的最大难题。工程建设10多年来，在中央财政投资支持下，工程不仅有效地保护和恢复了森林资源，还增加了农户和林业职工的家庭收入，工程区短期内摆脱生态破坏与贫困加剧相互交织的陷阱，为区域社会经济发展奠定长期资源环境基础。

林业重点工程通过安排公益林建设、森林管护、森林抚育等建设任务，以及发展林下经济等特色产业，直接或间接拉动了工程区社会就业，逐步解决了天然林禁伐、木材产量调减后的富余职工安置和退耕还林后农村剩余劳动力问题，维护了工程区的社会稳定。

3.民生林业

民生是林业发展中的重要问题。在林业的发展过程中，要考虑到林农的生计情况，包括基本生活保障、基本住房条件等。要着力改善林区民生，抓好林业基础设施建设，要切实提高林业职工收入。积极吸纳林区建设资金，促进民生林业的发展，关注人民群众多种层面的不同需求，提升人们的生活幸福指数。林业建设回归到人的建设中来，是一种进步。林业税费政策给予适当的调整，减轻了林业生产经营者的负担，使广大农村生态公益林经营者的生产和经营得以持续和健康发展。

民生林业是个较为宽泛的概念，它既属于时间范畴，也属于社会建设范畴。就时间范畴而言，民生林业发展战略反映林业发展开始进入一个新的历史时期；就社会建设而言，发展民生林业的重中之重是保障和改善民生、建设健康和谐的生活环境。民生林业也是一个动态概念，在不同发展阶段其内涵有所不同，会随着人类对林业的需求、认识及相关科技水平的提高而具有不同内涵。现阶段，可从五方面理解民生林业：民生林业以可持续发展理论为指导，以保障和改善民生为重点，以保护和培育森林资源为前提，以产业化发展为动力，满足人类日益增长的民生需求，实现发展成果更多更公平地惠及全体人民，以建立"和谐林区"与"和谐林业"为最终目标。

综上所述，绿色经济的包容性建立在自然资本公平利用和合理分配的基础上，尤为关注消除贫困，创造"包容性财富"，帮助贫困地区人群改善民生。而林业绿色经济同样以人为本，关注于保障和改善民生，减轻贫困，提高生活质量，因此，二者具有共同的发展目标。包容性经济理论为林业绿色经济发展提供了重要的理论支撑。

第三节 林业绿色经济的实践探索

一、林业绿色经济的主要实践模式

（一）林业低碳经济模式

在全球气候变暖的严峻背景下，发展低碳经济有利于促进社会可持续发展，而林业在低碳经济发展中起着举足轻重的作用。所谓林业低碳经济，是指在林业经济活动过程中，通过科学管理和技术创新，增加森林碳汇，减少林业碳源，从而以较少的温室气体排放获得较大产出的新的林业经济活动。

促进中国林业发展、低碳经济稳步发展的因素有 4 个方面：①提高中国的资源能源利用效率；②开发利用可再生的资源能源；③要引导广大消费者的消费行为；④利用国际碳汇贸易来发展新技术。

想要持续良好地发展林业低碳经济，首先，需要调整林业产业的布局，使林业产业成为低碳产业，限制高碳产业发展甚至从市场中剔除，防止其重回市场；其次，使林业工业低碳化，提高能源的开发利用的效率；再次，构建低碳城市，在居住空间方面，要低碳环保，在公共交通方面，要广泛使用环保交通设备和设施；最后，增加碳汇量，主要手段有重视植树造林活动、进行生物固碳等。在我国有多个省市已开展了林业低碳经济的模式实践，例如黑龙江省、内蒙古自治区。

（二）林业循环经济模式

在走林业低碳经济模式的道路过程中，林业循环经济是另一重要的驱动力。循环经济是指"资源—生产—消费—资源再生"的反馈式流程。接下来从微观、中观和宏观3个层面来探讨林业循环经济：

从微观层面来说，企业是构成林业产业生态化主系统的核心个体，属于微观层面，基于循环经济的产业生态化过程主要在企业内部进行。主要分为链条延伸模式、技术驱动模式和市场驱动模式。链条延伸模式是指延伸产品链条或者是生产链条的模式。要实现产业生态化，首先考虑向排放物"开刀"，把它变成新资源，延长产品链条或生产链条；技术驱动模式是指通过技术创新和技术改造来实现企业生态化，通过大力发展相关的生态化技术，降低企业对资源和能源的消耗，减少废弃物排放，提升产品档次和技术含量，从实质上实现企业生态化；市场驱动模式是指在企业与市场之间建立一种沟通协调机制，如建立中介组织机构来加强企业与市场之间的信息沟通与共享，使企业能够第一时间识别市场需求，并对市场需求做出快速反应，满足市场需求。

中观层面主要指的是循环型产业模式和联合经营模式。前者是充分发挥龙头企业在生产经营及市场主导等方面的强势地位和快速响应能力，以龙头企业为核心逐步形成产业集聚或产业集群。后者是在主体独立经营的基础上，利用企业之间签订协议的方式将2个以上独立利益主体变成一个虚拟的利益主体，共同实现企业的生态化。

而在宏观层面上，循环型社会模式分为点线互动模式，即在林区中选择一些具有带动作用的点——中心城镇、乡镇、林场，通过这些点来推动林区产业结构调整。此外，森林碳汇交易模式也是循环型社会模式的一种。由于森林是自然界中吸收二氧化碳的主要载体，森林资源能够有效地降低温室气体存量和二氧化碳浓度。因为林区拥有较多的碳排放量许可，而其他地区则缺乏碳排放量许可权，林区可以将其拥有的富裕碳排放量许可权拿出来进行交易，从而解决林业产业生态化过程中面临的资金瓶颈。

从林业产业特性角度来看，发展林业循环经济的潜力很大。林业既有内部经济，又有外部经济，并且外部经济远远大于内部经济。因此，林业产业是一个环境友好型产业，是循环经济的主体和支柱，是实现林业可持续发展的必然选择。从木材供需角度来看，发展林业循环经济是缓解木材供需矛盾的重要途径。

根据中国现阶段的经济特点，对于木材的需求量大大增加，因此导致了木材供需缺口持续加大。而通过发展林业循环经济，减少木材的消耗量，提高资源利用率，加大废弃木材回收利用，可以在一定程度上缓解木材供需矛盾。很多国家都已把废弃木质原料的回收利用作为充分利用自然资源、保护环境的重要政策。从林业企业的角度来看，发展循环经济可以促进企业发展。林业企业通过实施清洁生产、企业间协作和回收利用木质废料，可减少污染治理费用，降低能耗和物耗，从而降低生产成本。因此，实施循环经济是林业企业提升竞争力的重要手段。发展循环林业经济是在林业资源不足的情况下，实现我国林业经济效益和生态效益双赢的重要举措。

（三）生态林业经济模式

生态林业就是要按森林生态系统生长、发育规律来经营森林。生态林业经济模式是根据"生态利用"原则而组织起来的森林经营利用制度。它运用生态经济学原理和生态过程方法，充分利用当地自然条件和自然资源，在促进林产品持续发展的同时，为人类社会的当代和后代的生态和发展创造最佳状态的环境。

生态林业经济模式运行的自然动力机制是指对林业生态经济复合系统能够产生影响的所有自然条件所构成的，并且能够促使生态经济协调发展的力，其核心就是自然生产力。该生产力是由资源要素、人力要素、科技要素、投资要素、制度要素和文化要素这六大要素所构成。生态林业经济系统具有一切大系统共有的特征，即系统性、有序性、互补性、整体效益最优率控制。

林业生态经济系统作为一个复合系统，具有3个特点。①双重性。它是由森林生态系统和林业经济系统复合形成的，因此其运行同样要受林业经济规律和森林生态规律的制约。②结合性。在林业生态经济系统这一复合系统的运行中，对于人们发展经济来说，森林生态系统与林业经济系统2个子系统的地位和作用是不相同的。林业生态经济系统的建立，体现了森林生态与林业经济2个系统的结合，同时也体现了自然规律与林业经济规律2种规律作用的结合。③矛盾统一性。即在其内部，森林生态和林业经济2个子系统的运行方向既是矛盾的，又是能够统一的。这是因为，一方面，林业经济系统本身的要求是对生态系统"最大的利用"，而森林生态系统对自身的要求则是"最大的保护"，因此两者在林业经济发展中是会产生矛盾的。但是另一方面，从长远来说，人们对于森林生态系统，不但要求目前的利用，而且也要求长远的利用，因此也需要对其进行保护。这就使林业经济和森林生态2个方面的要求得到了统一，从而也就使得两者的矛盾统一能够实现。

（四）社会林业经济模式

在发展中国家，人口增加、贫穷和粮食需求、社会经济的压力使得森林的破坏远未停止，人口和贫困对资源的破坏和环境的压力有增无减。在地球的某些地区，正以牺牲后代的利益来换取眼前的温饱。显然，林业问题不仅仅是个经济问题、生态问题，同样也是一个重大的社会问题。人类的活动、社会的发展，既受制于自然，又影响着自然，自然的演化也随着人和社会行为的作用而日益明显与迅速。因此，林业问题已是超越国界和全球战略的重要内容之一。社会林业的定义可分为广义与狭义 2 种，具体如下：

广义的社会林业是指以保存生物基因，协调全国、大区域的生态环境为目标的社会林业。主要类型有 2 种：一种为保存生物的基因的社会林业，如自然保护区；另一种为协调大区域人类生存、生产环境的社会林业，如防护林体系、面积广袤的大林区即天然林区。广义的社会林业目标远大，关系到国家、民族的长远利益，所以，由国家设立专业机构进行科学经营管理。

狭义的社会林业是指森林的社会功能在特定的社区发挥作用，由社区组织林业活动，社区和参与者直接受益。主要分为三类：第一类是乡村社会林业，即包括平原、山区、林区林业，以改善乡村生态环境，为村民提供薪材、饲料、食物和经济收入为宗旨；第二类是城市林业，包括城区和郊区林业，以美化、绿化城市环境，净化空气，为居民创造优良的生活、生产、工作环境为宗旨；第三类是特殊社区的社会林业，包括工厂、矿区、军营等特殊社区的林业，以改善本社区生活、生产、训练环境为宗旨。

二、林业绿色经济的主要实践组织形式

（一）家庭林场

2013 年中央一号文件首次出现"家庭农场"概念，鼓励和支持承包土地向专业大户、家庭农场、农民合作社流转。林业作为大农业下的一部分，与之相应的"家庭林场"也应运而生。在集体林权制度明晰产权、放活经营、规范流转、减轻税费的改革背景下，制度安排与家庭农场相类似的家庭林场也在全国各地蓬勃发展起来。

家庭林场是以家庭为基本经营单位，进行以林业为主的商品生产的经济主体，是在林业承包责任制的基础上发展起来的一种林业生产经营形式。家庭林场有固定的生产基地，达到一定的经济规模；有较高的经营管理水平，趋向科学化、集约化、丰产化、林工商一体化经营，而且贯穿于营林的全过程。家庭林场的造林有规划、有设计、标准高、措施新，造林质量也有强有力的保证。

在林业产业结构中，除了家庭林场，还有林业专业大户、林业专业合作社，但是后两类经营方式与家庭林场还是存在显著的不同的。家庭林场是以家庭为单位来进行林业商品生产的，劳动力主要是以家庭成员为主的一种小型化的经营方式，基本不需要额外的工人。林业专业大户的经营规模比家庭林场大，需要长期依靠雇用工人进行林业商品的生产和林场的管理。林业专业合作社则是由来自不同家庭的林农自发联合形成的一种组织化经

营方式，分散的林农联合起来，由合作社统一安排生产和经营。

家庭林场承包经营有诸多优点，这种经营模式最突出的优点，不仅在于适应了市场内在的经营和激励机制，能够充分调动营林主体的生产经营积极性，激发人力资本的创新活力，更在于这种经营模式内涵丰富的生态文明价值理念。以林业为发展载体的家庭林场要想实现可持续发展，客观上要求生产经营者树立尊重自然、顺应自然、保护自然的可持续发展生态文明价值观，提高对自然环境和生态资源保护的责任意识，在生产经营过程中以自然资源和生态环境为价值取向，尽量避免对生态环境带来不利的影响或破坏。

与此同时，家庭林场能够极大地发挥林业所带来的经济、社会以及生态效益。经济效益最直接地表现在了促进林农增收上。家庭林场的经济收益由五部分组成：①进行植树造林、森林抚育维护所得的政府补贴；②开展林下种、养殖业务（如蘑菇、木耳、中药材、竹木编制品、家禽家畜养殖等）获得的收益；③依法按规采伐获得的木材销售和果林、油树产品（如水果、坚果、茶油、棕榈油、橄榄油等）销售收益；④开展林业旅游与休闲服务获得的收益；⑤参与林业碳汇交易获得的收益。社会效益则表现在很大程度上解决了农村劳动力短缺的问题。

此外，家庭林场也能带来一系列的促进家庭感情、解决留守儿童和空巢老人的正外部性。生态效益与林业所发挥的生态价值相一致，促进人与自然、人与社会和谐发展，促进全社会绿色发展。

（二）林业生态园

林业生态园是以某类（种）具有经济价值、文化内涵的植物树种为主体的，以林业生产为基础，以产品加工为支撑，结合自身的资源、人文、区位优势，以开发林业景观、田园景观和旅游服务为依托的，集林业生产、生活与生态三位一体的综合性生态园，在经营上表现为集产、供、销及旅游、休闲、服务等三级产业于一体的林业产业发展形式。特色林业生态园是一种以林业生产为基础，将林业和旅游业相结合的一种新型的、生态的、可持续的现代林业发展模式。

在这种模式下，采用机械化、标准化、集约化的生产流程，以市场为导向，挖掘开发林业资源并调整优化林业结构，带动相关产业发展，保护和改善生态环境，促进生态林业的可持续发展。同时特色林业生态园作为生态旅游园区，具有艺术性和观赏性，其形成的园林景观能够满足人们感官需求与心理需要，具有产业的复合性、景观的多样性、发展的可持续性、开发经营模式的多元性4个特点。

（三）林业观光园

林业观光园区是以林产品生产基地、森林环境为基础，配备相应的服务设施，为居民提供观光、生产实践、教育、休闲度假等森林生态旅游活动的场所。在林业观光园内，除了各地结合自己的林业特点、自然资源等先天基础以外，可以引进一些优良品种或者进口一些稀有花卉蔬果供公众进行观赏。园内除了提供给游客观赏、游览以外，也可以提供一些无污染的绿色无公害的林产品，最终形成一个独具特色的科技示范园。林业观光园有以下7个特点：

第一，以保护生态环境为主要目的。其中主要是为了保证当地的林业符合生态环境的发展，实现生态环境有效统一；另外在当地发展林业时也有效地维护了生态的平衡能力。

第二，林业观光园将自然景观与当地的文化有效地融合。

第三，林业观光园有着独特的地域性和地域文化。

第四，林业观光园具备高度的可塑性，可以在继承当地的传统文化的同时，也将现代社会新的文化有效地体现出来，从而具备了鲜明的时代特色，有着本身不可磨灭的可塑性。

第五，林业观光园是将生态化和科学化进行有效的统一，在保护林业经济的基础上利用科学技术，在传统的技术上有效地利用新型技术，以此来提高林业观光园的经济效益以及生态效益。

第六，林业观光园可以供人们游玩，从而具备着娱乐性和参与性等特点。

第七，林业观光园具备着可持续发展的特点。林业观光园是站在生态经济的基础上尊重自然生态的发展规律，从而在此之上建立林业观光园。因此，其在最大限度上具备了可持续发展的特点。

林业观光园，一个可游、可憩、可赏、可居的综合活动空间境域，是我国一条使林业既可以发挥其复合功能，又能维持林业经济、资源、环境可持续发展的道路。各地区有必要结合本地区特点对林业观光园做一个详细构想，为开辟有特色的生态观光园打下基础。

（四）国家森林公园

近年来，我国社会经济水平发展迅速，人们的生活水平和生活质量也得到了显著的提升，在闲暇时间不变的情况下，公众的追求也有所转变。公众从追求物质生活向追求精神生活转变，以休闲为主的外出旅游则成为人们体验异样的生活和放松身心、寻找精神寄托的最佳方式。

随着旅游市场对旅游休闲的需求膨胀，对旅游休闲产品的要求就越来越高。对于如今短促的闲暇周末时间，旅游者更希望在离居住地较近的休闲场所游玩，正因如此，才促成了城郊型的、带有优质的自然风景和悠久的文化底蕴特征的公园的引人注目。

发展森林旅游业是林业部门按照森林多功能经营和生态经济学原理转变观念、探索森林经营思路的重要举措。森林旅游业的发展弥补了森林资源限制性开发的背景下林业经济效益的损失，是林业经营过程中生态效益、社会效益和经济效益同步发展的有效结合方式。

森林公园则是森林旅游业发展的主要载体。国家森林公园这一提法主要用于中国大陆地区，是各类别森林公园中的最高级。中国的森林公园分为国家森林公园，省级森林公园和市、县级森林公园等三级，其中国家森林公园是指森林景观特别优美，人文景物比较集中，观赏、科学、文化价值高，地理位置特殊，具有一定的区域代表性，旅游服务设施齐全，有较高的知名度，可供人们游览、休息或进行科学、文化、教育活动的场所，由国家林业和草原局做出了准予设立的行政许可决定。

我国的国家森林公园发展是伴随着改革开放而出现的新兴事物，是一种有别于传统城市的空间的生产模式。森林公园作为以树木为主的生物群落与其周围环境所组成的生态系统，也是一种自然旅游生态系统。它除了具有一般森林生态系统的提供林木产品和林副产品、森林游憩、涵养水源、固碳释氧、养分循环、净化环境、土壤保持和维持生物多样性等生态服务功能，还具有良好的保健和疗养功能。

山区、林区是我国旅游业提质升级的主阵地，在促进旅游投资和消费中发挥着重要作用。森林公园大多位于经济相对落后的大山区、大林区，这些地区通过发展森林旅游获得了显著的经济效益。森林公园以自然景观为主导，以森林生态环境为依托，集生态产业与生态文化于一体，为广大游客提供了休闲度假、回归自然、调理身心的理想之地。当今，健康养生的生活方式，已成为人们追求的目标。作为健康养生重要领域的森林公园，只有不断提升品质，才能为这一新兴生态产业进入市场做好充分准备。

森林公园建设的初衷，就是要保护与合理利用我国的森林风景资源。森林公园的建设不仅使我国林区一大批珍贵的自然资源和文化遗产得到有效保护，还有力地促进了国家生态建设和自然保护事业的发展。

（五）林业生态经济园区

林业生态经济园区以"充分保护自然环境、充分利用生态资源、充分体现生态园特色、充分发挥最大效益"的基本原则来规划景观，景观组合自然得体，项目丰富多彩、吸引力强；休闲度假安静、舒适，服务周到；娱乐观光内容充实，富有创新、超前意识，刺激性强。

（六）林下经济园区

"林下经济"是近年来林业生产领域涌现的新生事物，也是一项新兴的富民产业。中央明确指出，发展林下经济，既可促进农民增收，又可巩固集体林权制度改革，同时加快林业经济转型升级，提高林业综合生产能力和质量效益也是当前各级林业主管部门和广大林业经营者共同面临的重要课题。大力发展林下经济，充分挖掘和利用现有的林地林木资源，是我国在新时期根据林业发展的现状提出的加快林业向纵深发展，向可持续发展、循环发展、绿色发展、环保发展的重大战略转移。

通过发展林下经济，可以充分调动广大林农爱护林业、投身林业的积极性。林下经济园区的建立与发展对于发展林下经济、推动林业产业不断壮大和转型升级、稳定和进一步保护林业生态建设成果有着十分重要的意义。林下经济分为林下种植、野生动物驯养繁殖、林下采集及产品加工、森林旅游这4种。主要的模式有林药模式、林草模式、林禽模式、林经模式、林菌模式、林蝉模式、林菜模式等。

（七）城市林业管护经济

林业发展除了经济效益之外，还有巨大的社会效益和生态效益。林业资源比较丰富，是自然资源非常重要的组成部分，其直接关系到人类生产生活、社会的可持续发展。森林管护工作是国有林区生产和管理的一种综合性工作方式，是始终以国有林区的健康持续发展为基础的一种管理工作方式。自从国家实施天然林保护工作以来，森林管护工作越来越发挥出其重要作用，成为林业生产的关键所在。

在森林管护工作中，其通常都是围绕林业的生态化建设、生态安全以及生态文明的总体要求，使得森林企业能够从工作思想上发生根本的转变，从而给林业的持续健康生产提供保障依据。通过林业管护工作的开展，可以有效转换林业经营机制。责任是经营机制的重要内容，通过责任区的划分，能够将工作人员、群众等开展林业管护工作的积极性调动起来。同时，林业经济效益、社会效益及生态效益也可以得到有效提升。

通过林业管护工作的开展，能够有效保护林业资源，积极采取现代管理技术和管理手段，构建完善的管护责任体系，对林木病虫害有效防治，避免灾害破坏到林业资源。同时，通过林业管护工作的开展，也可以有效提升林地生产力，能够促使人们复层利用林地资源，充分开发底层空间，促使林下经济得到发展，林地综合生产能力得到提升，增强林业产业的综合竞争力。

林业资源是我国经济发展的重要战略资源，复合式林业经济的发展不仅要求我们要重视林业的经济效益，更要重视林业的生态效益。加强林业管护，加快林业发展，是实现林业经济复合发展的重要手段。通过对林业管护的分析和探索，不仅能为广大林地覆盖地区的居民带来现实的经济实惠，也能为整个地区的生态环境创造价值，因此，我们在不断发展林区经济的同时，更要注重森林资源的管护，这样才能保证林业建设的综合效应，走出一条林业经济复合式可持续发展的新路子。

（八）林家乐经济模式

我国乡村旅游现在已经进入全面发展时期，呈现出了良好的发展态势。林家乐是继农家乐、渔家乐之后出现的乡村旅游新形式，属于休闲旅游的高端产品。与其他乡村旅游形式相比，林家乐对于环境的要求会更高，要求具有浓郁的绿色森林环境、优良的空气质量及较高的空气负氧离子含量，这也是林家乐区别于农家乐、渔家乐的核心特征。

尤其是近年来，公众的工作和生活压力倍增，特别是白领阶层的娱乐时间受工作时间限制，对于大多数人来说假期基本等同于周末。由于周末仅有两天，他们又渴望得到心灵的净化，因此近郊出行成为主流趋势，城市白领阶层尤其偏爱可以为他们提供物美价廉产品的农家院、林家院服务。另外，对于来自农村的城市居民来说，农家、林家是儿时的记忆，那儿有一片片绿草地，种着很多菜，有许多漂亮的小野花。而常年居住于城市中的居民认为，他们盼望逃离城市这个车水马龙的世界，期待返璞归真。在农家乐、林家乐之中，依山傍水的环境让他们享受自然的拥抱，游客不但可以实现普通林家院惯有的垂钓采摘，亲手获取美味，还可以在体验田中体验种植的乐趣。

目前来说，林家乐正处在一个建设初期的阶段，呈现出一种朦胧状态。作为继农家乐、渔家乐之后提出的建设模式，现阶段的林家乐与农家乐、渔家乐等都市乡村旅游模式的差异并不明显，具有都市乡村旅游模式的共性。由于所依托的自然环境质量高、占地规模大、旅游产品独特，林家乐在三者中处在较高端的位置，所提供的也是较高端的休闲产品。

林家乐未来的发展必然是进一步充分发挥森林、水体、空气等自然优势，深度挖掘森林休闲游憩、康体养生主题，开发具有森林特色的参与性、体验性系列活动，形成有别于农家乐和渔家乐的特色产品。从长远来讲，随着都市居民对绿色休闲、森林养生需求的不断增长，对高端定位的林家乐诉求将越来越大，林家乐的发展也就有了更大的潜力。林家乐将会成为带动农业产业结构调整、促进农民增收致富、提升当地形象与知名度的"民心工程"。

（九）乡村庭院林业经济

随着农村劳动力的转移和农村住宅建设的快速发展，抛荒的自留地、四旁空隙地面积大大增加。为了能够持续增加林农的收入，建设绿色生态村庄，推进社会主义新农村建设，发展庭院林业经济是一个良好的选择。

庭院林业经济的主要模式有以发展经济林果为主体的经济收益型庭院林业、以发展用材林和高大风景树为主的商品用材型庭院林业和以绿化美化庭院居住环境为主的生态环境型庭院林业。发展乡村庭院林业经济不仅可以持续增加农民收入，而且是村庄"五化"的主体内容。只要突出特色，不仅可以成为休闲林业、乡村旅游的主要支撑和载体，而且还是降低农业风险、调整种植产业结构、防御自然灾害的生态调控措施。因此，大力发展乡村庭院林业经济不仅是推进社会主义新农村建设的重要内容，而且可以充分发挥林业在推进社会主义新农村建设中的重要作用。

第三章　森林系统价值分析与营造保护

第一节　森林群落与生态系统

一、森林群落的基本特征

"植被单元是结构与功能的统一体。森林群落分类是森林生态系统分类最好、最显而易见的途径。"[①]

（一）森林群落的结构特征

不同地域由于环境条件的差异和植物种类适应性不同，在一定地段的自然条件下，总是由一定的植物种类有规律地组合在一起，这种植物组合一般被概括地称为植物群落。

组合在一起的植物，除了相互影响外，还受环境的影响。同时作为一个整体，对一定范围的环境也产生影响，并在群落内形成特有的内部小环境。

森林植物之间、森林与环境之间的相互关系，是确定森林群落的最基本特征，其标志体现在群落中森林植物的种类及其数量特征和配置状况，即森林群落的结构。植物种类的适应性和环境条件的异质性两者之间相互作用的结果，必然导致不同群落之间结构上的差异。群落结构不是静止的，是不断变化发展的。因此，研究森林群落的成因、现状和发展规律，必须首先研究群落的结构特征。

森林群落的结构特征，主要表现为构成群落的一定的种类成分、群落的外貌、垂直和水平结构等方面。

1. 森林群落的种类组成

任何一个森林群落都是由一定数量的植物种类组成的，种类成分是形成群落结构的基础。不同的群落，具有不同的种类组成。而种类的多少在很大程度上又受环境条件的影响，各种植物彼此密集生长在一起，存在多样的种间关系，各自利用着适合于本身生长的环境条件。因此，在单位面积上，植物种类愈多，对环境的利用程度也愈高，从而也具有更高的生物生产量和稳定性。

每个群落中植物种类多少及每个种类个体数量多少，与植物群落结构的复杂程度和

---

① 蒋有绪，郭泉水，马娟，等.中国森林群落分类及其群落学特征[M].2版.北京：科学出版社，2018：5.

生态条件的优劣有密切的关系。我国从南到北，气候由热到冷，从东向西，水分由多到少，与此相适应的森林群落种类成分和结构也由复杂趋向简单。

群落中，每种植物的作用并不是都具有同等的重要性，根据在群落中的位置和环境形成上的作用和数量特征，将群落中的植被分为建群种和从属种。建群种是指对群落小气候和土壤能起主导作用的种，最能代表群落特征的种，如将它们从群落中移出，则改变其小气候和土壤条件，从而引起群落中植物种类的重新调整。一般在森林群落中建群种都是那些树体高大的乔木，从属种是指那些在群落中对小气候或土壤剖面的形成作用较小的种，若移出，不大会引起群落内部的重新调整。

天然的森林群落中，植物种类不会是单一的，但是由单一乔木树种构成的群落在自然界屡见不鲜，林学上称之为"单纯林"，这类群落常见于人工群落。一般一个乔木树种在森林群落组成中占乔木树种总株数的 90% 以上，可视为单纯林。由 2 种或更多的乔木树种组成的群落，其中一种株数最少的树种占总株数的 10% 以上，则为混交林。混交林中占总株数比例最大的树种，称为优势树种，其他数量比例较少的称为混交树种或伴生树种。

林业上从经营角度出发，乔木树种按其经济价值，分为目的树种（称主要树种）和非目的树种（称次要树种）。

分析和研究群落中植物种群成分，不仅能帮助了解群落在结构上的异同，还有助于认识群落的区系成分、分布中心、树种的生态特性及生长特点、经济价值和经营措施。

2. 森林群落种类组成的数量特征

（1）种群。数量的最小面积。为了解组成某一群落的植物种类数量，首先是要确定该群落的表现面积。所谓表现面积是指能包括绝大多数的植物种类和表现出该群落一般结构特征的最小面积。因此，找出最小面积是研究群落种类数量的重要工作，一般认为组成群落的植物种类愈多，群落最小面积相应就愈大，温带森林的样方最小面积多为 $400m^2$，亚热带为 $900m^2$，而在热带雨林应不少于 $2500m^2$。

（2）密度。密度是指单位面积上植物的个体数量，在群落调查时，还应了解植物种个体的相对数量，即种的相对密度。如某一样地的调查面积为 $0.1hm^2$，松树为 60 株，栎树为 40 株，则松树的密度是 600 株 /hm^2，栎树是 400 株 /hm^2，而相对密度分别为 0.60（60%）、0.40（40%）。

（3）多度。森林群落中植物种的个体数量除用密度确定外还可用多度，多度是指群落内每种植物的个体数量，是测定植物种个体相对数量多少的一种指标。通过种密度和多度的调查，可查明各植物种在群落中的数量差异。个体数量多的物种，说明群落生境对它的生存及繁衍是适宜的，同时也表明该种对群落内的小环境的影响较大。在森林群落的速生时期，植物种类数量变化较大，在群落的发育盛期则数量趋于稳定。故多度或密度的大小在森林群落的速生时期极为重要，在很大程度上决定着森林群落形成的速度、林木分化的开始早晚和自然稀疏的强度，而林木个体数量的消长关系无疑会影响到群落的生产量。

（4）频度。频度是表示某一种植物在群落中水平分布的均匀程度，以群落中某种植物出现的样方数与全部样方数的百分比表示。频度只是群落结构的分析特征之一，常须要与其他特征结合使用。把频度和密度结合使用，可知道某种植物个体的数目，还可知道该种个体在群落中的分布状况，这2个定量数值联合应用是了解群落结构的基础。在随机分布情况下，密度与频度间关系可用下式表示：

$$m\,(\text{密度}) = \ln\left(1 - \frac{F\,(\text{频度})}{100}\right) \qquad (3\text{-}1)$$

（5）盖度。盖度是指一定地段内，植物体垂直投影所覆盖的面积与整个土地面积之比。

第一，投影盖度。投影盖度是植物群落结构的重要指标。对居于主要层的植物，其盖度大小不仅决定了植物群落内小环境的形成和特点，还对次要层植物种类、个体数量和生长状况产生影响。

盖度和多度的关系非常密切，现实中常出现3种情况：①植物个体数量多，则盖度大，如灌木；②植物多度大，但盖度小，如草本；③植物多度小但盖度大，如乔木。

森林群落乔木层的盖度，在林学中称为"林分郁闭度"：郁闭度1.0表示林冠投影遮盖住整个林地；0.9～1.0为高度郁闭；0.7～0.8为中度郁闭；0.5～0.6为弱度郁闭；0.3～0.4为极弱度郁闭；小于0.2则称为疏林。乔木层如为复层林，则应分层测定。

郁闭度的测定方法很多，常用投影法、样线法、目测法、统计法等。

第二，基部盖度。在森林群落中，测定树干盖度，一般用轮尺实测树干距地面1.3m处的直径即胸径，将直径换算成圆面积，所有被测同一树种胸高断面积之和与样地面积比即为该种的基部盖度。在草本群落中，以成丛草本植物离地面2.5m处草丛断面积计算。

草本基部盖度的测定方法较多，可按样线法，也可按网格法。测定树种的基部盖度是求算林分疏密度和优势度（显著度）的基础。树种的胸高断面积之和与样地内全部树木总断面积之比表示优势度，每公顷林木胸高断面积与相同条件的模式林分（标准林分）的胸高断面积之比表示疏密度，所谓模式林分即疏密度为1.0，指林木对空间利用最充分、生产力最高的林分。

（6）重要值根据密度、频度和显著度的数值，再确定森林群落中每一树种的相对重要值，所得的数值称重要值。其值愈大，在群落结构中就愈重要。

$$重要值 = \frac{相对密度 + 相对频度 + 相对显著度}{300} \qquad (3-2)$$

3. 森林群落的结构和外貌

（1）森林群落的垂直结构。森林群落的垂直结构是不同生态习性的植物在垂直高度和深度上分别处于不同位置的情况。它体现了森林植物彼此间有效利用空间，最大限度地从环境中获得物质和能量的一种适应现象。森林群落中，常可划分出乔木层、灌木层、草本层和地被物层4个层次，在各个层次中又可按不同高度划分亚层。同一层高度相差不应超过20%。

林木的层次结构在林业上常称为林相。森林又分为单层林和复层林，前者只有一个乔木层，后者则有2个以上的乔木亚层。一般人工纯林为单层林，而混交林为复层林。

复层林中，通常把盖度最大的层次称为主林冠层。主林冠层对森林环境，如光照、温度、湿度、二氧化碳含量、死地被物的性质及保水能力有很大影响。如果主林冠层被毁，必然导致林内环境条件的骤然改变。

按植物高度来划分群落的垂直结构，不仅是形态特征方面的指标，也具有一定的生态学意义。同一层次的各种植物在生态习性上较为接近，都具有相互适应和相对稳定性，各个层次，特别是下层对位于其上面的层次具有更大的依赖性。营造混交林或进行林内多层经营时，应充分考虑所选树种或经济植物的生态习性，所处层次及相互间的适应能力和依存关系。

森林群落的成层现象既指地上部分，也包括地下部分，一般地，群落的地下根系层次常与地上层次相对应。例如，乔木根系较深，灌木根系较浅，草本的则多分布于土壤表层。乔木根系又有深根性与浅根性之分，位于上层的喜光树种多属于深根性，而下层耐阴树种多属于浅根性，即不同层次内的乔木树种，其根系分布也不在同一层次，从而可更充分地利用土壤养分。

（2）森林群落的水平结构。在任何森林群落中，环境因素在不同地段上是不一致的，往往在土层厚度、土壤湿度、土壤养分、上层林冠的郁闭状况上存在着不同程度的差异，各种植物本身的生物学特性和生态学特性也各不相同。这两方面因素相互作用的结果是在群落的不同地段上，自然地形成由一些植物种类构成的小群聚。群落内部的这样一些小的植物组合，称为小群落。它们是整个群落的组成部分，每个小群落都具有一定的种类成分和生活型组合，是群落水平分化的一个结构部分。群落内的水平分化，称作群落的镶嵌。

群落复合性即群落间的镶嵌，如森林群落与相邻低矮植被间形成的镶嵌，这种镶嵌又称群落的交错。2个群落间的界限不是一条明显的线，而是有一定宽度的过渡地带，这种过渡带就称为群落交错区。交错区内包含 2 个相邻群落的某些生态特点，但又有其特有的生态结构。群落交错时会因时间的变化而发生移动，这主要是受气候等因素的影响。

（3）森林群落的年龄结构。森林群落的年龄结构是乔木树种的林木在不同年龄阶段上的分配状况，它是森林群落结构的重要特征。

森林群落按年龄可区分为同龄林和异龄林，同龄林又分为绝对同龄林和相对同龄林。年龄完全相同的林木组成的森林称为绝对同龄林。森林中林木彼此相差不超过一个龄级时为相对同龄林，超过一个龄级则称为异龄林。

年龄结构的变化能引起群落水平结构的变化，也影响到林木层垂直结构的变化，同龄林常具有水平郁闭的特点，异龄林表现出垂直郁闭的形式。年龄结构亦随时间的推移而变化，同龄林可向异龄林过渡，而异龄林在某些条件下也可能过渡到同龄林。

（4）森林群落的季相。森林群落中乔木层树种及各层植物的物候变化。使整个群落在不同季节里呈现出不同的外貌称为群落的季相，它是森林群落特征的一种表现形式。

森林群落季相变化主要表现在主林层乔木树种的物候变化上，它是外界环境因素与植物活动（发芽、展叶、结果、落叶等）之间因果关系的具体表现。研究群落季相的方法是对群落中主要乔木树种物候变化进行观察记载。

（二）森林群落的生产力

森林群落生产力是森林群落最基本、最重要的数量特征和功能特征。森林生态系统中能流、物流的研究均以测定生产力为基础。

1. 生产量

森林群落中绿色植物由光合作用所产生的有机物质总量，称为总第一性生产量（Pg），又称为总初级生产量，简称总生产量。

$$总生产量(Pg) = 总光合量 = 净生产量(Sp) + 植物呼吸消耗量(R) \qquad (3-3)$$

在任何一段时间内净第一性生产量的积累量，叫作生物量。生物量用干重量表示，是绿色植物在单位面积上的干物质重量，一般以 kg/hm^2、g/m^2 或能量 kj/m^2 表示。

2. 生产力

生产力是表示生产的速度，指单位面积单位时间内所生产的有机物质的量或固定能量的速率，常用 $g/（m^2·年）$ 或 $J/（m^2·年）$ 表示。总生产力是绿色植物在单位面积和单位时间内所固定的总能量或生产的有机物质总量。在植物呼吸作用之后，剩下来的单位面积、单位时间所固定的能量或生产的有机物质，称净初级生产力（净生产力）。林学中，净初级生产力可分为平均净生产力与连年净生产力 2 种。平均净生产力（Q_w）是森林群落生物量（W）与年龄（a）之比，用下式求出：$Q_w=w/a$；连年净生产力（z_w）是森林群落某年（a）的生物量（W）与其上一年（$a-1$）生物量之差，用下式求出：

$$Z_w=W_a-W_{a-1} \tag{3-4}$$

净生产量与净生产力的区别在于，前者表示测定时多年积累的有机物质的量，后者表示单位面积和单位时间（一年）内所生产出的有机物质的量。后者仅为前者的一部分，即前者一年内的净生产量。

3. 森林群落的生产力

森林在固定能量、生产有机物质、维持生物圈的动态平衡中具有极其重要的地位。

地球上森林群落的生物量与净生产力存在很大差异，受许多因素影响，其中地理位置、树种的遗传特性及人为经营活动尤为重要。温带常绿林平均为 1500g/（m²·年），北方针叶林平均为 850g/（m²·年），热带雨林的生物量和净生产力最高平均为 2300g/（m²·年）。高纬度地区的森林生物量和净生产力最低；人工林的净生产力一般高于天然林；树种在分布适宜区内的生物量及净生产力高于分布适宜区外。

4. 森林群落生物量的测定方法

森林群落生物量的测定方法分为两大类：一是利用森林植物光合作用时气体代谢直接测定；二是通过测定树木本身的重量测定生产量。后者是林业上经常采用的方法，又称收割法，常用以下 3 种方法：

（1）皆伐实测法。皆伐并测定每株树木的生物量（$\sum w$）。

（2）平均标准木法。以每木调查结果计算出全部立木的平均胸高断面积和平均高，然后在样地中找出一株最接近平均木的树木作为标准木，伐倒称重以标准木的实测生物量值（W）乘以立木株数即可。此法取样少，简单易行，但对胸径变异幅度大的林分，偏差大，一般仅适于人工同龄纯林。

（3）回归估测法。在林分内选出各种大小的立木作为标准木，测其生物量（W）和每木调查时所测树高（H）、胸径（D），建立函数关系，由此推测林分的生物量。回归法的估测精度高于平均标准木法，且林分间的差异很小，树间差异也较小，故在树种大小变化幅度大的异龄复层林里，使用该法最为合适。

收割法的最大局限性是不能算出林木自身代谢所消耗的有机物质量，也不能算出转移的生物量（如植食动物、昆虫所吃掉的有机物质），实际上，所测量的部分是现存生物量。

二、森林生态系统

"生态系统与人类的生产、生活息息相关。作为地球生命支持系统，生态系统为人类社会提供了粮食、水资源、木材等丰富多样的产品，还维持了稳定的生存环境，并提供了休憩娱乐场所和美学感受。生态系统提供的多种生态系统服务是经济社会可持续发展的基础。保护生态系统，提高生态系统质量，确保生态系统服务的可持续供给，是提高人类福祉和推动可持续发展进程的重要保障。"[①]

（一）生态系统的概念

所谓系统，就是相互联系、相互作用的若干要素结合而成的具有一定功能的整体。要构成一个系统，必须具备3个条件：①系统是由一些要素组成的，所谓要素，就是构成系统的组成部分；②要素之间要相互联系，相互作用，相互制约，按照一定的方式结合成一个整体，才能成为系统；③要素之间相互联系和作用之后，必须产生跟各个组成部分不同的功能，即必须具有整体功能才能叫系统。森林是一种生态系统，就是因为森林是许多生物和非生物成分按一定的结构方式组成的，而不是杂乱无序的。森林作为一个整体而论，具有多种效益和功能，而单一树木个体或其他单独成分就不可能具备森林的功能。

生态系统是在一定空间范围内，各生物成分和非生物成分通过能量流动和物质循环而相互作用、相互依存所形成的一个功能单位，任何生态系统中的生物成分和非生物成分缺一不可。地球上最大的生态系统就是生物圈（或称生态圈），它包括全球所有生物及其所在的自然环境。划分地球上的不同生态系统，一般根据其中的重要生物成分加以命名，如杉木林生态系统等。

其实，生态系统中生物成分的存在是受非生物因子制约的，地球表面多种多样的非生物环境的组合，形成了生态系统镶嵌状分布的格局。各种生态系统结构和功能的区别，正是源于不同的非生物环境和其相适应的生物种类的不同。每一生态系统均有其特定的结构和功能特征。非生物环境的变化，常引起生物的变化，生物的变化又进一步改变着环境。这样每一生态系统的生物成分和非生物成分通过一系列反馈机制不断地相互调节。所以，生态系统不是静止的实体，而是具有能量流动、养分循环和结构变化，具有一定格局的动态系统。

人类对生态系统的认识，经过历年的逐步加深，最后才真正认识到生态系统是生物之间及其与周围环境间的结构关系，是一个功能实体。一个生态系统具有特定的结构和物质循环，说明生态系统不仅是现实的物理实体，而且是生物和非生物成分非常紧密地相互联系着、不断产生物质和能量的交换、具有一定结构特征的功能系统。

---

① 郑华，张路，孔令桥，等 . 中国生态系统多样性与保护 [M]. 郑州：河南科学技术出版社，2022：1.

（二）生态系统的基本特征

1. 组成结构的特征

生态系统由生物和非生物环境 2 个亚成分构成。生物成分根据其功能不同分为：①生产者，主要是绿色植物，能利用太阳能把简单的无机物转化成有机物；②消费者，各种动物，以植物、动物为食；③分解者，主要指细菌和真菌，将复杂的有机物分解为简单的无机物，被生产者所利用。非生物成分，主要指光、热、水、土、气等生物赖以生存的环境。

一个陆地生态关系，大致可分为上、下两层。上层是自养层，主要是制造有机物质的绿色植物；下层是异养层，主要是指土壤凋落物或其他死有机物质，其中各种土壤动物和微生物可将有机物转化成无机物质。

2. 动态的特征

生态系统不是静止的，而是不断运动变化的系统。除了能量和物质不断运动和变化，生态系统的整个结构和功能也随着时间而发生变化。任何一个生态系统的形成都经历了漫长的岁月，是不断发展、进化和演替的结果。生态系统有其自身发育的生命周期，随时间的推移，一种生态系统的发展总是从较简单的结构向复杂结构状态发展，最后达到相对稳定状态（即演替过程）。只有了解生态系统的过去、现在和将来，才可用运动的、发展的眼光看问题，才能合理地改善系统的结构和功能，充分发挥生态系统的整体功能。

3. 相互作用（相互联系的特征）

生态系统内各生物成分和非生物成分的关系是紧密相连、不可分割的整体。一个系统之所以成为系统，不仅在于它是由各成分组成的，还在于各成分间存在着相互联系和相互作用。任一成分的变化不仅会影响其他成分的变化，同时也受到所在系统内环境因子的制约。森林生态系统内不论生物和非生物成分怎样复杂，都各有其位置和作用，是彼此密切联系的。

4. 稳定平衡的特征

自然界生态系统的发展过程总是趋向于内部保持一定的平衡稳定，使系统内各成分间处于相互协调的稳定状态。在未受干扰和少受干扰的稳定生态系统有较强的自动调节能力和自我调节机制，可以抗御和适应外界变化。生态系统的稳定主要是通过系统中各成分对其内部能量和物质的变化所做的自身调节、重新分配过程来实现的，也就是通常所说的负反馈机制。如由于某种原因，所需食物产量降低，只能维持少数昆虫的生存，原有的昆虫数量和食物就处于不平衡状态，这样昆虫的种群量就必须加以调整，以适应食物供应的不足，直到昆虫数量与食物供应相适应，又达到平衡为止。

5. 对外开放的特征

一个生态系统，都有能量和物质输入以及能量和物质输出的过程。生态系统之间存在着能量和物质的交换，各生态系统都互有影响。每种生态系统对外开放的程度变化很大，大范围的生态系统依靠外界环境因素要小些，在系统发展的初级阶段依靠外界因素要多些。例如较大面积的山地成熟林内养分元素的输入和输出基本保持平衡，对于水源涵养和水土保持起着重要作用。

6. 功能特征

生态系统的基本功能是能够进行物质循环、能量流动和信息传递，这是生态系统存在的动力和机制。

（三）生态系统的能量流动

地球上生命的存在完全依赖于生态系统的能量流动和物质循环，二者不可分割紧密结合为一个整体，成为生态系统的动力核心。能量单向流动和物质周而复始的循环，是生态系统的基本功能。

1. 能量的基本概念及能量流

生态系统中能量的来源是太阳，绿色植物将太阳能转换为化学能，动物利用植物固定的化学能，转换为机械能做功或以热能形式散失。因此，能量是生态系统的基础，没有能量就没有生命，就没有生态系统。生态系统实际上是一个开放的能量系统，生态系统中的能量是单向流动的，叫作能量流。

2. 生态系统的营养结构

生态系统中各种生物存在着复杂的营养关系，不同系统均有其特定的营养结构，营养结构可由食物链（网）、生态金字塔和加以说明。

（1）食物链和食物网。食物链指不同生物之间以食物为纽带所形成的取食与被取食的关系。如甲吃乙、乙吃丙、丙吃丁的现象，说明了能量或食物依存关系具有高度的次序性，每一生物获取能量均有特定的来源。这种能量转换连续依赖的次序称为食物链或营养链，有机体的食物如来自同一链环，这些有机体便属于同一营养级。如绿色植物属于第一营养级，食草动物为第二营养级，食肉动物为第三营养级。

生态系统中的食物链主要有 2 种类型：草牧食物链和腐生食物链。前者以绿色植物为基础，以草食动物开始的食物链。后者以死的有机体为基础，从腐生生物开始的食物链。草牧链和腐生链在绝大多数生态系统中同时存在，但有主次之分。森林是以腐生链为优势的生态系统，因为森林中绝大部分的生物量是由木材构成，在自然条件下，主要为昆虫、蚯蚓、一些节肢动物及真菌所腐化，落在地上的凋落物也同样为腐生生物分解还原，并伴随热能的释放而归还给环境。草原和水生生态系统是以草牧链为主的生态系统。生态系统内生物间的关系是很复杂的。采用生物链方法并不能真正了解整个生态系统的能量关系。因为生物间的捕食和被食关系就不是简单的一条链，而是错综复杂相互依赖的网状结构，就称为食物网。

（2）林德曼效率与生态金字塔。绿色植物利用太阳能同化二氧化碳、水、矿物养分合成有机物质并释放氧气的光合作用，是地球上一切生物进行生命活动的基础。从理论上讲，绿色植物的生物量对于该生态系统的植食动物来说都是可以利用的能量，但实际上植食动物只能利用其中的一部分。因为植物一部分作为枯枝落叶损失掉，一部分难以被植食动物啃食，而吃下去的物质又只有一部分被消化吸收，同化的这些物质大部分用于维持生命，转化成热能损失掉，少部分才留下来用于生长，形成新组织。由于这些原因，第二营养级的产量大大小于第一营养级的产量，依此类推，上一营养级的产量都小于下一营养级的产量。在生态系统中能量从一个营养级转移到下一营养级时的效率大约是10%，也称为10%定律或林德曼效率。

顺营养级序列向上，产量急剧递减。如以矩形代表一个营养级的产量，矩形的高度固定，而宽度与每一级产量成比例，然后，将生产者植物的矩形放最下面，往上依次叠置植食动物、第一级肉食动物、第二级肉食动物的矩形，这样就得到一个明显顶尖向上的"金字塔"，称为生态金字塔。生态金字塔可分为以下3种：

第一，数量金字塔。生物体数量一般是从第一营养级到最后一营养级逐渐减少，即呈现顶尖向上的塔形。但是，森林生态系统中的树木，其数量比消费者（食叶昆虫）少得多，则构成底部呈尖形，但初级消费者和次级消费者，如昆虫—寄生者—重寄生者的数目逐次减少，又可反映出塔形。数量金字塔虽然对描述不同生物体相对多少是有用的，但对说明整体生态系统的功能意义不大。森林生态系统从幼龄林到老龄林其数目金字塔的形状会逐渐变化，但这种金字塔不能表示出总生物量和其积累的速率，所以难以预测林木的产量。

第二，生物量金字塔。其矩形方框代表营养级生物体的生物量，便于各营养级之间及不同类型生态系统之间生物量的比较。生物量金字塔一般呈正金字塔形。

第三，能量流金字塔。假如金字塔中的每一矩形方框用通过各营养级的能量流表示，能量金字塔顶尖总是向上的。能量金字塔比生物量金字塔和数量金字塔更具准确性和重要意义，这种金字塔可以推断出各营养级生物量积累的速率。如把能量和生物量金字塔结合起来就能较完整地说明生态系统的能量结构，若再把数量金字塔加进来就更加完善。

（四）森林生态系统的特点

森林生态系统是森林生物群落与其环境在物质循环和能量转换过程中形成的功能系

统。它是以乔木树种为主体，组成结构复杂、生物量高的一种陆地生态系统。与其他陆地生态系统相比较，它具有如下特点：

1. 生态系统占有的时空位置大

森林的主体为高大的乔木，森林在陆地生态系统中占有很大的垂直空间和水平空间。森林树种的寿命与其他生物相比显得更长，因此，森林在生物圈中持续时间是很长的。

2. 生态系统中的生物种类多、结构复杂

森林的垂直成层现象形成的各种小生境，形成了种类繁多的动物群落和其他的生物群落。

3. 生态系统的稳定性相对较高

森林生态系统经历了漫长的发展历程，各类生物群落与环境之间协同进化，使生物群落中各种生物成分与其环境相互联系、相互制约，保持着相对平衡状态。所以，系统对外界干扰的调节和抵抗力强，稳定性高。

4. 物质循环的封闭程度相对较高

自然状态的森林生态系统具有明显的生产优势，从单位面积来看，森林每公顷生物量在 100 ~ 400 吨之间，相当于农田或草原的 20 ~ 100 倍。就生产力来说，森林每年的净生产量占全球各类生态系统的近一半。森林生态系统的光能利用效率较高，热带森林可达 3.5%，生产 1 吨干物质的耗水量及养料也少，森林生态系统是一个高效经济的生态系统。

（五）森林生态效益计算

森林的功能对社会所产生的作用和影响称为森林的效益。它是森林社会属性和自然属性的体现，由森林自身功能的特点，所在地区的自然条件、社会制度、社会的经济条件和科技水平等多种因素决定。

森林的效益通常分为生态效益、经济效益和社会效益。森林的生态效益是指森林及其影响所及的范围内，对生命系统和环境系统相统一的整体所提供的有利效益，如涵养水源、保持水土、防风固沙、净化大气等。森林的经济效益是指森林及其影响所及范围内，在经济上产生的有效效果，如木材、燃料、饲料、油料、化工原料等。森林的社会效益是指森林在其影响范围内，为社会带来直接的和间接的、精神的和物质的效益，如美化环境、医疗保健等。

森林生态效益的计量和经济评价方法很多，基本策略是：先分解，后综合；先搞计量，后做经济评价。其程序大体按如下步骤进行：

1. 森林生态效益的分解

森林生态效益表现形式多，作用方式和社会效果均不同，进行研究的方法也各异，因此需要分别计量和估价。根据森林的特点和当地自然与社会经济条件，确定森林生态效益的内容，如水土保持、防风固沙、维持大气中氧气和二氧化碳的平衡等。

2. 森林生态效益的计量

对分解出的各项效益分别采用适当的方法和合适的量纲进行计量测定，直接或间接地得到林分放出氧气和吸收二氧化碳的数量，用 $kg/(hm_2 \cdot 年)$ 等表示。水源涵养效益可通过计算林内死地被物和土壤的最大持水量等方法测定森林的保水能力，用 t/hm^2 表示。固土效益可在林内和无林地对比测定土壤侵蚀量，其差值就是森林固土的数量，用 t/hm^2 表示。不同的生态效益采用不同测定方法和计量。

3. 森林生态效益的经济评价

森林的多种生态效益意义不同，量纲各异，无法直接比较和累计。为了便于比较，必须将生态效益换算成统一的货币单位。将生态效益换算成货币量的方法很多，通常采用替代价值评价方法或影子价格法。某一生态效益的价值是以通过技术生产可能获得与该效益效果相同的产品价格或工程所消耗费用表示。例如，通过工程措施将等量的土壤保持于原地所投入的劳力、物资的费用，可用来表示森林固土效益的价值。

在生态效益单项评价的基础上，将它们的价值累加求和就能获得森林生态效益的总值。这种简单的累加，其缺点是忽略了各项效益之间可能存在的交互作用产生的整体附加效益，但是要确切地对它们进行计量和评价，实践上有很多困难。对森林的多种功能和经济价值尤其是生态功能（效益）的计算失误会致使全球森林利用的格局产生很多有害的环境后果。

现代观点认为，森林资源具有许多价值，包括内在的、经济的、生态的、文化的和美学的价值。世界上许多国家，尤其是发达国家已对本国的森林资源的经济价值做过估算，数值相当惊人。全球变化等环境问题已经迫使人类全方位地去研究环境、关注环境，对于森林的效益计量研究也逐步深入。科学地对森林的效益进行评估和计量，对全球各个地区和国家的林业战略、经济发展等都具有重要影响。

第二节　森林价值与绿色国民经济核算

"发展理念和发展模式的转变，同时也说明人类已认识到经济与社会赖以生存的自然资源与环境根本就不是原先所认为的那样取之不尽、用之不竭，而是被迅速消耗，并完全有可能丧失殆尽；同时还说明人类社会和经济的繁荣有一定的比例属于未做扣除的环境成本。"[①]

一、核算理论与方法

（一）森林的功能与价值界定

1. 生态系统服务

生态系统功能是生态系统中生物与环境之间相互作用形成的，实现生态系统的生产、分解、交换及其自身的生长发育的复杂生态过程，主要包括了能量流动和物质循环过程。从生态学意义上理解，生态系统功能侧重于反映生态系统的自然属性。生态系统服务是指生态系统与其生态过程所形成及维持的人类赖以生存的自然环境条件与效用，它为人类提供直接的和间接的、有形的和无形的效益。其来源既包括自然生态系统，也包括人类改造的生态系统，反映了人类对生态系统功能的利用。

2. 森林生态系统服务

森林是地球上系统结构最复杂、物种最丰富、功能与效益最多样的陆地生态系统类型，是陆地生态系统的主体。森林生态系统通过与土壤、大气、水体在多界面、多层次、多尺度上进行物质与能量交换，对维系地球生命保障系统和经济社会的可持续发展起着至关重要的作用。

森林生态系统服务体现在森林对人类生产生活与生存发展产生的直接或间接的影响，包括生态、经济、社会等诸多方面：①为人类提供食物、工农业原料、药品等可以商品化的功能；②提供涵养水源、保育土壤、固碳释氧、改善气候、净化空气、森林防护、保护生物多样性、景观游憩等生态服务；③提供健康、精神、宗教和科学等方面的文化服务。其中，森林在生态与社会等方面的服务功能远比物质产品服务更重要。因此，森林生态与文化服务核算是森林资源核算及纳入国民经济核算体系不可或缺的部分，对正确处理经济社会发展与生态环境保护之间的关系具有至关重要的作用。

3. 森林生态系统服务分类体系

迄今为止，全世界尚无统一的森林生态系统服务的分类和评价指标体系，各国使用的体系都有一定差异。综合国内外研究成果，森林生态系统服务主要体现在3个方面：①物质生产，指森林为人类所需的实物价值（林地、木材及林副产品等），即直接经济效益；②森林的多种生态服务（调节气候、涵养水源、保育土壤、固碳释氧、净化大气环境、保护生物多样性、防风固沙、景观游憩等）的价值；③森林的社会和文化服务（森林提供自然环境的美学、精神和文化等）的价值。

---

① 　侯元兆，李玉敏，张颖，等.森林环境价值核算 [M].北京：中国科学技术出版社，2002：52.

森林产品和服务的形成与实现有两条途径：①通过人类对森林资源的开发活动实现的，如采伐树木、采摘森林果实等；②通过森林的自然机能传递实现的，绝大部分森林服务都是通过这样的途径传递。在一个市场经济体系中，相当大一部分森林产品生产属于市场经济活动，通过市场实现产品供应与需求间的对接，但也存在大量不通过市场、属于自产自用的森林产品生产活动。森林服务，则是另一番景象：只有一小部分提供的服务实现了市场化，比如森林旅游中的森林游憩服务，而绝大多数森林服务都属于公共产品。

从核算角度看，传统经济核算主要着眼于森林产品，尤其是被市场化的那部分森林产品。要进行全面的森林核算，森林产出的核算范围无疑需要扩展，不仅包括森林产品，也要包括森林服务；不仅包括通过市场实现的部分，还应该尝试核算那些具有公共物品特性的非市场产出。但是，具体能够扩展到何种程度，很大程度上要取决于关于森林产品和服务认可的程度以及核算计量手段的具备程度。

（二）森林核算的理论框架

进行森林核算的目标，是要将作为资源和环境资产的森林及相关活动纳入国民经济核算体系之中，建立全面的森林资源与环境经济核算体系。为实现此目标，该项目借鉴了国际、国内已有的研究成果，构建了中国森林核算的内容框架。通过其森林核算的框架内容可以看到，尽管森林核算只是绿色国民经济核算的一个专题，但相关核算内容会从森林的林地和林木出发，延伸到森林产品与服务、林业投入产出、森林保护与管理，并最终涉及对传统经济总量的调整。因此，在总体上，森林核算的框架基本体现了绿色国民经济核算的内容。

将森林纳入国民经济核算体系，构造中国森林核算体系，需要体现以下不同方面的内容：

第一，从核算内容考虑，森林核算应该包括存量核算和流量核算2个方面。一方面要对森林存量及其变化进行核算；另一方面要关注森林与经济活动之间的流量，既包括经济过程对森林的利用，也包括经济过程对森林的维护。显然，森林存量变化取决于森林与经济之间的流量关系。

第二，从核算手段考虑，森林核算应该包括实物量核算和价值量核算2个层次。实物量核算是森林核算的第一步，可以充分利用现有森林统计数据，使其与经济核算数据相匹配，直观地显示森林与经济之间的关系；价值量核算则是在实物核算基础上通过估价进行的综合性核算，可以使森林和经济按照同一计量单位合为一体，获得相应的总量指标，对发展过程和结果做出综合性的评价。显然，实物量核算是价值量核算的基础。

第三，关于森林流量核算部分，需要考虑围绕森林发生的多种活动以及森林与经济之间的多层次联系。①森林产品的供应使用，反映森林转化为产品后的物质流动过程；②森林产业的投入产出，反映森林产业的生产状况；③在必要情况下要考虑森林产业的废弃物排放情况；④森林管理与保护活动，反映为保护资源而花费的支出；⑤关于资源耗减价值以及 GDP 总量调整的核算。

考虑上述各个方面，参照中国绿色国民经济核算体系和中国资源核算体系的基本构造，结合森林的特点以及中国森林管理的目标，中国森林核算的内容主要由以下五部分组成：

1. 森林资源存量核算

森林资源存量核算主要是对林地和林木总拥有量及其变化进行核算，首先是实物量核算，进而通过估价实现林地林木价值核算。

2. 森林产出核算

森林资源存量核算主要针对当期从森林获得的林产品、生态服务进行核算。其中，森林产品核算着眼于森林提供的实物产品，包括木质林产品、非木质林产品。首先是实物量核算，进而是价值核算。森林生态服务核算则主要着眼于森林具有的生态服务功能，按照当期提供的服务流量进行核算，包括涵养水源、保护生物多样性、固碳释氧、固土保肥、防风固沙、净化空气和景观游憩等，反映其为人类和经济体系所提供的服务价值。

3. 森林资源经营管理与生态保护支出核算

森林资源经营管理与生态保护支出核算主要针对经济体系为森林管理和生态保护所投入的经济资源进行核算，以反映为森林维护所付出的经济代价。具体包括森林资源管理支出核算和生态保护支出核算 2 个部分。

4. 林业投入产出核算

林业投入产出核算主要针对森林产品采集、森林培育和保护、林产品加工等生产过程中的投入与产出关系进行核算。其中，产出用各种产品表示，投入则区分为中间投入和增加值（最初投入）2 个部分。

5. 森林资源综合核算

森林资源综合核算的主要目的是要将上述核算结果与传统国民经济核算的相关总量指标联系起来，体现将森林资源纳入国民经济核算的总体结果。具体包括：林地林木存量及变动价值与国民财富的联系，森林产出价值与国内生产总值的联系。

总体来看，林地林木存量核算和森林产品服务流量核算是森林核算的基础部分，进而延伸到森林管理与保护支出核算和林业投入产出核算，最终这些核算结果将导致对宏观经济总量指标的调整。需要说明的是，限于资料基础以及其他条件，目前中国森林核算暂时没有涵盖森林资源管理与生态保护支出核算和林业投入产出核算部分。在各个具体部分核算中，也有一些内容没有纳入核算范围，比如森林资源存量中的其他资产（如灌木）。整体来看，由于森林管理与生态保护支出核算和林业投入产出核算这2个部分具有相对独立性，并不属于森林核算的核心内容，因此，这两部分的暂时缺失并不影响我们实现森林核算的总体目标。

（三）森林核算的资料基础与估价方法

1. 数据资料来源

森林核算涉及森林和国民经济2个领域，实施核算要依赖于多方面的基础数据。结合中国实际情况，核算资料来源包括以下五点：

（1）全国森林资源清查。提供林地林木的实物存量及变动数据，是森林存量核算的最基本资料来源。

（2）全国林业统计及相关专项调查。提供木质林产品、非木质林产品和服务方面的实物量数据，是进行森林产品核算的基本数据来源。

（3）生态监测。提供森林生态服务的物理量数据，是进行森林生态服务核算的基本资料来源。

（4）营造林和木材生产的技术经济指标，为森林资源估价提供了基础资料。

（5）经济核算和相关经济统计，提供国民经济总量数据以及有关林业经济活动的数据，用于各个部分的核算以及综合核算过程中的比较。

上述数据是实现森林核算的基础，但这并不意味着可以直接套用于森林核算。事实上，上述不同数据来源原本具有各自的目标，并不是专门为森林核算所设计；不同来源的数据其获取方法具有根本性差别，不同数据之间在空间分类、时间所属、范围和内容定义方面都不尽一致，甚至有很大差别。

比如，传统林业统计的对象主要集中在被市场化的木质林产品方面，强调年度统计，对于非木质和非市场化的林产品和服务，则需要通过专门调查、森林资源评估、森林监测等途径获得数据，其数据的搜集周期、完备性可能会低于木质林产品，可能更多地要依赖于从点到面的推算。又如森林清查、监测数据主要侧重于根据地区、林种等对森林进行分类，国民经济核算则要求考虑森林的形成起源——天然林或人工林，以便区分培育资产、非培育资产，以此与其资产分类对接起来。这就要求在森林核算过程中，要对来自不同方面的数据进行具体甄别研究，按照森林核算的范围、定义实现数据对接，最终形成系统的森林核算结果。

2. 估价方法

要实现森林价值核算离不开价格。鉴于森林的许多功能尚未在市场上实现，难以找到相应的市场价格，为此需要针对具体核算对象确定估价方法。

森林既具有资源功能又具有生态环境功能，而对这 2 种功能其估价方法是有差别的，一般来说，资源具有实物量基础，更加接近于市场，比生态环境功能更易于估价。森林价值核算既涉及存量估价又涉及流量估价，一般来说，林地林木价值核算属于存量核算，森林产品价值和森林资源耗减价值核算属于流量核算，二者之间具有一定的对应关系，在估价方法上也具有一定联系。但森林生态服务价值核算属于流量核算，却不存在对应的环境生态存量价值核算。以下区分林地林木存量、森林产品、森林生态服务 3 个类别，简述其估价方法的基本思路。

（1）林地林木存量价值与林木耗减价值、林木生长价值。林地林木存量价值与林木耗减价值、林木生长价值具有比较明确的数量特征，比较接近于市场，因此，其估价的基本思路是要以市场交易价格为基础寻求估价方法，以估算森林资源的经济价值。在无法直接获得市场交易价格情况下，替代的思路是按照森林的未来收益确定其价值。对市场化的林地林木，其收益表现为当期的市场价格；对非市场化的林地林木，其收益则有不同的表现形式：或者隐含在所转化形成的森林产品之中，或者体现为必须花费的恢复或重置成本。由此形成了关于林地林木价值估算的立木价值法、消费价值法、净现值法。

（2）森林产品（林木生长量除外）价值。包括收获的各种木质林产品和非木质林产品，还可以将已经市场化的生态服务（比如森林旅游）包括在内。它们也都具有比较明确的数量特征，比较接近于市场，因此其估价主要以市场交易价格为基础。在无法直接获得产品市场交易价格情况下，可以采用同类产品市场价格、近似产品市场价格以及生产成本作为估价基础。

（3）生态服务价值和森林生态环境退化价值。二者体现了森林环境功能正反 2 个方面。与森林的资源功能不同，其环境功能一般无法与市场相关联，除非已经通过市场实现（比如森林旅游中的景观），因此无法直接采用市场交易价格进行估价，只能借助于其他各种替代市场价值估算方法。其中可能包括这些思路：如果存在针对森林生态功能的税费或许可证交易，即可以此作为这些森林生态服务的价格；如果这些森林生态功能可以与某些行为引起的商品或服务市场相联系，即可估算这些商品与服务的市场价值作为森林生态服务价值的估算基础，比如旅行费用法等，这属于一般所谓"显示偏好方法"；如果可以通过调查让被调查者选择接受某项森林生态功能的价值，即可以将此出资水平作为该项生态功能的价值，比如条件价值法（又称或有估价法），这属于一般所谓"陈述偏好方法"。

（四）我国森林核算所取得的成果

森林核算是一个尚处于探索中的研究领域，我国森林核算项目基于国际国内研究与实践并结合我国森林资源管理实践，初步形成了一套比较系统的森林核算方法，在理论方法上取得了较大的突破。

第一，突破了森林资源价值评估的既定内容和思路。不是孤立地就森林价值而评估，而是力图与国民经济核算体系建立联系，形成一套从存量到流量、从森林利用到森林保护、从森林经济功能到森林生态功能的系统核算体系，为全面衡量森林与经济社会发展的关系和贡献提供依据。

第二，突破了国民经济核算及林业统计的传统思路。不是简单地按照一般经济活动进行林业产出核算，而是要突出森林产品和森林功能特点，全面衡量森林的存量和带来的产出，其中最大的突破就是确认了森林生态服务产出。

第三，丰富和完善了已有关于森林核算的内容和方法，比较系统地提出了森林核算体系框架和具体核算方法，为这一国际研究领域增添了来自中国的经验。

二、林地林木存量核算

林地林木存量核算是森林核算的重要组成部分，是进行森林核算的起点。核算的目的就是通过国民经济核算的方法和手段，反映森林这种可再生资源资产在一个核算期内的存量和变动情况，对发生变动的原因进行量化分析。

（一）核算范围及分类

1. 核算对象及范围

林地，包括郁闭度 0.2 以上的乔木林地以及竹林地、疏林地、灌木林地、采伐迹地、火烧迹地、未成林造林地、苗圃地和县级以上人民政府规划的宜林地。

林木，包括树木（木本植物的总称，包括乔木、灌木和木质藤本）和竹子。

根据目前已经掌握和可以调查获得的数据，中国森林核算项目核算的对象为除香港特别行政区、澳门特别行政区和台湾外，中国主权领土范围内的所有林地及林木中的乔木（不包括灌木和木质藤本）和竹子。

2. 森林资源资产分类

现行森林资源统计和管理中，森林资源（包括林地和林木）按照起源、用途和林龄不同，进一步细分为以下 4 个类别：

（1）按地上附着物的特征，分为：①有林地（林木），包括乔木林地和竹林地（含疏林地和苗圃地）；②其他林地（林木），包括未成林造林地、灌木林地和无林地，林木中包括散生木、四旁树和枯倒木。

（2）按林木起源，分为天然林和人工林。

（3）按林种，分为用材林、薪炭林、防护林、特用林和经济林。

（4）按林龄，分为幼龄林、中龄林、近熟林、成熟林和过熟林。

在森林核算中，根据综合环境经济核算的定义，把森林分为资源资产和环境资产 2 个部分。森林资源资产是指以提供木材和林产品为主要功能的林地（包括用材林、薪炭林、竹林、经济林、苗圃地）和林木（包括用材林、薪炭林、竹林和经济林）；森林环境资产是指以提供生态服务为主要功能的林地和林木，包括防护林和特用林。根据培育方式或起源，资源资产和环境资产进一步分为培育资产和非培育资产。培育资产是指以人工培育为主的森林资产，即人工林；非培育资产是指以非人工培育为主的森林资产，即天然林。

森林培育资产又进一步分为固定资产和存货。其中，固定资产是指以提供干鲜果品等林产品为培育目的的林木及所占林地，如人工经济林；存货是指以提供木材产品为培育目的的林木及所占林地，如人工用材林。

3. 存量变动因素分类

引起林地和林木实物量和价值量变动的因素有多种，该项目将主要变动因素分为三大类：经济因素、自然因素及其他因素。经济因素主要是指由于人类活动，如造林、采伐及改变林地用途等活动造成的林木蓄积和林地面积的变化；自然因素主要是指由自然原因，如林地的自然延伸、退化、火灾及病虫害等灾害造成的变化；其他因素为除经济因素和自然因素以外的，包括分类变化等因素造成的林地和林木的增减变化。在价值量存量核算中，还包括由于价格变动所产生的变化。

由于分类变化等其他因素引起的林地、林木的增减很难获得数据，因此，具体核算中仅包括自然和经济因素造成的变化，未包括其他因素影响。

4. 核算内容

按照既定的森林资源、资产分类及核算表式，分别核算了期初、期末林地和林木实物量及价值量，同时，核算了期间内由于经济、自然或其他因素造成的林地和林木存量变动情况。其中，实物量核算是对森林实体本身包括林地面积和林木蓄积存量及变动的核算；价值量核算是在实物量核算基础上，根据相应的价格，把不同单位的实物量转换成可相加的价值量。

（二）实物量核算

从实物量看，林地存量表现为森林占地面积，林木表现为林木蓄积。所谓森林存量及变化的实物量核算，主要就是分别把这两个部分编制林地面积、林木蓄积存量及其变化表（或称森林资产平衡表），其核算内容可以概括为 2 个方面：期初和期末时点的拥有量，从期初到期末 2 个时点间的变动量。通过核算，不仅可以从林地和林木 2 方面详细描述森林拥有量，还可以借此表示出森林的结构特征及其质量状况，通过对不同变化原因的区分和核算，可以系统显示森林的变动过程，揭示森林与经济过程的关系。

1. 林地林木实物存量核算表

表 3-1① 是中国森林核算中应用的林地、林木实物存量核算表。表中项目兼顾了林地、林木 2 个方面的内容，实际核算时可以分开表示。

横行标题体现森林和林业管理中的分类，以林地为例，第一层分类是有林地、无林地、灌木用地等，其他非林用地的区分，显示与森林有关的不同利用方式的分组；第二层次是在有林地项下进一步区分为人工林和天然林，由此表现森林的原生程度；第三层分类则分别是人工林和天然林按照森林不同用途进行分类，体现森林的不同功能用途。

纵列标题体现从国民经济核算和绿色国民经济核算出发需要表现的森林类别，在第一层次上体现资源资产和环境资产的分类。资源资产可成为森林资源，是为经济生产过程提供物质资源的森林，环境资产是指主要发挥生态服务功能的森林；关于资源资产，进一步要区分培育性资产和非培育性资产，前者是人工生产、维护形成的森林，属于经济资产中的生产资产，后者则是以自然过程为主形成的森林，属于非生产资产。

通过这样的双向、多重分类，提供了关于林地、林木存量的最详细的数据资料。从核算上看，实现了从现有森林和林业统计向森林核算数据的转换，既可以充分利用现有森林和林业统计的数据资料，又可以按照绿色国民经济核算所定义的类别获取数据资料；从应用上看，这样双向表示的数据资料，既可以支持森林和林业管理角度的分析，又有助于将森林放到整个绿色国民经济核算框架中进行分析。

---

① 王海帆 . 现代林业理论与管理 [M]. 成都：电子科技大学出版社，2018：64-76.

表 3-1　林地林木实物存量核算表（单位：百 hm², 百 m³）

项目	森林资源合计		资源资产						环境资产	
			培育资产				非培育资产			
	林地面积	林木蓄积	小计		固定资产	在产品	林地面积	林木蓄积	林地面积	林木蓄积
			林地面积	林木蓄积	林地面积	林木蓄积				
资源总计										
一、林业用地及林木资源										
（一）林业用地及林木资源										
1. 天然林										
（1）林分										
用材林										
防护林										
薪炭林										
特用林										
（2）经济林										
（3）竹林										
（4）疏林地										
2. 人工林										
（1）林分										
用材林										
防护林										
薪炭林										
特用林										
（2）经济林										
（3）竹林										
（4）未成林造林地										
（二）灌木林地										
（三）苗圃地										
（四）无林地										
（五）四旁树										
（六）散生木										
（七）统计误差										
二、枯倒木										
三、非林业用地										

2. 林地林木存量变化核算表

表 3-2 以简化方式（没有区分不同的类别）列示了林地林木存量变化过程核算的内容。起点和终点是期初、期末 2 个时点的林地林木存量，核算目标则是要解释什么原因引起了存量变化以及不同原因的影响程度。无论是林地还是林木，其变化都可以归纳为增加和减少 2 个方面，此外还应该包括分类和重新评估所引起的变化。由于林地与林木各自的不同特征（一个是面积，另一个是蓄积量），其具体变化项目并不完全相同。

林地是一个特定的土地覆盖类型，林地的变化也就是被林木覆盖的土地面积的变化。按照增加或减少这 2 个变动方向，林地增加的因素主要是造林和林区自然延伸，减少因素主要是采伐和森林退化。土地分类变化也是引起林地变化的重要因素，当林地和其他土地类型之间发生转化时，林地的变化就发生了。按照与经济以及人类活动的关系，林地变化可以区分为：经济活动导致的变化，包括森林采伐、造林、恢复、退化，以及人类活动导致的其他变化；自然原因、复合原因及无法解释的原因所导致的变化，包括自然延伸、意外原因（如森林火灾和自然灾害导致的变化）、环境条件（如干旱、污染）以及各种无法解释的原因所导致的变化。

林木蓄积变化的前提是林木本身的存在与否，造成林木存量变化的原因可以归纳为4个类别：林木自然生长、林木砍伐、自然损失（包括灾害）、存量再评估。其中，可以归结为自然原因的主要是林木自然生长，归结为经济原因的主要项目是被采伐的林木，火灾和病虫害也可以引起林木蓄积减少，它们被包括在"其他"类别中。

表3-2　林地林木实物量变动核算表（单位：百 hm^2、百 m^3）

项目	合计		天然林		人工林	
	面积	蓄积	面积	蓄积	面积	蓄积
一、期初存量						
二、期间增加						
1. 自然因素						
2. 经济因素						
3. 分类与结构变化						
4. 其他						
三、期间减少						
1. 自然因素						
2. 经济因素						
3. 分类与结构变化						
4. 其他						
四、重新评估						
五、期间净增						
六、期末存量						

无论是林地还是林木，以总增加与总减少相抵都可以得到一个净变化数。该净变化数具有重要意义，可以在总体上说明森林管理是否可持续以及可持续的程度。同时，采伐、造林引起的林地林木变化在整个变化核算中具有特殊的意义，二者作为经济活动引起的林地林木减少和增加，反映了森林可持续管理过程中最能动的行动的规模。

3. 林地林木存量与变化量之间的核算关系

从林地林木存量变化核算表的内容，可以提炼出3个变量：期初存量、当期变化量（包括增加量和减少量）、期末存量。如何处理这3个变量之间的关系，从核算角度看是一个值得讨论的问题。

如果同时掌握这三类变量，相当于提供了进行林地林木存量及变化核算的全部数据，这自然是最理想的。但是，即使如此，必须考虑到这3个变量的数据可能来自不同的渠道，采取了不同调查方式，尤其是存量数据与变化数据之间。为此，在核算过程中的一项重要工作，就是进行数据核查调整，以保证不同来源数据之间的衔接对应。

更多出现的情况可能是，掌握了任意三项中的两项，即可以推算出第三项，由此形成进行林地林木存量核算的 2 种思路：第一种思路是定期进行林地林木各时点存量的全面调查，保证掌握各重要时点的林地林木存量数据，然后依据相邻 2 个调查时点的存量数据相减，获得期间内的变化数；第二种思路则是掌握某期初时点存量数据以及期间内的变化数据，由此可以推算出期末时点存量数据。

按照前一种思路，可以进行比较详细的存量核算，但推算得到的期间变化数据只是一个净变化，难以分别增加、减少提供分项数据；按照第二种思路，通过"初期存量加期间变化"模式可以推算出期末存量数据，但一般来说，难以得到像森林清查那样详细的期末存量数据，因为期间变化数据常常是比较粗略的。

中国森林核算主要采取上述第一种思路进行林地林木存量及变化核算，其主要资料基础是每 5 年一次的森林清查。如上所述，依照这样的思路进行核算，需要进一步了解有关采伐、造林的具体变化数据，否则就只能给出一个净变化数，无法真正体现森林变化与经济活动的关系。

（三）价值量核算

从实物量核算到价值量核算，中心问题是林地林木的估价。

理论上说，森林价值估算应该以森林生长周期内所产生的收益流为基础。因此，对森林资产价值进行估价，前提是要把它所提供的所有产品、服务功能价值都包括在内。但是，迄今为止，如何将非市场性林产品和生态服务纳入森林存量价值，仍然是一个尚未解决的问题，因此，森林资产价值一般只包括林地和林木 2 个要素。既可以对林地和林木分别估价，也可以将二者合起来就所谓"森林不动产"进行估价。但是，在中国土地属于国有，只有土地使用权的交易，没有土地本身的交易。因此，林地价值一般总是独立于林木价值，需要分别进行核算。

1. 林地估价方法

关于森林土地，概念上说其价值是指裸林地的市场价值。如果没有相应的市场交易价格数据支持，则可以以土地价值、土地税、土地租金或其他管理性估算数据为基础进行间接估价，也可以将土地价值作为森林不动产价值的一部分，设法确定林地的价值，比如可以采用享乐价格模型方法。中国森林核算项目中，关于林地价值核算采取的估价方法是年金资本化方法，即以土地年租金作为收益转化为土地价格。主要根据各地林地年地租，同时，参考征占用林地补偿标准以及林地流转价格资料，采用年金资本化法估价。计算公式为：

$$V = \sum_{i=1}^{n} \frac{A_i}{p}$$

(3-5)

式中，V——林地地价；

　　　i——林地类型的种类；

　　　A_i——第 i 种林地类型的年平均租金；

　　　P——投资收益率，投资收益率采用 2.5%；林地年平均租金采用林地的年平均纯收入代替。

2. 林木估价方法

林木价值估算是森林存量估价中最具独立性的部分，其估价的基本思路是净现值方法，即林木价值应该等于未来成熟林立木价格扣除林木成长期间的成本之后的贴现值。其中，立木价格是指采伐者支付给所有者的价格，在缺少市场交易价格的情况下，可以用公认的原木价格扣除采伐和运输成本的方法进行估算，即所谓市场价格倒算法；成长期间的成本主要是在间伐、其他森林管理中的费用支出（以及间伐收入）和林地租金支出，对非培育森林来说，管理费用常常很低并有可能为零。

将净现值法应用于森林估价，所涉及的方法比较复杂，对贴现率、未来成本和价格的假设十分敏感，对森林林龄结构和未来采伐时间结构的差异也比较敏感，且需要大量数据。因此，一般认为该方法应用于微观评估比较合适，却难以直接应用于国家层面的环境经济核算。为此，实践中立足净现值法的思路通过改变假设条件开发了比较简单的方法，即简化的净现值法、立木价值法、消费价值法。

简化的净现值法中，其简化主要体现在忽略了中间性间伐收益和管理成本，立木价值只以成熟林木所获得的收益为基础；在数据允许情况下，也可以估算一个平均的管理成本引入计算过程。立木价值法则是一种高度简化的净现值法，它假定贴现率等于森林的自然生长率，这样就无须对未来立木收益进行贴现，也无须考虑立木蓄积在未来的变化，立木价值就是当期立木蓄积量与立木价格的乘积，这种方法在现实中的应用形式就是所谓净价格法。消费价值法由立木价值法发展而来，其基本立意是，不仅针对不同树种分别确定立木价格，还要针对不同树龄和直径分别确定立木价格。比较立木价值法和消费价值法，二者的主要差异在于，立木价值法实际上是以伐倒林木的结构进行立木价格加权的，而消费价值法则以全部林木存量结构作为加权基础。

中国在林木价值量核算中根据不同核算对象分别采用了不同方法，其中包括重置成本法（中龄林、幼龄林）、市场价格倒算法（近熟林、成熟林、过熟林）、收益现值法（经济林）和年金资本化法（竹林）。

中龄林、幼龄林的林木价值，采用重置成本法估算，计算公式为：

$$V_n = K \sum_{n}^{i=1} C_i (1+P)^{n-i+1} \qquad\qquad （3-6）$$

式中，V_n——第 n 年林龄的林木价值；

C_i——第 i 年的以现行工价及生产水平为标准的生产成本；

K——林分质量调整系数；

P——投资收益率，取 4.5%。

近熟林、成熟林、过熟林的林木价值，采用市场价格倒算法估价，计算公式为：

$$V = W - C - F \qquad\qquad （3-7）$$

式中，V——近熟林、成熟林和过熟林的评估价值；

W——木材销售总收入；

C——木材生产经营成本（包括采运成本、销售费用、管理费用、财务费用及有关税费）；

F——木材生产经营利润。

经济林林木价值，采用收益现值法评价（不包括木材残值），计算公式为：

$$E_n = \sum_{n}^{i=1} A_{ui} \frac{(1+P)^{u-n}-1}{p(1+p)^{u-n}} \qquad\qquad （3-8）$$

式中：A_{ui}——第 i 种经济林经营类型第 w 种树种在盛产期内年净收益；

i——经济林树种；

u——经济寿命期；

n——经济林林木年龄；

P——投资收益率，采用 6.0%。

竹林价值，采用年金资本化法评价（包括竹材和竹笋的收益），公式为：

$$V = \sum_{n}^{i=1} \frac{A_i}{P} \qquad\qquad （3-9）$$

式中：V——竹林林木价值评估值；

A_i——第 i 种竹林的年均净收益（竹材和竹笋的收益）；

p——投资收益率，取 6.0%。

三、森林产品与森林服务流量核算

与森林有关的流量包括 2 个部分：一是上述森林存量核算中的变动量，这是真正意义上的森林流量；二是依托森林所发生的流量，即利用森林、保护森林而发生的森林产品流量以及森林本身提供的服务流量。森林存量的变化已经在上面森林存量核算中得到核算，接下来将从森林利用角度对森林产品和服务进行流量核算。

（一）森林产品与生态服务及其关系

森林产品和森林生态服务分别代表了森林为人类经济体系所提供的两类产出。所谓森林产品，是指森林提供的可用于生产加工和最终消费的产品；森林服务则是指森林作为生态系统所提供的各种服务。二者有一个明确的差别：森林产品是有实物形态的，可以计数（或重量、体积）表现其实物量核算，进一步通过估价可以进行价值量核算，而森林生态服务则常常没有独立的实物形态，它只是一种功能，不一定能够直接用实物量表现其"多少"，通常需要借助于科学计算测定其物理量，因此在核算上主要侧重于价值量核算。

实践中常常从市场实现角度对森林产品和服务进行区分。多数森林产品已经被市场化了，即使没有市场化，产品的生产者和使用者都是明确的，但森林服务则不然，常常作为公共性服务出现，多数情况下难以在市场上实现，到现在为止，只有商业性森林旅游中的游憩价值等少数森林服务可以体现出其市场价值。目前，关于森林产品，已经有相对成熟的核算方法，而对于森林生态服务，其核算方法还有待于进一步探索。

（二）森林产品核算

进行森林产品核算，包括实物量核算和价值量核算 2 个层次。在具体核算之前，首先要确定森林产品的范围和种类。

1. 森林产品的内容和核算范围

理论上说，森林产品应该是指由森林提供的、可用于其他经济活动的产品。照此，木材肯定属于森林产品，而且是最主要的森林产品。除此以外，森林产品还应该包括其他非林木产品，SEEA-2003 曾经列示了各种非林木产品：食物（猎物、浆果、果品、蘑菇、坚果、棕榈油、蜂蜜等），药材，喂养牲畜的牧草/秸秆，产业开采品（栓木、橡胶、树脂、化学品），作为农产品的森林动物（野猪、驯鹿等）。

木质林产品属于森林产品，这没有任何争议，只是林木生长是否能够作为林产品，这种处理不同于以往的认识。对于各种非木质林产品，表中列示的内容要多于传统林产品统计，因为在这样确定的产品类别中，有些是森林自然生长形成经过人工采摘捡拾得到的，还有一些则是利用森林通过人工培植获得的，其中许多培植性的产品常常作为其他产业，比如种植业、畜牧业的产出而没有归结为林产品。毫无疑问，这些非林木产品理应包括在森林产品核算之内，但在实践中是否能够对其进行核算，常常受制于数据的可得性，因为这些产品常常是零散的、非市场性的。

2. 森林产品实物量核算

森林产品实物量核算，是要按照对应的实物计量单位，核算在一段时期（一年）内各种森林产品产出实物量。

从形成过程看，森林产品属于林业经济活动的成果。进一步看，现代林业经济活动具有复合性质，森林产品对应着林业的不同职能和不同分支，因此，进行森林产品实物量核算，需要根据所对应的林业内部的不同产业，分组核算各个分支产业对森林产品的贡献。

从效用的实现方式看，大部分森林产品与市场相关联，是商品性产出，但同时还存在着2种情况：一是林木生长部分，属于在产品，无法包括在商品性产出中；二是各类森林产品尤其是非木质林产品存在着大量自产自用的情况。森林产品实物量核算有必要分类别提供数据，以反映不同类别林产品的商品化程度。

3. 森林产品价值量核算

在具备森林产品实物量基础上，森林产品价值量核算的关键就是估价问题。森林产品大部分是已经市场化的产出，因此基本估价方法是市场价格法。针对以在产品形式存在的林木生长量，无法得到实际价格，则可以借助于全国平均林木价格进行估价。

（三）森林生态服务核算

森林所提供生态服务的重要性已经越来越受到关注，但是，如何衡量森林生态服务价值，在方法上却仍然是一个处于探索中的课题。所涉及的问题依次可以表述为：森林生态服务的定义、森林生态服务的类别、森林生态服务价值的估算方法。

1. 森林生态服务的定义

森林具有提供生态功能，这是人所共知的事实。但是，在森林核算中讨论森林生态服务，不同于一般意义上讨论的森林作为生态系统所具有的功能，而是要立足森林与经济体系的关系来定义。这里要特别从以下2个方面予以澄清。

森林生态服务是指森林作为一个自然要素载体，对森林之外的人类和经济体系所提供的功能价值。其中不着意考虑森林作为存在、遗产等所具有的功能，也不包括森林为其自身更新所具有的功能。经过这样的限定，可以避免漫无边际地认定森林生态服务，同时可以保证与经济核算有较好的衔接。比如，森林具有保土育肥的功能，但其中一大部分是针对森林林地所发生，这样保土育肥的功能是发生在森林内部，属于森林内部的"中间服务"，最终将转换为更快的林木生长、更多的林果收获、更好地提供净化空气或者固碳服务等形式表现出来，后者才是提供给人类和经济体系的服务。

森林生态服务是一个流量概念，即森林在一个核算期（比如一年）内向人类和经济体系所提供的生态服务。明确这一点很重要，因为森林本身是一个存量概念，它所具有的生态服务功能有些是持续不断地以流量方式提供的，比如防风固沙，森林每年都在为此提供服务；有些则是以存量方式存在的，比如固碳，林木蓄积中包含了一直以来积蓄的碳。显然，照此定义，进行森林生态服务核算需要区分这2种情况分别对待：以流量方式提供的服务要全部核算，比如每年防风固沙服务价值；与存量方式有关的服务则要按照当期的增加量来计算，比如对应当期新增林木蓄积所产生的固碳服务。

2. 森林生态服务的类别

森林具有哪些方面的生态服务功能，各国认定的范围具有很大差别，归类方式也常常各有不同。IEEAF-2002 将森林的生态功能归纳为：游憩服务和美学价值、环境保护服务功能、吸纳污染物质的服务功能、文化景观以及精神方面的价值，指出其中关于环境保护、吸纳污染物质服务比较复杂，会涉及土壤、水循环、地下水、小气候、噪声、生物多样性、固碳、各种污染物的吸收和沉淀等许多方面。FAO 指南中使用了类似于生态服务的"森林为非林业部门提供的服务"概念，将其服务类别归纳为：农作物授粉、牲畜放牧（可视为非木质林产品）、森林旅游服务、水土保持服务、固碳、生物多样性保护（除旅游外）、其他服务（如防止海洋风暴、降低噪声、防雪崩、防风、文化美学价值等）。

在一般功能认定基础上，还需要具体认定作为核算对象的森林生态服务类别。原因有两点：①可能存在不同功能之间的交叉或者相互提供服务的情况，我们的核算对象不是笼统的森林生态服务，而是森林最终向人类和经济体系提供的生态服务，不应该包括这些森林内部的中间性服务；②要从核算的可实现性着眼确定核算范围，许多森林生态服务尽管存在但现阶段难以核算其服务价值，或者在如何核算其服务价值上存在较大争议，因此难以纳入核算范围之中。

结合中国对森林生态功能的确认情况以及所具备的资料基础，中国森林核算确定了森林生态服务价值的核算范围。

（1）所覆盖的生态服务大类包括固土保肥、涵养水源、固碳制氧、防风固沙、净化空气、景观游憩和维持生物多样性等方面。其他诸如控制有害生物、为农作物授粉、防止雪崩、卫生保健等方面的作用则没有包括在核算范围之内。

（2）在各个服务类别之中，不是笼统地包括所有有关功能，而是按照核算可操作性、可实现性，确定具体的核算对象。

具体内容见表3-3。整体看，这是在谨慎稳妥原则下所确定的范围。

表 3-3　森林生态服务的内容

生态服务类别	生态服务功能	核算覆盖的内容
固土保肥	森林地下根系与土壤紧密结合，起到固土作用；为林地周边土地输送营养物质，提高土地生产力	固土价值，保肥价值
涵养水源	通过森林乔木、灌木、地被物和根系对大气降水具有阻滞和调节作用；通过枯枝落叶和有机质的过滤，起到净化水质的作用	调节水量，净化水质
固碳制氧	通过光合作用从大气中吸收二氧化碳，并将大部分碳储存在植物体和土壤中	固碳，制氧
防风固沙	通过树干和林冠的作用，减低风速，调节林网内温度，起到防风、固沙、防病虫害、沿海防浪作用	农田、牧场防护林和防风固沙林防护效益，沿海防护林防护效益
净化空气	具有吸收污染物、阻滞粉尘、杀灭病菌和降低噪声等作用	提供负离子的效益，吸附污染物的效益，滞尘效益
景观游憩	作为生态系统，具有观食、娱乐等美学价值	森林游憩价值
维持生物多样性	为各类生物物种的生存和繁衍提供了适宜的场所，为生物进化及生物多样性的产生与形成提供了条件	森林物种资源保护价值

3. 森林生态服务估价方法

从外在形式上看，森林对人类和经济体系提供的生态服务有 2 种情况：一种是可以表现为实物量产出的服务，比如森林吸收二氧化碳过程中所固定的碳的量以及所释放的氧气的量；另一种形式则是无法用实物量产出表示的服务，比如森林所提供的景观服务。在后一种情况下，森林存量（林地面积或林木蓄积）可以间接地代表森林所提供生态实物量产出的作用，因此常常作为计算森林生态服务产出的基础。

进一步看（如上面所提到的），有些生态服务是基于森林存量发生的，是整个森林持续每年提供的服务，服务量的大小直接由森林存量多少所决定；有些服务则主要依赖于森林的增量发生，服务量的大小取决于森林增量的多少。因此，无论生态服务是否能够表现为独立的实物量，在核算过程中常常要以森林面积总量 / 面积变化量、林木蓄积总量 / 蓄积变化量为基础变量估算森林生态服务价值。与这 2 种形式相对应，森林生态服务价值的核算也有 2 种情况：一种是按照森林生态服务数量计算的价值，此时，在价值计算过程中需要解决的是森林服务实物量的估价方法；另一种则是笼统地、依据森林存量或增量直接进行森林生态服务价值的估算。

无论面对哪一种情况，都需要解决价值估算的方法问题。而且在森林生态服务功能已经得到广泛认可的前提下，可以说，整个森林生态服务核算问题实际上就要归结为价值估算方法的问题。由于多数森林生态服务仍然发生在市场之外，无法直接用市场价格予以体现，无法按照市场交易方法核算生态服务价值数额，因此需要考虑其他间接估价方法。

如何全面体现森林生态服务的价值，森林生态价值评估研究已经提供了不少经验性方法；同时 SEEA-2003 关于环境退化价值估算所归纳的种种方法也可以为我们进行森林生态服务价值估算提供重要借鉴。因为环境退化价值与环境生态服务价值可以说正是一件事情的两面，结合森林主题看，前者可以说是森林丧失的生态服务，后者则是森林提供的生态服务。以下将首先简述 SEEA-2003 关于环境退化价值的估价方法，然后结合森林不同生态服务类别给出具体估价方法选择。

环境退化价值是无法直接计算的，但却可以依据一些假设按照替代模式进行间接估算。根据 SEEA-2003，替代的思路有二：一是要考虑为防止环境退化需要花费多少价值的投入，借助于此投入价值即可作为环境功能退化的价值；二是考虑由于环境功能退化所带来多大的损失，同样，该损失价值即可作为环境退化价值。

如果把上述环境功能退化换成森林生态服务功能，可以反过来得到间接估算生态服务价值的 2 种思路：①为了获得森林生态服务需要花费的费用，或者是愿意支付的费用；②如果失去森林提供生态服务功能会带来的损失，即为了用一个人工场景替代森林生态服务所需要花费的费用。前者大体相当于直接估算森林生态服务价值的方法，比如所谓旅行费用法、支付意愿法等；后者则属于生态服务效应替代的方法，比如影子工程法、替代费用法等。在这样 2 种思路之下，可以针对不同对象做具体方法选择。

结合中国情况看，森林生态服务价值估算已经具备了一定基础。①定期进行的森林清查可以分不同类别提供有关森林林地、林木和各种生物量的存量数据，同时中国森林生态系统定位研究网络（CFERN）分布各林区的生态监测站点可以更经常、更详细地提供森林各种生物监测数据，这些构成了确定森林生态服务实物量的主要资料基础。②关于森林生态效益的各种评估方法研究开发已经有了一定基础，各种案例应用为进行森林生态服务估价积累了一定的技术与价格参数。

表 3-4 对森林生态服务价值估算过程中的估价方法做了总结，可以看到，一些项目采用了直接估价方法，但多数项目则采用了替代估价方法。

表 3-4　森林生态服务的估价方法

生态服务类别	核算内容	估价方法
固土保肥	（1）固土价值 （2）保肥价值	灾害损失与治理成本替代法 化肥价格替代法
涵养水源	（1）调节水量 （2）净化水质	水库造价替代法 自来水价替代法
固碳制氧	（1）固碳 （2）制氧	碳交易价法 医用氧价格替代法
防风固沙	（1）农田牧场防护和防风固沙 （2）沿海防护林防护	农业减灾增产价值替代法

续表

生态服务类别	核算内容	估价方法
净化空气	（1）提供负离子 （2）吸附污染物 （3）滞尘	器械成本替代法 排污费替代法
景观游憩	森林景观游憩价值	综合旅游收入替代法
维持生物多样性	森林物种资源保护价值	Shannon-Weiner 指数法

四、森林综合核算

以上是关于森林核算各个部分的具体情况。在此基础上，要将森林核算结果纳入国民经济核算，目的是在传统经济核算中对森林的处理方法加以扩展，对森林及其在经济社会发展中的贡献做更加全面的整体评价。

森林综合核算的内容包括 2 个部分：①对森林自身的价值进行核算，要将其包含在国民财富之中；②对森林所提供的产品与服务，即森林的产出进行综合核算，并尝试与国内生产总值衔接起来。

（一）森林总价值与国民财富

森林是一个国家所拥有自然资源财富的重要组成部分，因此有必要核算森林的总价值，即森林的存量价值，并将其纳入国民财富。

1. 森林总价值核算

原则上，森林总价值应该是森林所具有的全部功能的价值，包括提供物质产品的功能价值和提供生态服务的功能价值。但是，从目前核算所能够实现的程度看，森林存量价值主要是指林地和林木价值总和。

2. 森林总价值对国民财富总量的调整

现有国民经济核算中，国民财富的核算对象是各种所有权确定、可以为其所有者在目前以及一定时期内带来经济收益的经济资产，其中包括各时期生产活动产出成果被积累起来形成的生产资产，以及一部分符合经济资产定义的非生产资产；而且，核算中以市场价格作为财富的基本估价原则，核算的是各种资产的市场价值。就森林主题而言，上述基本原则会在 2 个方面导致无法在国民财富中体现森林的重要性，具体如下：

（1）从内容而言，一般来说，人工林属于生产资产，可以包括在国民财富核算范围内。但天然林却有可能因为不符合经济资产的定义而被排除在国民财富范畴之外，即使包括在其中，也会仅仅作为非生产资产，与作为生产资产的森林割裂开来。

（2）从估价方法而言，侧重于经济价值的估价原则无法体现森林的生态功能价值。

因此，要在国民财富核算中显示森林的重要性，需要在核算方法上做改进：①扩展核算范围，使之包括所有森林；②将属于生产资产的森林和属于非生产资产的森林合并在一起，创建完整的森林资产概念；③延伸经济价值，使之包括森林的生态功能价值。

（二）森林产出与国内生产总值

森林功能的实现在于它为人类和经济体系提供了巨大的不可替代的产出，特别是森林生态系统服务。该项目研究创新性地提出并定义了森林产出概念，并尝试将其与反映国民经济最终产出的国内生产总值衔接起来。

1. 森林产出的定义

森林产出是指依托森林和林木形成的产出，主要包括 2 个组成部分：一是为国民经济提供的森林物质产品；二是为社会提供的森林生态服务。

森林产出没有全部包括在现行国民经济核算的范围之中。按照国民经济核算原理，产出代表经济生产活动成果，一般是指物质产品产出以及通过市场提供给他人使用的服务产出。据此，森林生态服务不能作为经济产出，除非这些生态服务通过市场实现了其服务价值，比如通过森林旅游业实现的森林景观价值；当期林木自然生长也因为无法独立计算其产出量及价值而排除在外，只是笼统地用育林和森林维护活动中的成本投入作为产出替代。

即使是已经包括在其中的部分，森林产出也没有作为林业产出加以核算。在现行的国民经济行业分类中，由于林业与其他部门之间的职能分工，相当一部分依托森林和林木形成的物质产品产出没有作为林业产出看待，而是被归纳到农业、畜牧业以及工业等部门产出统计之中了，比如各种干鲜林果、森林花卉、林间养殖等。

可以说，森林产出是一个突破了现有经济活动产出计量的概念，相当于"大林业"（林业及其他相关产业）计算的初级林产品产出与森林生态服务产出的总计。

2. 将森林产出与国内生产总值衔接

国内生产总值是衡量一个时期国民经济生产最终产出成果的指标，在经济管理中发挥着核心指标的作用。由于现行国民经济核算没有全面地反映经济与资源环境之间的关系，国内生产总值在反映现实经济活动成果方面具有很大局限性。绿色国民经济核算的目标之一就是要将资源环境因素纳入核算，实现国内生产总值的调整，得到所谓"绿色GDP"。

结合森林主题看，所谓 GDP 总量调整应该包括以下 2 个方面：

（1）将当期对森林资源的耗减价值作为经济活动成本从 GDP 中扣减，得到经济资源耗减价值调整的国内生产总值，这是对 GDP 做"减法"。一般地，作为扣减项的资源耗减价值是指净耗减，即林木资源采伐量与其自然生长量抵减后的净变化，如果该净变化非负，即可认为不存在森林资源耗减，森林发展是可持续的。

（2）将森林提供的、没有被国民经济核算所认可的生态服务产出作为与经济产出并列的组成部分，尝试作为"加项"纳入 GDP。

这些都还是需要在理论方法上加以探讨的调整步骤，在现有核算基础上尚难以实现。比如森林产出中有些已经包括在国内生产总值之中，有些是按照投入价值包括在其中的，而且森林产出还是一个总产出的概念，无法与国内生产总值作为最终产品的概念相衔接。为此，在现阶段，考虑将国内生产总值作为一个参照指标，用森林生态服务产出与国内生产总值以及现行林业产出进行比较，用森林总产出与国内生产总值进行比较，以便更全面地显示森林以及林业的重要性。

第三节　森林营造基础与营造技术

一、林分结构设计

（一）林分密度与种植点的配置

1. 确定造林密度的方法

根据确定造林密度的原则，在确定具体造林密度时可采用以下 4 种方法：

（1）经验法。依据过去人工林的不同造林密度及生长效果，分析判断其合理性及需要调整的方向和范围，以确定新条件下应采用的造林密度和经营密度。应用这种方法确定造林密度时要求决策者具备足够的理论知识及生产经验，要避免产生主观随意性。

（2）调查法。"如果在现有的森林中，就存在着相当数量的用不同造林密度营造的或因某种原因处于不同密度状况下的林分，就有可能通过大量调查不同密度林分的生长发育状况，然后采用统计分析的方法，得出类似于密度试验林可提供的密度效应规律和有关参数。"[①]在现有森林中，通过大量调查不同密度的林分生长发育状况，应用统计分析方法，得出类似以密度试验林可提供的密度效应规律及有关参数，作为确定造林密度的依据。

（3）查图表法。我国已对有些重要造林树种（如落叶松、杉木、油松、杨树等）进行了大量的密度研究，并且研制出了密度管理图表，这些树种造林时，可以参考密度管理图表来确定造林密度。值得注意的是，现有的密度管理图表，无论在理论基础上，还是在实际应用上，都还有不够完善的地方，有待进一步深入研究。

---

① 翟明普，马履一，方升佐.现代森林培育理论与技术 [M].北京：中国环境科学出版社，2011：207.

（4）试验法。通过不同密度的造林试验结果来确定合适的造林密度和经营密度，是最可靠的一种方法。但是，密度试验需要花费大量时间、人力和财力才能得出结论，因此，难以就不同树种在各种不同的立地条件下进行密度试验。目前在我国，除几个主要造林树种以外，大多数造林树种尚未完成密度试验研究，生产中只能依靠经验和理论分析来确定造林密度。

2. 种植点的配置

人工林种植点的配置，是指种植点在造林地上的间距及其排列形式。其配置方式可分为行状和群状两类：

（1）行状配置。行状配置是栽植点或穴分散而有序排列为行状的一种方式。这种方式可使林木均匀地分布于林地上，充分发挥林木生长的潜力和充分利用空间，有利于林木的发育匀称和抚育管理，便于机械化作业。行状配置可分为正方形、长方形、三角形等方式。

第一，正方形配置。配置时株距与行距相等，相邻植株之间的连线呈正方形。这种配置方式能使树冠发育匀称，利于幼林抚育管理。这种配置是营造用材林、经济林的常用配置方式。

第二，长方形配置。配置时行距大于株距，相邻植株之间的连线呈长方形，行距与株距之比一般小于2。这种配置便于抚育管理和间作。

第三，三角形配置。要求相邻行的各植株的位置相互错开成品字形，行距、株距可相等，也可不相等。如果各相邻植株的株距都相等，行距小于株距，则形成正三角形配置。这种配置更利于树冠发育匀称，提高土地利用效率，多用于经济林培育。

（2）群状配置。也称簇式配置、植生组配置，是指植株在造林地上呈不均匀的群丛状分布，群内植株的密度较大、群间距离较大。这种配置方式能保证群内植株迅速达到郁闭，特别是在杂草丛生、土壤干旱瘠薄的情况下，对不良环境（如干旱、日灼等）有较强的抵抗能力，可以提高造林成活率和保存率。这种方式适于较差的立地条件及幼年较耐阴、生长慢的树种。群状配置的主要方式有大穴密播、多穴簇播、块状密植等。其不足是不能充分利用空间和资源，随着林龄的增加，群内林木分化明显，需要及时的定株和疏伐。一般在自然条件恶劣的地段和低价值林改造时采用。

（二）混交林培育技术

1. 混交林的应用条件

混交林具有优越性，在生产中应积极推广培育混交林。但是决定培育混交林还是纯林不仅要遵循生物学和生态学规律，而且受到立地条件和培育目标等的制约。一般地，可根据下列情况决定营造混交林还是纯林：

（1）培育目标。经济林、速生丰产林及专用用材林等商品林的培育，要求早成材或增加结实面积，充分发挥林地的生产潜力，便于经营管理，提高经营效益，可营造纯林。而一般用材林培育，轮伐期较长，为维持长期生产力，应营造混交林。培育防护林和风景游憩林等生态公益林要求最大限度地提高防护效益及观赏价值，追求林分的自然化培育以增强其稳定性，应尽可能培育混交林。此外，薪炭林或能源林以及短伐期的工业原料林等追求单产和经营效益，应营造纯林。

（2）经营条件。经营条件好的地方，由于可通过人为措施来干预林分的生长发育，可营造混交林，也可营造纯林。在经营条件差的地方，主要通过生物措施来促进林木生长、提高林分的稳定性，可多造混交林。但如果当地没有营造混交林的经验或合适的混交树种，应先发展纯林，待条件成熟后再发展混交林。单一林产品销路好，并预测在一定时期内其需求量不会发生变化时，应营造纯林；如对市场把握不准，营造混交林则更适应市场变化。另外，由于资金不足或为了降低造林经营成本，可营造纯林。

（3）立地条件。造林地区和造林地立地条件极端严酷或特殊的地方，如高寒、瘠薄、水湿、干旱、盐碱等，只有少数适应性强的树种才能生长，只能营造纯林。除此以外的立地条件都可营造混交林。

（4）树种特性。对于直干性强、生长稳定、自然整枝良好的树种，无须通过混交来改善林木干形，可营造纯林，当然这些树种也可营造混交林。有些树种纯林的病虫害严重，且不易防治，可营造混交林加以预防。

2. 混交树种的选择

营造混交林时，需要为确定的主要树种选择混交树种，混交树种一般是指伴生树种和灌木树种。选择适宜的混交树种，是发挥混交林作用和调节种间关系的主要手段，对保证人工林顺利成林、增强其稳定性、实现可持续经营具有重要意义。

选择混交树种，必须在考虑混交树种本身适地适树的前提条件下，能充分发挥其辅佐、护土和改土效能，为主要树种的生长创造良好环境。同时应考虑下列具体条件：

（1）混交树种应与主要树种在生态位上尽可能互补，也就是混交树种具有与主要树种不同的生态要求、不同的生长特点和根型。

（2）具有较高的经济价值、美化效果和抗火能力。

（3）不应与主要树种有共同的病虫害。

（4）最好具有萌芽力强、繁殖容易，以便在采种育苗、造林更新及调节种间关系后仍有恢复成林的可能；其成熟期最好与目的树种一致，以降低生产成本。

根据各地混交林试验研究以及生产实践的积累，在南方具有良好混交效果的混交组合主要有：杉木与马尾松、柳杉、木荷、香樟、檫树、火力楠、红锥、南酸枣、厚朴、相思、栲木、桦木、观光木、毛竹等；马尾松与杉木、栎类、栲类、枫香、木荷、台湾相思、红锥、柠檬桉、杜仲等；桉树与相思、木麻黄、银合欢等；毛竹与杉木、马尾松、枫香、木荷、红锥、南酸枣等。

3. 混交方法

混交方法是指参加混交的各个树种在造林地上的排列形式。混交方法不同，种间关系特点和林分生长状况也不相同，因而具有深刻的生物学和经济学意义。常用的混交方法有以下 6 种：

（1）株间混交。又称行内混交、隔株混交，是指在同一行内，隔株种植 2 个以上树种的混交方法。该方法能够较好地体现混交树种作用，即辅佐、护土、改土作用。但种间矛盾出现早且调节较难，施工麻烦。多应用于乔、灌混交类型。

（2）行间混交。又称隔行混交，是一种树种的单行与另一树种的单行依次栽植的混交方式，主要用于种间矛盾较小的树种混交。种间关系容易调节，造林施工简便，是一种常用的混交方法，适用于乔、灌混交类型或主伴混交类型，也可用于乔木混交类型。

（3）带状混交。是一个树种连续种植 3 行以上构成的"带"，与另一个树种构成的"带"依次种植的混交方式，主要用于种间矛盾比较大的树种之间的混交造林。其种间关系发育得比较晚，良好的混交效果多出现在林分生长的后期。施工简单、方便，常用于乔木树种混交或主伴混交类型。有时为削弱伴生树种的竞争能力，可将伴生树种改成单行种植，形成了一种过渡的混交类型，称为行带混交。

（4）块状混交。是将一个树种栽成一小片，与另一个树种栽成的小片依次配置的混交方法，有规则式和不规则式块状混交 2 种。块的面积不应小于成熟林中每株林木所占有的营养面积（约 $25 \sim 100 m^2$）。这种混交方法比带状混交更有效地利用种内和种间的有利关系，适用于种间矛盾较大的乔木树种间的混交，在幼林纯林改造成混交林或低价值林分改造时也经常采用这种方法，施工简便。

（5）植生组混交。种植点为群状配置时，在一小块地上密集种植同一树种，与相距较远的密集种植的另一树种的小块相混交的方法。种间关系出现较晚，易于调节，但施工较麻烦，一般仅用于人工更新、次生林改造和治沙造林。

（6）星状混交。是将一种树种的少量植株分散地与其他树种的大量植株栽植在一起的混交方法，或栽植行内隔株（或多株）的一个树种与栽植成行状、带状的其他树种混交的方法。该混交方法既能适用于满足少量植株树冠扩展的要求，又能为其他树种创造良好的生长条件，充分利用林地资源，可获得较好的混交效果。

4. 混交比例

混交比例是指造林时每一树种的株数占混交林总株数的百分比。混交比例是人为调节混交林种间矛盾、保证主要树种处于优势状态、提高林分稳定性的重要手段。在确定混交比例时，要估计到未来混交林发展趋势，保证主要树种始终处于优势地位。因此主要树种的比例要大。

确定混交比例还要考虑树种、立地条件和混交方法。竞争力强的树种，混交比例不宜过大；反之可适当增加。立地条件优越的地方混交树种所占的比例不宜过大，其中伴生树种应多于灌木；而在立地条件较差的地方，可以不用或者少用伴生树种，而适当加大灌木的比例。株间或行状的混交方法，其混交比例较大，而群团状的混交方法，混交比例多较小。一般而言，在造林初期伴生树种或灌木树种的比例应占 25% ~ 50%，主要树种一般要超过株数的 50% 以上。

5. 混交林种间关系调节

混交林培育的关键在于正确处理好不同树种的种间关系，使主要树种尽可能多受益、少受害。为此，可在混交林营造和培育过程中，有针对性地采取恰当的技术措施，以提高混交效果。

造林前在确定目的树种后，慎重选择与之混交的伴生树种，再确定混交类型、混交方法及合理的混交比例和配置方式，以防产生种间的不利作用，确保有利作用长期发挥。造林过程中可通过控制造林时间、造林方法、苗木年龄、株行距等措施，调节种间关系，使主要树种处于竞争的有利地位，缓和或推迟其有害作用的发生，提高混交效果。

造林后，为提高主要树种的生长和减少伴生树种的竞争，可以通过地上和地下 2 种途径来协调种间关系。主要措施包括：通过松土、除草、施肥、灌溉等措施，为混交树种提供良好的生长条件，一定程度上可缓和矛盾；通过打头、断根、环剥、修枝、平茬、抚育间伐等措施，抑制次要树种的生长，提高混交林的成效。

二、造林方法

人工造林方法是按照造林时所使用的材料不同而划分的方法。造林所使用的材料有种子、苗木、营养器官，相应的造林方法就有直播造林、植苗造林和分殖造林。确定造林方法主要依据树种的繁殖特性、立地条件、经营条件、经济条件等。

（一）直播造林

直播造林是把种子直接播种到造林地上而培育森林的造林方法，也称播种造林，是一种比较常用的造林方法。

1. 直播造林的应用条件

直播造林是将种子直接播于造林地，不须移植，避免了根系损伤，有利于形成匀称、舒展的完整根系。造林施工简单，特别适于在地广人稀的边远地区大面积造林应用，节省投资和人工。但直播造林对立地条件要求较高，播后易遭受鸟兽危害、牲畜及人为破坏；幼林初期生长缓慢，进入郁闭时间较长，幼林抚育管理需要投入较多。

直播造林主要用于立地条件较好的造林地，要求土壤疏松、杂灌草不太繁茂、鸟兽害及其他灾害不严重的地方；选择种子发芽迅速、幼苗生长快、适应性和抗逆性强，种子来源丰富，价格低廉的造林树种。

2. 直播造林的技术

（1）种子播前处理。为使直播造林取得良好效果，要求选用良种。在播种前需要对种子进行消毒、浸种、催芽及拌种等技术措施，其目的在于促使种子快速萌芽、整齐出土，并做好病虫和鸟兽害的预防工作。

（2）播种方法。播种方法有以下 4 种：

第一，撒播：把种子均匀地撒布于造林地上的方法。一般播前不整地，播后不覆土，工效高、造林成本低；适用于劳力缺乏、交通不便的大面积荒山荒地、采伐迹地及火烧迹地的造林；适用于中小粒种子的针阔叶树种。

第二，条播：在经过整地的造林地上按一定的行距进行条带状播种的方法。多用于迹地更新和次生林改造，便于机械化作业，耗种量大，应用不普遍。

第三，穴播：在经过局部整地的造林地上，按一定的行距和穴距挖穴播种的方法。操作简单、施工灵活，适用于各种造林地、多数树种，应用广泛。

第四，块播：在经过整地的造林地上，小块状地密集大量播种的方法，通常块状地面积在 $1m^2$ 以上。块播可形成植生组，具有群状配置的特点，多用于次生林改造、天然更新迹地引入针叶树及沙地造林。

（3）播种量。播种量主要依据树种特性、种子品质及单位面积上计划保留苗木数量。根据生产经验，大粒种子每穴 2 ~ 4 粒；中粒种子每穴 3 ~ 5 粒；小粒种子每穴 10 ~ 20 粒；细小粒种子每穴 20 ~ 30 粒。一般条播和撒播的播种量要高于穴播的 2 ~ 3 倍或更高。

（4）播种技术。主要要求播种均匀、放置方式得当、覆土厚度适宜。覆土厚度因不同树种的种粒大小、播种季节、土壤状况的不同而异，一般大粒种子覆土 5 ~ 7cm，中粒种子 2 ~ 5cm，小粒种子 1 ~ 2cm。

（5）播种季节。直播造林的季节确定，原则上与植苗造林相同，主要是春季播种。值得注意的是，一般情况下应尽量缩短种子播后直至幼苗出土的时间，以减少鸟兽及其他危害。种子萌发需要一定的温度和湿度，为此春播时尤其是经催芽的种子，不宜播得太早。具休眠特性的大、中粒种子还可以秋季播种，必须做好防治鸟兽害。在南方可雨季播种造林，一般要求适当提早，使苗木在越冬前能够充分木质化。

（二）植苗造林

植苗造林也称植树造林，是以苗木为造林材料进行栽植的造林方法，也是一种应用最广且可靠的造林方法。

1. 植苗造林的应用条件

植苗造林所用的苗木，具有比较完整的根系及发育良好的地上部分，栽植后对不良外界环境的抵抗力强，可尽快地适应造林地环境。与直播造林相比，植苗造林幼林生长较快，郁闭早。

植苗造林适用于大多数树种，对立地条件要求不高，适于各种宜林地造林；节省种子，对种源少、价格昂贵的珍稀树种造林意义更大。但苗木移栽过程中因根系受损，对其生长有一定影响；须经过苗木培育过程，造林成本高，所要求的技术水平较高。

2. 植苗造林技术

为了保证植苗造林获得成功，幼林生长发育良好，首先必须保证造林用苗具有旺盛的生活力。这就要求在苗木掘起后至造林栽植前这段时间，加强苗木保护，特别是根系的保护，以防失水抽干，影响成活。因此，起苗后及时将苗木移至避阴处，进行分级、包装；苗木运到造林地后，及时栽植，维持苗木体内正常的水分平衡，为顺利成活打下基础。

植苗造林的关键技术要点如下：

（1）整地质量。植苗造林时通常要求较高的整地质量，通过合理的整地方法和整地季节，提高土壤蓄水能力，减少灌、草的竞争和危害。要严格把好造林整地质量关。

（2）苗木的规格、质量。要求常用的苗木种类包括播种苗、营养繁殖苗、移植苗以及容器苗等；既可是裸根苗，也可是宿土苗。在林业生产中，裸根苗重量小，包装、运输、储藏方便，栽植省工，应用广泛。但裸根苗在起苗时易伤根，对定植成活有一定影响。宿土苗根系完整，易成活；但重量大，搬运费工，造林成本较高，林业生产中应用受到一定限制，除非是基质较轻的小容器苗。不同林种、树种的造林对苗木的规格要求不同，一般营造用材林常用小苗，速生丰产林、经济林及防护林可加大规格，常用2～3年生苗木，四旁、城镇绿化及风景林要求更大规格的苗木。

（3）苗木保护与处理。在苗木掘起后至栽植前，必须严加保护，防止失水抽干、发热，以及受到机械损伤等，保持苗木旺盛活力。因此，必要时须采取措施，包括地上部处理，诸如截干、去梢、修剪枝叶、喷洒蒸腾抑制剂等，根系处理如浸水、修剪根系、接种菌根、蘸泥浆、蘸激素或吸水剂等。这些措施主要是针对裸根苗，利用宿土苗造林时只须进行苗木保护，防止土球散裂。

（4）栽植技术。常用的栽植方法有穴植、缝植和沟植。穴植是应用最普遍的造林方法，适于各种苗木。为保证造林苗木顺利成活，须选择合适的造林季节和造林时间。适宜的造林季节应是温度适宜、土壤水分含量较高、湿度大，符合造林树种的生物学特性，遭受自然灾害的可能性小。因此，我国最常用的是春季造林；在冬季风害、冻拔害不严重的条件下可进行秋季造林；在春旱严重、雨季明显的地区可雨季造林；在冬季土壤不冻结的温暖湿润地区还可冬季造林。

植苗造林时，栽植深度、栽植位置及施工要求等都是重要的栽植技术。一般要求栽植深度适宜，主要是根据树种特性、气候和土壤条件、造林季节来确定。

（三）分殖造林

分殖造林是利用树木的部分营养器官（茎、干、枝、根、地下茎等）直接栽植于造林地的造林方法，也称分生造林。对有些树种分殖造林是其主要造林方法。

1.分殖造林的应用条件

分殖造林具有营养繁殖的一般特点：生长快，省工，成本低。但长期多代无性繁殖林木寿命短、易早衰。分殖造林主要应用于能够迅速产生大量不定根的树种。造林时要求土壤深厚湿润，母树来源丰富。这种造林方法受到造林材料来源、母树数量等的限制，进行大规模造林，通常有一定困难。

2.分殖造林技术

分殖造林因所使用的营养器官和栽植方法不同而分为插木造林、埋条造林、分根造林、分蘖造林、地下茎造林等。生产上应用较多的是插木造林和地下茎造林。

（1）插木造林。插木造林是截取树木或苗木的枝条或树干做插穗，直接插植于造林地的造林方法。插穗的年龄、规格、健壮程度、采集时间等对造林成败有很大影响。插穗宜在幼、壮年母树上选取，根部及干基部萌芽的粗壮枝最佳，适宜年龄为 1 ~ 3 年。插木造林因所用插穗粗度的不同，可分为插条造林和插干造林。插条造林时，插穗粗度 1 ~ 2cm，长度 30 ~ 70cm；常用树种有杨树、柳树、杉木、柳杉等。插干造林时，插穗粗度 3 ~ 5cm，长度 2 ~ 4m；主要适用于杨树和柳树类，插植深度适宜，近年来推广的杨树长干深插，要求插穗下截口接近地下水，效果很好。

造林季节和时间与植苗造林基本相同。

（2）地下茎造林。地下茎造林是竹类的重要造林方法，不同类型的竹子，其分殖造林的方法不完全相同，常用方法主要有移母竹法和移鞭法。

第一，移母竹法：包括母竹选择、挖掘、运输和栽植等环节。宜选择 1 ~ 2 龄的母竹、粗度 2 ~ 4cm；分枝低矮、枝叶茂盛、竹节正常、无病虫害；大穴栽植。

第二，移鞭法：从成年竹林中挖取根系发达、侧芽饱满的壮龄鞭，以竹鞭上的芽抽鞭发笋长竹成林，要求竹鞭年龄 2 ~ 5 年生、长度 30 ~ 50cm，并有 5 个以上的健壮侧芽；

根系完整、侧芽无损、多带宿土；大穴埋植。

造林季节和时间因竹种不同而异，一般多在秋冬造林，也可雨季移竹造林。

第四节　森林病虫害防治与森林防火

一、森林病害及其防治

"森林资源具有良好的生态效益和经济效益，而森林病害是影响森林健康生长的重要因素。采取生态措施防治病害，不仅可以提高森林的防御能力，还有助于森林可持续发展目标的实现。"[①]

（一）林木病害

林木在生长发育过程中，由于遭受有害生物的侵袭，或不适宜的环境条件影响，使得正常的生理活动受到阻碍，细胞、组织或器官遭到破坏，甚至引起整株死亡，造成经济和生态上的损失，这种现象称为林木病害。例如，板栗种子在储藏期间的发霉变质；刚出土的杉苗突然倒伏枯死；枣树、泡桐树上枝条丛生；油茶、竹子叶片上产生黑色煤层等，这些不正常现象都是林木病害。

1.林木病害发生的基本条件

林木病害是林木与致病因素在外界环境条件的影响下相互斗争并导致发病的过程。因此影响林木病害发生的基本要素是：病原、感病植物和环境条件。

（1）病原。引起林木发病的原因简称病原。病原种类很多，可以分为两大类：①生物性病原，如真菌、细菌、植原体、病毒、寄生性种子植物、藻类、线虫和螨虫等；②非生物性病原，如营养物质缺乏或不平衡，水分过多或过少，温度过高或过低，光照过强或过弱，空气或土壤中存在有毒物质，农药、肥料施用不当等。

（2）感病植物。当病原物侵染植物时，植物对病原物进行积极的抵抗，病害发生与否，常取决于植物抗病能力的强弱。如果林木本身的抗病性强，虽然病原物存在，也可以不发病或发病很轻，只有病原物与易感病的林木相结合，才有构成林木病害的可能。

（3）环境条件。病原物与寄主植物同时存在，但病害发生与否或发病轻重还取决于环境条件。环境条件一方面可以直接影响病原物，促进或抑制其发育；另一方面也可以影响寄主的生活状态，增强其抗病性或感病性。因此，只有当环境条件有利于病原物而不利于寄主植物时，病害才能发生和发展；反之，当环境条件有利于寄主植物而不利于病原物

---

① 孟雪梅.生态防治森林病害的策略［J］.农业技术与装备，2021（06）：137.

时，病害就难以发生或发生较轻。

综上所述，病原、感病植物和环境条件是植物侵染性病害发生发展的3个必备条件。

2. 林木病害的类型

（1）侵染性病害，是由于真菌、细菌、植原体、病毒、寄生性种子植物、藻类、线虫和螨虫等生物性病原所致的病害，因为有侵染过程而得名。这种病害具有传染性，所以又称传染性病害。

（2）非侵染性病害，是由于不适于林木正常生长的水分、温度、光照、营养物质、空气污染等因素所引起的病害，非侵染性病害也叫生理性病害，由于没有传染性又称非传染性病害。在人工林中，非侵染性病害问题正日渐突出。

（3）衰退病。近年来，人们发现有些病害的原因错综复杂，很难按上述两类病害进行归属，因而提出第三类病害——衰退病。衰退病是指按特定顺序出现的一系列生物和非生物因素综合作用，造成林木生长势或生长潜能显著下降，最终导致林木死亡的一类病害。

（二）森林病害防治方法

依据所采用的手段不同，林木病害防治可分为病害检疫，改进营林措施，选用抗病品种，或用物理、化学、生物防治方法等。

1. 病害检疫

植物病害检疫是为防止危险性病害的国际或国内地区间人为传播。检疫的任务是：①禁止危险性病害随着植物及其产品由国外输入或由国内输出；②将国内局部地区发生的危险性病害封锁在一定范围内；③当危险性病害传入新区时，采取积极措施，就地予以消灭。

但检疫防治措施并非对所有病害都适用，构成植物病害检疫对象的条件为：①危险性病害；②局部地区发生的病害；③由人为传播的病害。

2. 化学防治

应用化学药剂预防和控制林木病害的方法称为化学防治。化学防治优点是适用范围广、收效快、简便易行，是防治林木病害的一个重要手段。缺点是连续使用对环境造成污染，如使用不当，人、畜、植物都容易受到毒害。化学药剂种类很多，按其作用可分为保护剂、铲除剂和内吸剂。使用方法包括种实消毒、土壤消毒和喷洒植株等。

（1）种实消毒。其目的在于消灭种实表面或内部的病原物，以免危害苗木。处理方法有浸种、拌种和喷洒。

（2）土壤消毒。其目的在于杀死或抑制土壤中的病原物。林业上主要用于防治苗木猝倒病、根结线虫病、白绢病和根腐病等，处理方法有撒毒土、淋灌、喷洒、熏蒸等。

（3）植株保护和治疗，是在生长期中防治植物病害最常用的方法，其作用主要是保护植株不受由风和雨传播的病原物的危害。一般采用喷粉、喷雾、熏烟、涂抹和注射等方法。

3. 生物防治

生物防治通常是指利用某些微生物作为工具来防治病害，主要利用生物之间的拮抗作用，表现为抗菌、溶菌、重寄生、竞争、交互保护和捕食等。林木病害的生物防治虽然是发展方向，但由于生物防治受环境影响大，效果不稳定，成功的案例不多。

（三）林木主要病害及其防治

1. 松树病害

（1）松（杉）幼苗猝倒病。幼苗猝倒病也称立枯病，各地针叶树苗圃普遍发生，常造成大量苗木死亡。该病除危害松、杉苗外，还危害多种阔叶树、果树和农作物。

松（杉）幼苗猝倒病的防治方法主要如下：

第一，选好圃地。选择疏松、深厚、排水良好的苗圃地育苗。切忌在蔬菜、棉麻地上育苗，也尽量避免松（杉）苗连作，提倡与大豆、水稻、苦楝、栎类等轮作。

第二，深耕细整。圃地应深耕细整，土粒要打碎，床面要平整，在春季多雨地区应做高床，以利排水。

第三，土壤消毒。土壤消毒有物理和化学 2 种方法，物理消毒是利用曝晒、冻伐、火烧等途径；化学消毒可采用撒毒土和灌药等方式。常用的药剂有 70％敌克松、50％多菌灵、硫酸亚铁、生石灰粉等。

第四，合理施肥。所施有机肥料要充分腐熟，并重施磷、钾肥。

第五，种子消毒。可用多菌灵、托布津等药剂消毒，用量为种子重量的 0.2％～0.5％。方法是先将药粉和适量细土拌匀，然后拌种子；或将种子喷湿后直接拌药粉。

第六，科学播种。播种要根据当地气候适时播种。播种要均匀一致，不能过密或过稀。覆土不能过厚，在多雨地区，一般厚度以种子似隐似现为宜。

第七，加强管理。及时揭草、松土除草和间苗，疏通沟渠、旱灌涝排，保持土壤水分适中。

第八，喷药保护。揭草后立即喷药，以防止病害发生，可用 1 : 1 :（120 ~ 170）倍的波尔多液，或 0.5% ~ 2% 硫酸亚铁溶液，以后每两周喷一次，连续喷 2 ~ 3 次。硫酸亚铁喷后立即用清水淋洗幼苗，以免发生药害。病害发生时，可用 70% 敌克松 500 ~ 800 倍液、50% 多菌灵 500 倍液喷洒幼苗及周围土壤，可控制病害蔓延，但喷药后也应立即用清水洗苗，以免茎、叶部分受药害。地湿或雨后最好将药拌成药土撒在苗基部，以防过湿。

（2）松材线虫病。松材线虫是日本最重要的森林病害。我国于 1982 年在南京紫金山松林中首次发现，目前已扩展到南方十几个省、市，造成大片松林死亡。当前，该病已成为我国松属树种最危险的流行性病害。

松材线虫病的防治方法如下：

第一，严格检疫制度，防止病死的松材原木外运和输入。

第二，清除侵染源。线虫和天牛全部在枯死木内越冬，其他场所均无。只要在 5 月份前对病死木（包含枝丫、树根）彻底清理并立即烧毁，就可避免病原物的再次传播；对怀疑是病木或病区的松树，可在指定的木材加工厂进行高温处理、变性处理、水浸处理、微波高温处理等措施，杀死树干内的线虫和天牛。

第三，消灭媒介天牛。在松墨天牛出现始期和 50% 羽化期，各喷洒 50% 杀螟松 200 倍液。

第四，抑制松材线虫繁殖。风景树木可于 4 月下旬根施 5% 克线磷、乙拌磷、呋喃丹，每株 200 克；或树干注射 15% 涕灭威、线虫灵。

第五，生物防治。管氏肿腿蜂、球孢白僵菌和布氏白僵菌已证明对天牛有一定的寄生作用，可利用这些寄生物在病区分别施用或联合施用（即肿腿蜂携带球孢白僵菌）。

2. 杉木病害

（1）杉木炭疽病。杉木炭疽病分布于杉木栽培区，尤以江淮丘陵低山地区幼林感病严重，是安徽省杉木林的最主要病害，对杉木幼林生长威胁较大。

杉木炭疽病的防治方法如下：

第一，适地适树。对立地条件差而又难以改良的地段要坚决不造杉木林。

第二，营林措施。认真整地，提高造林质量；幼林加强抚育管理，特别要注意适时疏伐，保持树冠互不重叠。发病林分可采取垦复、盖草、施肥或压青等林业措施。

第三，化学防治。一般无须进行化学防治，必要时于抽梢期喷洒 1% 的波尔多液、50% 多菌灵 500 倍液、50% 甲基托布津 400 ~ 600 倍液等，连续 2 ~ 3 次，有一定效果。

（2）杉木黄化病。杉木产区普遍发生，发病后叶片发黄，重者 3 ~ 5 年枯死；轻者虽不枯死，但生长缓慢，严重影响其成林、成材。

杉木黄化病的防治方法如下：

第一，适地适树。土壤过湿，心土黏重板结，土层浅薄的地段不宜栽杉。

第二，黄化林分处理措施。根据黄化原因，因地制宜地采取措施：如土层浅薄的地段应改植耐瘠薄的树种；心土黏重板结可采取深翻抚育方法；土壤过湿地段可开沟排水，或改植耐湿树种；对营养贫乏、结构不好的林地，可采取林粮间作，套种绿肥、压青、培土等措施。

3. 杨树病害

（1）杨树黑斑病。黑斑病是杨树叶部的主要病害之一，各栽培区都有发生；轻者引起早期落叶，影响幼树生长，重者造成毁灭性的灾害。本病危害多种杨树，其中以欧美系列的杨树以及响叶杨、毛白杨、加杨、小叶杨、小青杨等感病重。

杨树黑斑病的防治方法如下：

第一，苗圃地避免连作，若连作要彻底清除枯枝落叶。育苗地远离感病的杨树大苗区或大树。

第二，加强栽培管理，注意排水，及时间苗，适当施肥，促进幼苗初期生长，增强抗病力。

第三，喷药保护。当苗木生出 1 ~ 2 片真叶时开始喷药。药剂有 1：1：160 倍的波尔多液、65％的代森锌 400 ~ 500 倍液、10％二硝散 200 倍液，每半月喷 1 次，连续 2 ~ 3 次。

（2）杨叶锈病。叶锈病在各地均有发生，是当前杨树叶部的主要病害之一。发病后引起早期落叶，严重影响树木的生长和秋季枝条木质化的形成，易诱发枝枯病的发生；本病危害多种杨树，其中以欧美系列杨树感病严重。

杨叶锈病的防治方法如下：

第一，选择抗病的品种。

第二，加强预测预报，掌握侵染时期，做好防治准备，及时进行化学防治。发病时可喷洒 65％可湿性代森锌 500 倍稀释液，或敌锈钠 200 倍液，或 0.3 度石硫合剂液等。

二、森林害虫及其防治

（一）森林害虫的综合治理

森林害虫综合治理在实践中常采用的方法如下：

1. 植物检疫

植物检疫又称法规防治，即一个国家和地区通过法律、法令或行政措施，明令禁止某些危险性的病、虫、杂草人为地传入或传出，或当传入后限制其传播。

植物检疫分为国际检疫和国内检疫两部分。国际检疫是在指定的机场、港口及国际交通要道设立专门的机构实施；国内检疫是在国内的不同地区之间进行，主要由省、自治区、直辖市规定检疫对象，设立机构，组织实施。我国已经制定了国际和国内植物检疫条例，颁布执行。

检疫的内容包括产地检疫、调运检疫和隔离试种。产地检疫是指植物检疫机构在调运农林产品的生产基地实施的检疫；调运检疫是指植物检疫机构依照国家或地方的有关法规，对于种子、苗木、产品、植物及其他材料在调运过程中实施的检疫；隔离试种是指对于引进的种子、苗木或其他繁殖材料，按照常规的检查检验措施不易确定，或因时间及条件限制不能立即做出结论的，须经过一段时间的隔离试种后才能做出检疫结论的一项检疫措施。

2. 林业技术防治

林业技术防治是应用各种林业技术措施来抑制害虫的发生，是一类森林害虫防治的基本方法，并结合林业生产的日常工作进行。常用的方法如下：

（1）良种选育，优选良种及培育抗虫品种。

（2）育苗技术防治，具体措施有选择适宜的建圃位置、良种壮苗、实行轮作、施用充分腐熟的厩肥、圃地周围种植引诱植物并进行除治处理、建立严格的苗木出圃验收制度等。

（3）造林技术防治，主要措施如造林整地及土壤消毒、适地适树、营造混交林、合理密植等。

（4）抚育管理技术防治，方法较多，针对不同的要求，可采取抚育间伐重点清除病虫木及各类衰弱、枯萎木，整形修枝，冬季垦复和夏季中耕，清洁林地，先期林农间作，封山育林等。目的是改善林分条件、促进健壮生长、创造不利于害虫发生的环境。

（5）森林的主伐利用及林产品采收技术防治，应考虑所采取的方法和技术与害虫发生的关系，以尽量防止害虫的发生。如林木达到采伐年龄及时采伐、伐区及时清理、伐倒木及时剥皮和运输、林产品的适时采收、合理的采收方式和科学的处理方法等。

3. 物理机械防治

利用简单的工具及各种物理因素如光、电、温度、湿度、射线等来防治害虫的一类方法，统称为物理机械防治法。目前常用的方法有捕杀、诱杀、高温杀虫、人为阻隔和辐射杀虫。此外，物理机械防治法还包括电力、激光、超声波、电子辐射等，但由于成本高，技术设备复杂，实际应用受到很大限制。

（二）林木主要害虫及其防治

1. 松树害虫

（1）马尾松毛虫。马尾松毛虫又名松毛虫，属鳞翅目枯叶蛾科。危害马尾松、黑松、湿地松等松科植物。幼虫常将针叶吃光，松林如同火烧，可引起松林成片死亡。幼虫体上的毒毛触及人体，可引起红肿疼痛以致糜烂，还污染水源，危及人身健康。

防治马尾松毛虫必须贯彻以营林技术为基础，大力开展生物防治，合理使用农药的预防为主、综合防治的方针。营林技术防治上，重点在适地适树、营造混交林、保护林内植被和次生乔灌木、防止过度间伐和修枝、合理密植等措施。生物防治措施主要是以虫治虫、以菌治虫及以鸟治虫。

（2）微红梢斑螟。微红梢斑螟属鳞翅目螟蛾科。幼虫钻蛀主梢和侧梢，导致侧梢丛生，干形弯曲，不能成材，幼虫还危害球果。此虫若连年发生，可造成严重损失。

此虫多发生在地势平缓的丘陵地区，郁闭度小、6～10年生幼林、树高2～4m的林分受害最重。防治上重点采取林业技术措施防治和药剂防治，如营造混交林，改善松林的生物环境，加强幼林抚育，促进林分郁闭等。药剂防治应抓住成虫产卵期，喷射敌百虫、辛硫磷、杀螟松、敌敌畏、磷胺1000倍液，每10天喷1次，连喷2～3次；幼虫期用高浓度药液，如80%敌敌畏30～50倍液集中喷被害梢。生物防治可于卵期释放赤眼蜂。另外，于冬季人工剪除被害梢和球果，集中烧毁，消灭越冬幼虫。

2. 杉木害虫

（1）杉梢小卷蛾。杉梢小卷蛾属鳞翅目小卷蛾科。仅危害杉木，以3～5年生幼树受害最重。幼虫蛀食嫩梢顶芽，侧梢和主梢均能被害，形成多头分叉，影响杉木生长和材质。

此虫多发生在丘陵地区的杉木幼林，尤以阳光充足、生长嫩绿、未郁闭的幼林受害最重。防治方法可采取剪除被害梢集中烧毁，抓住初龄幼虫期喷药防治。重点防治发生较整齐的第一代，有效药剂如80%敌敌畏800倍液或50%杀螟松、90%晶体敌百虫、40%乐果300～400倍液等；成虫盛发期用黑光灯诱杀。

（2）粗鞘双条杉天牛。粗鞘双条杉天牛属鞘翅目天牛科。幼虫蛀干危害。是我国南方杉木上危害性最大的一种害虫，易造成杉木枯死。

防治方法主要是加强营林技术措施，提高林分抗性，如适地适树，营造混交林，选栽抗性树种，做好林地两伐三净（两伐即冬季疏伐和夏季卫生伐，三净即间伐木运净、间伐虫害木将虫消灭净、间伐后林地清理净）等；药剂防治应抓住初龄幼虫期重点喷3m以下树干，流脂处重喷，至树皮湿透为止，可用40%乐果、20%益果、20%蔬果磷乳油等100～200倍液，加入少量煤油和食盐则效果更好；生物防治可在幼虫期林间释放管氏肿腿蜂、斑头陡盾茧蜂及保护和招引啄木鸟。

3. 杨树害虫

（1）杨扇舟蛾。杨扇舟蛾属鳞翅目舟蛾科。危害各种杨树，也危害柳树，幼虫食叶，3 龄以前吐丝缀叶成虫苞，群集其内取食，3 龄后分散，取食全叶，此虫常猖獗发生，能在短期内将树叶吃光，杨树严重受害。

防治方法可采取林业技术防治、生物防治和喷药防治。林业技术防治主要是冬季清除林内枯枝落叶及杂草并集中烧毁，以消灭越冬蛹茧，3 龄前幼虫群集于虫苞内，及时人工剪除；生物防治主要是保护各种天敌，卵期人工释放赤眼蜂，或喷洒青虫菌、白僵菌等；喷药防治掌握在幼虫期喷射敌百虫、敌敌畏、马拉硫磷、杀螟松 1000 倍液，效果均好。

（2）黄翅缀叶野螟。黄翅缀叶野螟属鳞翅目螟蛾科。安徽 1 年发生 5 ～ 6 代，以幼虫在树皮缝、落叶及地被物下越冬。此虫年发生世代数多，繁殖快，虫量大，常在数日内即把树叶食光，造成严重损失。在多雨季节、湿度大的地区最易大发生。幼虫缀叶卷成虫苞在苞内取食是其主要危害特点。防治方法采用黑光灯诱杀效果好，幼虫期喷射敌百虫 800 倍液、敌敌畏 1000 倍液等。

三、森林火灾的预防与扑救

（一）林火预防

1. 林火预测预报

林火是森林环境中一种自然现象，其发生发展是由火险天气、森林可燃物和火源三者决定的，并受时间和地理条件限制和影响，表现出明显的时间和地理规律。林火预报的种类很多，但归纳起来主要包括：①单纯的火险天气预报；②气象要素结合植被条件火险预报；③多因子林火预报；④林火行为预报。我国林火预报大多属于气象要素结合植被条件的火险预报，并逐渐过渡到多因子林火预报。

林火预测预报是一项十分复杂的工作。林火预报系统必须有能反映火险条件、森林燃烧条件和火行为特征的因子作为基本参数。

（1）火险预报因子选择。火险预报因子主要选择一些能反映天气干湿的气象要素，如温度、降水、连旱天数、风等。植被条件主要选择可燃物含水率，特别是细小可燃物含水率。

（2）林火发生预报因子选择。林火发生预报是在火险预报的基础上进行的，要求预报出某一地区、某一时间段内林火发生的概率或次数。所以除了火险预报因子外，还要选择预报区的火源情况、社会经济情况和人口变动情况。

（3）林火行为预报因子选择。林火行为预报因子选择包括：①可燃物，包括含水率、负荷量、结构、组成等；②气象，包括温度、湿度、风速、降水量、降水持续时间等；③地形，包括坡度、坡向、坡位等。

2. 林火预防工程

（1）绿色防火。指利用绿色植物（包括乔木、灌木、草木及栽培植物等）通过造林、营林、栽植、种植等经营措施，减少林内可燃物积累，增加森林自身的难燃性和抗火性，建立绿色防火带，阻隔或抑制林火蔓延。当前可选用的防火树种有 10 余种，按抗火能力排序是木荷、油茶、珊瑚树、甜槠、苦槠、石栎、青冈栎、茶树、厚皮香、交让木和女贞。

第一，营林防火。是森林防火工作的基础，目的在于减少和调节森林可燃物。营林防火的主要措施包括：①扩大森林覆盖率，植树后，由于林内阳光少，温度低，风力小，湿度大，就不易着火；②提高造林整地和幼林抚育管理水平，造林前整地、幼林抚育，特别是清除幼林中的杂草灌木，不但为幼苗幼树创造了良好的生长发育条件，也可使幼苗、幼树免遭火灾的危害；③针叶树修枝打杈，修枝打杈不仅可加快林木的生长发育，又有利于防火；④抚育间伐，森林郁闭后，应及时进行间伐抚育，随时清除林内杂乱物，可大大减少森林可燃物积累。

第二，生物与生物工程防火。生物与生物工程防火的主要措施包括：①建立防火林带，利用不同植物、不同树种的抗火性能阻隔林火的蔓延；②调节林分易燃结构，降低森林燃烧性，增加难燃植物成分，使森林的燃烧性明显下降；③利用生物减少可燃物积累，利用不同的植物和树种混交，在林地上引种木耳和蘑菇，利用低等动物、食草动物减少可燃物积累。

（2）黑色防火。为了减少森林可燃物积累、降低森林燃烧性或为了开设防火线等而进行的林内外计划火烧，由于火烧后地段呈黑色，并具有防火功能，故称为黑色防火。

（二）林火扑救

1. 森林火灾扑救的组织领导

（1）扑火组织。扑火专业队伍来进行这一工作，通常扑火组织包括：①由职工组成的普通扑火队；②由林场等基层单位青壮年组成的机动快速扑火队；③由森林警察和空降灭火队组成的专业扑火队。

（2）火场临时指挥部。在扑救大火灾时，应成立各级临时扑火指挥部，下设扑火指挥、火情侦察、通讯联络、物资供应、医疗救护等临时机构。

2. 灭火的基本原理

扑灭森林火灾必须从三方面进行：①隔离可燃物或使可燃物不燃；②隔离空气或使

空气中氧浓度低于18%；③使可燃物温度低于燃点。

根据灭火原则，在扑灭森林火灾中就可采取有针对性的方法：①窒息法，可使用扑打工具、用土覆盖和化学灭火剂来扑救；②冷却法，可采取在燃烧的可燃物上覆盖湿土或洒水来降低热量；③隔离法，使火和可燃物隔离而达到灭火，可喷洒化学阻火剂或用大量的水使其成为难燃物或不燃物。

3. 扑灭森林火灾的方法

（1）扑打法。这是扑火最常用的一种方法，也是最原始、最简单的扑火方法。一般采用阔叶树枝条或湿麻袋绑在木棍上直接进行扑打，也可用旧的汽车外胎剪成100cm×3cm的胶皮条，绑在木棍上呈扫把形。扑火时灭火工具斜向燃烧物火焰成45°角，一打一拖，切忌直上直下或猛起猛落扑打，以免助长火势或使火苗向四周扩散，造成新的火种。

（2）土灭火法。这种方法多用于枯枝落叶层较厚、森林杂乱物较多的地方。林地的土壤结构较疏松，如沙土或沙壤土，就更有利于应用。

（3）水灭火法。水是最普通、最廉价的灭火剂，在自然界中，水资源非常丰富，如果火场附近有水源，就可采用这种方法灭火。用水灭火的机具较多，常用的是背负式灭火器。

（4）风力灭火法。这是利用风力灭火机产生的强风，把可燃物释放的能量吹走，切断可燃性气体使火熄灭的一种方法。风力灭火机只能灭明火不能灭暗火，否则愈吹愈旺，对扑灭弱、中度地表火效果最好。

（5）隔离带阻火法。在草地或枯枝落叶较多的林地内发生火灾，蔓延迅速时，单靠人工扑打有困难，可以在火头蔓延的前方，于火头到来之前开设好生土隔离带，可用投弹爆破，把土掀开，以阻止地表火的蔓延；也可伐倒树木和灌丛，以阻止树冠火的蔓延；隔离带的宽度一般要为树高的两倍以上，或人工喷洒化学灭火剂建立隔离带以达到阻火、灭火的目的。

（6）化学灭火法。这种方法是使用化学药剂来扑灭或阻滞火的传播和发展，特别是人烟稀少，交通不便的偏远林区，利用直升机喷洒化学药剂阻火或灭火，收效甚大。

第四章　林业生态工程建设与技术体系

第一节　现代林业生态工程及其基本理论

一、现代林业生态工程的建设方法

（一）以和谐的理念来开展现代林业生态工程建设

1. 构建和谐林业生态工程项目

构建和谐项目一定要做好 5 个结合：①在指导思想上要和林业建设、经济建设的具体实践相结合；②在内容上要与林业、生态的自然规律和市场经济规律相结合，才能有效地发挥项目的作用；③在项目的管理上要按照生态优先，生态、经济兼顾的原则，与以人为本的工作方式相结合；④在经营措施上，主要目的树种、优势树种要与生物多样性、健康森林、稳定群落等相结合；⑤在项目建设环境上要与当地的经济发展，特别是解决"三农"问题相结合。

构建和谐项目，要在具体工作上落实：①检查林业外资项目的机制和体制是不是和谐；②完善安定有序、民主法治的机制，如林地所有权、经营权、使用权和产权证的发放；③检查项目设计、施工是否符合自然规律；④促进项目与社会主义市场经济规律相适应；⑤建设整个项目的和谐生态体系；⑥推动项目与当地的"三农"问题、社会经济的和谐发展；⑦检验项目所定的支付、配套与所定的产出是不是和谐。

总之，要及时检查项目措施是否符合已确定的逻辑框架和目标，要看项目林分之间、林分和经营（承包）者、经营（承包）者和当地的乡村组及利益人是不是和谐。如果这些都能够做到，那么林业外资项目就是和谐项目，就能成为各类林业建设项目的典范。

2. 从传统造林绿化理念向现代森林培育理念转化

传统的造林绿化理念是尽快消灭荒山或追求单一的木材、经济产品的生产，容易造成生态系统不稳定、森林质量不高、生产力低下等问题，难以做到人与自然的和谐。现代林业要求引入现代森林培育理念，在森林资源培育的全过程中始终贯彻可持续经营理论，从造林规划设计、种苗培育、树种选择、结构配置、造林施工、幼林抚育规划等森林植被恢复各环节采取有效措施，在森林经营方案编制、成林抚育、森林利用等森林经营各环节采取科学措施，确保恢复、培育的森林能够可持续保护森林生物多样性，充分发挥林地生产力，实现森林可持续经营，实现林业可持续发展，实现人与自然的和谐。

在现阶段，林业工作者要实现营造林思想的3个转变：①实现理念的转变，即从传统的造林绿化理念向现代森林培育理念转变；②从原先单一的造林技术向现在符合自然规律和经济规律的先进技术转变；③从只重视造林忽视经营，向造林经营并举，全面提高经营水平转变。林业工作者要牢固树立三大理念，即健康森林理念、可持续经营理念、循环经济理念。

森林经营范围非常广，不仅仅是抚育间伐，还应包括森林生态系统群落的稳定性、种间矛盾的协调、生长量的提高等。

（二）现代林业生态工程建设要与社区发展相协调

现代林业生态工程与社会经济发展是当今世界现代林业生态工程领域的一个热点，是世界生态环境保护和可持续发展主题在现代林业生态工程领域的具体化。"重视并且加强林业生态工程的建设，是一项利国利民的重要举措，也是促进生态环境可持续发展的基础保障。"[①]

1. 现代林业生态工程与社区发展之间的矛盾

我国是一个发展中的人口大国，社会经济发展对资源和环境的压力正变得越来越大。解决好发展与保护的关系，实现资源和环境可持续利用基础上的可持续发展，将是我国在今后所面临的一个世纪性的挑战。

在现实国情条件下，现代林业生态工程必须在发展和保护相协调的范围内寻找存在和发展的空间。在我国，以往在林业生态工程建设中采取的主要措施是应用政策和法律的手段，并通过保护机构，如各级林业主管部门进行强制性保护。这种保护模式对现有的生态工程建设区域内的生态环境起到了积极的作用，也是今后应长期采用的一种保护模式。

因此，采取有效措施促进社区的可持续发展，对现代林业生态工程的积极参与，并使之受益于保护的成果，使现代林业生态工程与社区发展相互协调将是今后我国现代林业生态工程的主要发展方向。它也是将现代林业生态工程的长期利益与短期利益、局部利益与整体利益有机地结合在一起的最好形式，是现代林业生态工程可持续发展的具体体现。

2. 现代林业生态工程与社区发展的关系

协调经济发展与现代林业生态工程的关系已成为可持续发展主题的重要组成部分。社会经济发展与现代林业生态工程之间的矛盾是一个世界性的问题，在我国也不例外，在一些偏远农村这个矛盾表现得尤为突出。这些地方自然资源丰富，但却没有得到合理利用，或利用方式违背自然规律，造成贫穷的原因并没有得到根本的改变。在面临发展危机

---

① 吕彬. 关于林业生态工程建设的思考 [J]. 河北农业，2021（12）：55.

和财力有限的情况下，大多数地方政府虽然对林业生态工程有一定的认识和各种承诺，但实际投入却很少，这也是造成一些地区生态环境不断退化和资源遭到破坏的一个主要原因，而且这种趋势由于地方经济发展的利益驱动有进一步加剧的可能。从根本上说，保护与发展的矛盾主要体现在经济利益上，因此，分析发展与保护的关系也应主要从经济的角度进行。

从一般意义上说，林业生态工程是一种公益性的社会活动，为了自身的生存和发展，人们对林业生态工程将给予越来越高的重视。但对于工程区的农民来说，他们为了生存和发展则更重视直接利益。如果不能从中得到一定的收益，他们在自然资源使用及土地使用决策时，对林业生态工程就不会表现出多大的兴趣。事实也正是如此，当地社区在林业生态工程和自然资源持续利用中得到的现实利益往往很少，潜在和长期的效益一般需要较长时间才能被当地人所认可。与此相反，林业生态工程给当地农民带来的发展制约却是十分明显的，特别是在短期内，农民承担着林业生态工程造成的许多不利影响，如资源使用和环境限制，以及退出耕地造林以致收入减少等。

从系统论的角度分析，社区包含2个大的子系统：①当地的生态环境系统；②当地的社区经济系统。这2个系统不是孤立和封闭的。从生态经济的角度看，这2个系统都以其特有的方式发挥着它们对系统的影响。当地社区的自然资源既是当地林业生态工程的重要组成部分，又是当地社区社会经济发展最基础的物质源泉，这就使保护和发展在资源的利益取向上对立起来。

如何协调整体和局部利益是解决现代林业生态工程与社区发展之间矛盾的一个关键。在很多地区，由于历史和地域的原因，其发展都是通过对自然资源进行粗放式的、过度的使用来实现的，如要他们放弃这种发展方式，采用更高的发展模式是勉为其难和不现实的。因而，在处理保护与发展的关系时，要公正和客观地认识社区的发展能力和发展需求。

具体来说，解决现代林业生态工程与社区发展之间矛盾的可能途径主要有以下3条：

（1）通过政府行为，即通过一些特殊和优惠的发展政策来促进所在区域的社会经济发展，以弥补由于实施林业生态工程给当地带来的损失。由于缺乏成功的经验和成本较高等原因，目前采取这种方式比较困难，但可以预计，政府行为将是在大范围和从根本上解决保护与发展之间矛盾的主要途径。

（2）在林业生态工程和其他相关发展活动中用经济激励的方法，使当地的农民在林业生态工程和资源持续利用中能获得更多的经济收益。这就是说要寻找一种途径，既能使当地社区从自然资源获得一定的经济利益，又不使资源退化，使保护和发展的利益在一定范围和程度内统一在一起。这是目前比较适合农村现状的途径，其原因是这种方式涉及面小、比较灵活、实效性较强、成本也较低。

（3）通过综合措施，即将政府行为、经济激励和允许社区对自然资源适度利用等方法结合在一起，使社区既能从林业生态工程中获取一定的直接收益，又能获得外部扶持及政策优惠。这条途径可以说是解决保护与发展矛盾的最佳选择，但它涉及的问题多、难度大，应是今后长期发展的目标。

（三）实行工程项目管理

所谓工程项目管理是指项目管理者为了实现工程项目目标，按照客观规律的要求，运用系统工程的观点、理论和方法，对执行中的工程项目的进展过程中各阶段工作进行计划、组织、控制、沟通和激励，以取得良好效益的各项活动的总称。

一个建设项目从概念形成、立项申请、进行可行性研究分析、项目评估决策、市场定位、设计、项目的前期准备工作、开工准备、机电设备和主要材料的选型及采购、工程项目的组织实施、计划制订、工期质量和投资控制，直到竣工验收、交付使用，经历了很多不可缺少的工作环节，其中任何一个环节的成功与否都直接影响工程项目的成败。而工程项目的管理实际是贯穿了工程项目的形成全过程，其管理对象是具体的建设项目，而管理的范围是项目的形成全过程。

1. 工程项目管理的基本过程

（1）启动：批准一个项目或阶段，并且有意向往下进行的过程。

（2）计划：制定并改进项目目标，从各种预备方案中选择最好的方案，以实现所承担项目的目标。

（3）执行：协调人员和其他资源并实施项目计划。

（4）控制：通过定期采集执行情况数据，确定实施情况与计划的差异，便于随时采取相应的纠正措施，保证项目目标的实现。

（5）收尾：对项目的正式接收，项目有序结束。

2. 工程项目管理的工作职能

（1）计划职能。将工程项目的预期目标进行筹划安排，对工程项目的全过程、全部目标和全部活动统统纳入计划的轨道，用一个动态的可分解的计划系统来协调控制整个项目，以便提前揭露矛盾，使项目在合理的工期内以较低的造价高质量地、协调有序地达到预期目标。因此说工程项目的计划是龙头，同时计划也是管理。

（2）协调职能。对工程项目的不同阶段、不同环节，以及有关的不同部门、不同层次之间，虽然都各有自己的管理内容和管理办法，但他们之间的接合部往往是管理最薄弱的地方，需要有效的沟通和协调，而各种协调之中，人与人之间的协调又最为重要。协调职能使不同的阶段、不同环节、不同部门、不同层次之间通过统一指挥，形成目标明确、步调一致的局面。同时通过协调使一些看似矛盾的工期、质量和造价之间的关系，时间、空间和资源利用之间的关系也得到了充分统一，所有这些对于复杂的工程项目管理来说是非常重要的工作。

（3）组织职能。在熟悉工程项目形成过程及发展规律的基础上，通过部门分工、职责划分、明确职权，建立行之有效的规章制度，使工程项目的各阶段、各环节、各层次都有管理者分工负责，形成一个具有高效率的组织保证体系，以确保工程项目的各项目标的实现。

（4）控制职能。工程项目的控制主要是通过目标的提出和检查，目标的分解，合同的签订和执行，各种指标、定额和各种标准、规程、规范的贯彻执行，以及实施中的反馈和决策来实现的。

（5）监督职能。监督的主要依据是工程项目的合同、计划、规章制度、规范、规程和各种质量标准、工作标准等，有效的监督是实现工程项目各项目标的重要手段。

（四）用参与式方法来实施现代林业生态工程

1. 参与式方法的观念

参与式方法是一种主要用于与农村社区发展内容有关项目的新的工作方法和手段，其显著特点是强调发展主体积极、全面地介入发展的全过程，使相关利益者充分了解他们所处的真实状况、表达他们的真实意愿，通过对项目全程参与，提高项目效益，增强实施效果。具体到有关生态环境和流域建设等项目，就是要变传统"自上而下"的工作方法为"自下而上"的工作方法，让流域内的社区和农户积极、主动、全面地参与到项目的选择、规划、实施、监测、评价、管理中来，并分享项目成果和收益。参与式方法不仅有利于提高项目规划设计的合理性，同时也更易得到各相关利益群体的理解、支持与合作，从而保证项目实施的效果和质量，是目前各国际组织在发展中国家开展援助项目时推荐并引入的一种主要方法。与此同时，通过促进发展主体（如农民）对项目全过程的广泛参与，帮助其学习掌握先进的生产技术和手段，提高可持续发展的能力。

引进参与式方法能够使发展主体所从事的发展项目公开透明，把发展机会平等地赋予目标群体，使人们能够自主地组织起来，分担不同的责任，朝着共同的目标努力工作，在发展项目的制定者、计划者以及执行者之间形成一种有效、平等的合伙人关系。参与式方法的广泛运用，可使项目机构和农民树立参与式发展理念并运用到相关项目中去。

2. 参与式方法的程序

（1）参与式农村评估。参与式农村评估是一种快速收集农村信息资料、资源状况与优势、农民愿望和发展途径的新方法。这种方法可促使当地居民不断加强对自身与社区及其环境条件的理解，通过实地考察、调查、讨论、研究，与技术、决策人员一道制订出行动计划并付诸实施。

在生态工程启动实施前，一般先对项目区的社会经济状况进行调查，了解项目区的贫困状况、土地利用现状、现存问题，询问农民的愿望和项目初步设计思想，同政府官员、技术人员和农民一起商量最佳项目措施改善当地生态环境和经济生活条件。

参与式农村评估的方法有半结构性访谈、划分农户贫富类型、制作农村生产活动季节、绘制社区生态剖面、分析影响发展的主要或核心问题、寻找发展机会等。

具体调查步骤如下：

第一，评估组先与项目县座谈，了解全县情况和项目初步规划以及规划的做法，选择要调查的项目乡镇、村和村民组。

第二，到项目村和村民组调查土地利用情况，让农民根据自己的想法绘制土地利用现状草图、土地资源分布剖面图、农户分布图、农事活动安排图，倾听农民对改善生产生活环境的意见，并调查项目村、组的社会经济状况和项目初步规划情况等。

第三，根据农民的标准将农户分成 3 ~ 5 个等次，在每个等次中走访 1 个农户，询问的主要内容包括人口，劳力，有林地、荒山、水田、旱地面积，农作物种类及产量，详细收入来源和开支情况，对项目的认识和要求等介绍项目内容和支付方法，并让农民重新思考希望自家山场种植的树种和改善生活的想法。

第四，隔 1 ~ 3 天再回访，收集农民的意见，现场与政府官员、林业技术人员、农民商量，找出大家都认同的初步项目措施，避免在项目实施中出现林业与农业用地、劳力投入与支付、农民意愿与规划设计、项目林管护、利益分配等方面的矛盾，保证项目的成功和可持续发展。

（2）参与式土地利用规划（PLUP）。参与式土地利用规划是以自然村（村民小组）为单位，以土地利用者（农民）为中心，在项目规划人员、技术人员、政府机构和外援工作人员的协助下，通过全面系统地分析当地土地利用的潜力和自然、社会、经济等制约因素，共同制订未来土地利用方案及实施的过程。这是一种自下而上的规划，农户是制订和实施规划的最基本单元。

参与式土地利用规划的目的是让农民能够充分认识和了解项目的意义、目标、内容、活动与要求，真正参与自主决策，从而调动他们参与项目的积极性，确保项目实施的成功。参与式土地利用规划的参与方有：援助方（即国外政府机构、非政府组织和国际社会等）、受援方的政府、目标群体（即农户、村民小组和村民委员会）、项目人员（即承担项目管理与提供技术支持的人员）。

通过参与式土地利用规划过程，可以起到的作用包括：①激发调动农民的积极性，使农民自一开始就认识到本项目是自己的项目，自己是执行项目的主人；②分析农村社会经济状况及土地利用布局安排，确定制约造林与营林管护的各种因子；③在项目框架条件下根据农民意愿确定最适宜的造林地块、最适宜的树种及管护安排；④鼓励农民进行未来经营管理规划；⑤尽量事先确认潜在土地利用冲突，并寻找对策，防患于未然。

参与式土地利用规划（PLUP）并没有严格固定的方法，主要利用一系列具体手段和工具促进目标群体即农民真正参与，确保多数村民参与共同决策并制订可行的规划方案。以下以某地中德合作生态造林项目来对一般方法步骤进行介绍。

第一，技术培训。由德方咨询专家培训县项目办及乡镇林业站技术人员，使他们了解和掌握 PLUP 操作方法。

第二，成立项目 PLUP 小组，收集各乡及建制村自然、社会、经济的基本材料，准备项目宣传材料（如"大字报"、传单），准备 1∶10 000 地形图、文具纸张、参与项目的申请表、规划设计表、座谈会讨论提纲与记录表等，向乡镇和建制村介绍项目情况。

第三，项目 PLUP 小组进驻自然村（村民小组），与村民组长、农民代表一起踏查山场，并召开第一次自然村（村民小组）村民会议，向村民组长和村民介绍项目内容及要求、土地利用规划的程序与方法；向村民发放宣传材料、参与项目申请表、造林规划表，了解并确认村民参与项目的意愿和实际能力，了解自然村（村民小组）自然、社会、经济及造林状况和本村及周边地区以往林业发展方面的经验和教训；鼓励村民自己画土地利用现状草图，讨论该自然村（村民小组）的土地利用现状、未来土地利用规划、需要造林或封山育林的地块及相应的模型、树种等。

第四，农民自己讨论土地利用方案并确定造林地块、选择造林树种和管护方式，农民自己拟定小班并填写造林规划表，村民约定时间与项目人员进行第二次座谈讨论村民自己的规划。在这个阶段，技术人员的规划建议内容应更广，要注意分析市场，防止规模化发展某一树种可能带来的潜在的市场风险。

第五，召开第二次自然村（村民小组）村民会议，村民派代表或村民组长介绍自己的土地利用规划及各个已规划造林小班状况，项目人员与农民讨论他们自己规划造林小班及小班内容的可行性。农民对树种，尤其是经济林品种信息的了解较少，技术人员在规划建议中应向农民介绍具有市场前景的优良品种供农民参考。

第六，将相关地理要素和规划确定的小班标注到地形图上，现场论证其技术上的可行性和有无潜在的矛盾和冲突，最终确定项目造林小班。项目人员还应计算小班面积并返还给农民，农民内部确定单个农户的参与项目面积，并重新登记填写项目造林规划表。

第七，召开第三次村民座谈会，制订年度造林计划，讨论农户造林合同的内容，讨论项目造林可能引起的土地利用矛盾与冲突的解决办法，讨论确定项目造林管护的村规民约。

第八，以乡为单位统计汇总各自然村（村民小组）参与式造林规划的成果，然后由乡政府主持评审并同意盖章上报县林业局项目办。县林业局项目办组织人员对上报的乡进行巡回技术指导和检查。省项目办和监测中心人员到县监测与评估参与式造林规划成果是否符合项目的有关规定，最终经德方咨询专家评估确认后，由县项目办报县政府批准实施。

第九，签订造林合同，一式三份，县项目办、乡林业站或乡政府和农户各保留一份。

（3）参与式监测与评估。运用参与式进行项目的监测与评价，要求利益双方均参与，它是运用参与式方法进行计划、组织、监测和项目实施管理的专业工具和技术，能够促进项目活动的实施得到最积极的响应，能够很迅速地反馈经验、最有效地总结经验教训，提高项目实施效果。

在现代林业生态工程参与式土地利用规划结束时，对项目规划进行参与式监测与评估。目的是评价参与式土地利用规划方法及程序的使用情况、检查规划完成及质量情况、发现问题并讨论解决方案、提出未来工作改进建议。

参与式监测与评估的步骤为：①在进行参与式土地利用的规划过程中，乡镇技术人员主动发现和自我纠正问题，监测中心、县项目办人员到现场指导规划工作，并检查规划文件与村民组实际情况的一致性；②省项目办、监测中心、国内外专家不定期到实地抽查；③当参与式土地利用规划文件准备完成后，县项目办向省项目办提出评估申请；④省项目办和项目监测中心派员到项目县进行监测与评估；⑤由国内外专家抽查评价。评估小组至少由两人组成：项目监测中心负责参与式土地利用规划的代表一名和其他县项目办代表一名。他们都是参加过参与式土地利用规划培训的人员。

参与式监测与评估的程序是：评估小组按照省项目办、监测中心和国际国内专家研定的监测内容和打分表，随机检查参与式土地利用规划文件，并抽查 1～3 个村民组进行现场核对，对文件的完整性和正确性打分。如发现问题，与县乡技术人员以及农民讨论存在的困难，寻找解决办法。评估小组在每个乡镇至少要检查 50% 的村民组（建制村）规划文件，对每份规划文件给予评价，并提出进一步完善意见。如果该乡镇被查文件的 70% 通过了评估，则该乡镇的参与式土地利用规划才算通过了评估。省项目办、监测中心和国际国内专家再抽查评估小组的工作，最后给予总体评价。

二、现代林业生态工程的管理机制

（一）组织管理机制

省、市、县、乡（镇）均成立项目领导组和项目管理办公室。项目领导组组长一般由政府主要领导或分管领导担任，林业和相关部门负责人为领导组成员，始终坚持把林业外资项目作为林业工程的重中之重。项目领导组下设项目管理办公室，作为同级林业部门的内设机构，由林业部门分管负责人兼任项目管理办公室主任，设专职副主任，配备足够的专职和兼职管理人员，负责项目实施与管理工作。同时，项目领导组下设独立的项目监测中心，定期向项目领导组和项目办提供项目监测报告，及时发现施工中出现的问题并分析原因，建立项目数据库和图片资料档案，评价项目效益，提交项目可持续发展建议等。

（二）规则管理机制

按照批准的项目总体计划，在参与式土地利用规划的基础上编制年度实施计划。从山场规划、营造的林种树种、技术措施方面尽可能地同农民讨论，并引导农民改变一些传统的不合理习惯，实行自下而上、多方参与的决策机制。参与式土地利用规划中可以根据山场、苗木、资金、劳力等实际情况进行调整，用"开放式"方法制订可操作的年度实施计划。项目技术人员召集村民会议、走访农户、踏查山场等，与农民一起对项目小班、树种、经营管理形式等进行协商，形成详细的规划文件。

（三）工程管理机制

以县、乡（镇）为单位，实行项目行政负责人、技术负责人和施工负责人责任制，对项目全面推行质量优于数量、以质量考核实绩的质量管理制。为保证质量管理制的实行，应做到以下几方面：

第一，上级领导组与下级领导组签订行政责任状，林业主管单位与负责山场地块的技术人员签订技术责任状，保证工程建设进度和质量。

第二，项目工程以山脉、水系、交通干线为主线，按区域治理、综合治理、集中治理的要求，合理布局，总体推进。

第三，工程建设大力推广和应用林业先进技术，坚持科技兴林，提倡多林种、多树种结合，乔、灌、草配套，防护林必须营造混交林。

第四，项目施工保护原有植被，并采取水土保持措施，禁止炼山和全垦整地，营建林区步道和防火林带，推广生物防治病虫措施，提高项目建设综合效益。

第五，推行合同管理机制，项目基层管理机构与农民签订项目施工合同，明确双方权利和义务，确保项目成功实施和可持续发展。

第六，项目的基建工程和车辆设备采购实行国际、国内招标，项目执行机构成立议标委员会，选择信誉好、质量高、价格低、后期服务优的投标单位中标，签订工程建设或采购合同。

（四）资金管理机制

项目建设资金单设专用账户，实行专户管理、专款专用，县级配套资金进入省项目专户管理，认真落实配套资金，确保项目顺利进展，不打折扣。实行报账制和审计制。项目县预付工程建设费用，然后按照批准的项目工程建设成本，以合同、监测中心验收合格单、领款单、领料单等为依据，向省项目办申请报账。经审计后，省项目办给项目县核拨合格工程建设费用，再向国内外投资机构申请报账。项目接受国内外审计，包括账册、银行记录、项目林地、基建现场、农户领款领料、设备车辆等的审计。项目采用报账制和审计制，保证了项目任务的顺利完成、工程质量的提高和项目资金使用的安全。

（五）监测评估机制

项目监测中心对项目营林工程和非营林工程实行按进度全面跟踪监测制，选派一名技术过硬、态度认真的专职监测人员到每个项目县常年跟踪监测，在监测中使用 GIS 和 GPS 等先进技术。营林工程监测主要监测施工面积和位置、技术措施、施工效果；非营林工程监测主要由项目监测中心在工程完工时现场验收，检测工程规模、投资和施工质量。监测工作结束后，提交监测报告，包括监测方法、完成的项目内容及工作量、资金用量、主要经验与做法、监测结果分析与评价、问题与建议等，并附上相应的统计表和图纸等。

（六）信息管理机制

项目建立计算机数据库管理系统，连接 GIS 和 GPS，及时准确地掌握项目进展情况和实施成效，科学地进行数据汇总和分析。项目文件、图表卡、照片、录像、光盘等档案实行分级管理，建立项目专门档案室，订立档案管理制度，确定专人负责立卷归档、查阅借还和资料保密等工作。

三、现代林业生态工程的基本理论

（一）生态学基本原理

1. 生态位原理

生态位是生态学研究中广泛使用的名称，又称生态龛或小生境，通常是指生物种群所占据的基本生活单位。每一种生物在多维的生态空间中都有其理想的生态位，而每一种环境因素都给生物提供了现实的生态位。这种理想生态位与现实生态位之差，一方面，迫使生物去寻求、占领和竞争良好的生态位；另一方面，也迫使生物不断地适应环境，调节自己的理想生态位，并通过自然选择，实现生物与环境的世代平衡。在现实的生态系统中，由于其是人工或半人工的生态系统，人为的干扰控制使其物种呈单一性，从而产生了较多的空白生态位。

因此，在生态工程设计及技术应用中，如能合理运用生态位原理，把适宜而有经济价值的物种引入系统中，填充空白的生态位而阻止一些有害的杂草、病虫、有害鸟兽的侵袭，就可以形成一个具有多样化的物种及种群稳定的生态系统。充分利用高层次空间生态位，使有限的光、气、热、水、肥资源得到合理利用，最大限度地减少资源的浪费。

2. 限制因子原理

生物的生长发育离不开环境，并适应环境的变化，但生态环境中的生态因子如果超过生物的适应范围，对生物就有一定的限制作用。只有当生物与其居住环境条件高度相适应时，生物才能最大限度地利用环境方面的优越条件，并表现出最大的增产潜力。

（1）最小因子定律。最小因子定律，即植物的生长取决于数量最不足的物质。这一定律说明，某一数量最不足的营养元素，由于不能满足生物生长的需要，也将限制其他处于良好状态的因子发挥效应。生态系统因为人为的作用也会促使限制因子的转化，但无论怎么转化，最小因子仍然是起作用的。

（2）耐性定律。在最小因子定律的基础上，人们发现不仅因为某些因子在量上不足时生物的生长发育会受到限制，某些因子过多也会影响生物的正常生长发育和繁殖。

（二）系统可持续发展理论

林业生态工程建设的重点区域是生态脆弱、水土流失严重的山区丘陵区，其目标是人工构建森林生态系统，但必须与农业生态系统有机结合，形成整体性的复合农林生态系统，体现出其生态效益、社会效益和经济效益。林业生态工程建设面对的环境条件具有很大的制约性，必须对克服限制因子实现创新，克服工程建设中的限制因子，有利于工程不断实现综合效益。这就要求林业生态工程必须遵循系统可持续发展规律。

系统的生存和发展是与特定的条件相对应的。系统发展条件集合包括了与系统的生存和发展有关的一切内部因素和外部因素，即系统的组成单元、系统的结构、系统的输入、系统的环境等。生态工程能否成功建设，就是要准确把握生态系统发展的条件集合，通过条件的改善，促进生态系统的发育。系统能否实现持续发展，决定于限制因子的转换与创新。

第一，有创新意识，识别限制因子。发现或确认限制因子是实现持续发展的关键，突破它对系统发展的限制，系统可进入下一个增长过程，系统就实现了持续发展。

第二，积极改善系统发展条件（限制因子）。系统发展条件存在于系统当时的选择空间、创新过程的周期、创新成本、创新成本与收益在系统内部的分配，以及系统的决策结构等全过程。创新过程就是对系统发展条件的改善，创新能否成功取决于对系统发展条件的改善程度。

第三，保持系统发展的连续性。对于一个高度复杂的系统来说，在其发展过程中表现最强烈的属性之一就是发展的连续性。除非有强大的外来势力，否则这种连续就不会中断。连续性并不意味着没有变化、没有发展，而是说在发展中系统总有许多稳定的成分和属性得到保持。

第四，核算创新成本，包括时间成本、资源成本、机会成本等。创新是一个过程，确认与克服限制因子也需要时间，如果转换所需的最短时间大于系统能够等待的最长时间，那么新的增长就不会发生。创新是要付出代价的。一方面，创新要占用系统可支配的有限的资源；另一方面，要付出机会成本，即占用的资源用于原有方式时的收益。这里所指的系统是其生存与发展主要由人类支配的系统，因此，创新成本与收益在系统内的人之间如何分配是至关重要的，它直接影响到是否创新这一重大决策问题的答案。

第五，使创新具有前瞻性。系统演化的前途不仅取决于进入稳定阶段所采取的处理方式，还取决于进入稳定阶段前的选择。

（三）恢复生态学理论

现代生态学突破了原有的传统生态学的界限，在研究层次和尺度上由单一生态系统向区域生态系统转变，在研究对象上由以自然生态系统为主向"自然－社会－经济"复合生态系统转变，涌现了一批新的研究方向和热点。恢复生态学应运而生并逐渐成为退化生态系统恢复与重建的指导性学科。

1. 退化生态系统

（1）土地退化与退化生态系统。

土地退化，指土壤理化性质的变化导致土壤生态系统功能的退化。土地退化的类型主要有：侵蚀化退化、沙化退化、石质化退化、土壤贫瘠化退化、污染化退化、工矿等采掘退化。

退化生态系统，指生态系统的结构和功能若在干扰的作用下发生位移，位移的结果打破了原有生态系统的平衡状态，使系统的结构和功能发生变化和障碍，形成破坏性波动或恶性循环。陆地退化生态系统类型包括裸地、森林采伐迹地、弃耕地、沙漠、采矿废弃地、垃圾堆放场等。

（2）生态系统退化的驱动力。生态系统退化的驱动力就是干扰，在干扰的压力下，系统的结构和功能发生改变，结构破坏到一定程度甚至将失去原有的功能。干扰有自然干扰和人为干扰之分，自然干扰是生态系统演化的重要因素，但自然干扰之后如伴随有人为干扰，可能产生不可逆的改变，会加速生态系统的退化。恢复生态学所关注的干扰主要是人为干扰，是研究生态系统退化原因必须考虑的关键因素。

2. 退化生态系统恢复

（1）退化生态系统恢复的目标。通过退化生态系统恢复，建立合理的内容组成、结构、格局、异质性、功能。

（2）退化生态系统恢复技术体系。

第一，强调非生物或环境要素的恢复技术。实现生态系统的地表基底稳定性，为物种的生存和发展提供基础条件。

第二，生物因素的恢复技术。注重增加生态系统种类组成和生物多样性，实现生物群落的恢复，提高生态系统的生产力和自我维持能力。

第三，生态系统的总体规划、设计与组装技术。在主导思想形成的前提下，再考虑生态系统的设计。其设计应尊重自然法则、美学原则和社会经济原则。遵循自然规律的恢复重建才是真正意义上的恢复与重建，退化生态系统的恢复重建应给人以美的享受，增加视觉和美学享受，社会经济技术条件是生态恢复的后盾和支柱，制约着恢复重建的可能性、水平与深度。

第二节　水源涵养林业生态工程与营造技术

一、水源涵养林业生态工程

我国大江大河上中游和支流的上游（含大中型水库上游）地区，往往是我国国有和集体森林分布区，森林覆盖率相对较高。为维持森林的水源涵养和保护功能，必须因地制宜，从实际出发，制定长远目标和综合管理体系以及相应的技术政策，加强水源涵养林建设，形成完整的林业生态工程体系的建设。森林具有调节径流、涵养水源的作用，在江河源区建立水源涵养林，以调节河流水量，解决防洪灌溉和城市饮水问题，发挥森林特有的水文生态功能，科学调节河水洪枯流量，合理利用水资源是一个为世人所公认的行之有效的方法。

"现如今，面临水源地减少、功能下降、环境恶化、水土流失等境况，生态文明建设也特别强调水资源涵养林的重要性。"[①] 水源涵养林是以涵养水源，改善水文状况，调节区域水循环，防止河流、湖泊、水库淤塞，保护饮用水水源为主要目的的森林、林木和灌木林。水源涵养林调节、改善水源流量和水质而营造和经营的森林，是以发挥森林涵养水源功能为目的的特殊林种。虽然任何森林都有涵养水源的功能，但是水源涵养林要求具有特定的林分结构，并且处在特定的地理位置，即河流、水库等水源上游。

森林的水源涵养作用是指通过森林对土壤的改良作用，以及森林植被层对降雨再分配产生影响，使降雨转化成为地下水、土壤径流，河川基流比例增加的水文效应。森林的涵养水源、水土保持作用通过林冠层、枯枝落叶层和土壤层实现。水源涵养林通过转化、促进、消除或恢复等内部的调节机能和多种生态功能维系着生态系统的平衡，是生物圈中最活跃的生物地理群落之一。水源保护林对降水的再分配作用十分明显，使林内的降水量、降水强度和降水历时发生改变，从而影响了流域的水文过程。

水源涵养林的功能主要体现在：①保持水土，调节坡面径流，削减河川汛期径流量；②滞洪和蓄洪，减少径流泥沙含量，防止水库、湖泊淤积；③枯水期的水源调节，调

---

① 覃淑贞，徐德兰. 水源涵养林对水资源的保护与利用的途径与方法 [J]. 河南林业科技，2019，39（04）：34.

节地下径流，增加河川枯水期径流量；④改善和净化水质。

二、水源涵养林的营造技术

根据不同区域常见树种组成结构，结合立地条件进行合理配置。采用多种乡土树种混交，利用速生搭配慢生、阳性与阴性树种相匹配、上层与下层树种相配套、深根性树种搭配浅根性树种等方式，注意群落的整体效应及自然更新能力，促进形成复层林结构。

（一）水源涵养林的树种选择

第一，树种选择原则。树种的选择需要遵照的原则包括：①树种生态学特性与造林地立地条件相适应；②树种枝叶茂盛、根系发达；③树种适应性强、稳定性好、抗逆性；④充分利用优良乡土树种，适当推广引进取得成功的优良树种。

第二，选择树种。以南方地区为例，根据南方地区的特点，应选择抗逆性强、低耗水、保水保土能力好、低污染和具有一定景观价值的乔木、灌木，重视乡土树种的选优和开发。

（二）水源涵养林的林型选择

水源涵养林的林型主要是以营造复层混交林为主。

第一，混交类型。混交类型分为：①在立地条件好的地方，优先采用主要树种与主要树种混交；②在立地条件较好的地方，优先采用主要树种与伴生树种混交，在立地条件较差的地方，优先采用主要树种与灌木树种混交；③在立地条件较好、通过封山育林或人工林与天然林混交形成的水源涵养林，优先采用主要树种、伴生树种和灌木树种综合混交。

第二，混交方法与适用范围。不同混交方法的适用范围包括：①行间混交，适用于大多数立地条件的乔灌混交、耐阴树种与喜光树种混交；②带状混交，适用于种间矛盾大、初期生长速度悬殊的乔木树种混交，也适用于乔木与耐阴亚乔木混交；③块状混交，适用于种间竞争性较强的主要树种与主要树种混交，规则式块状混交适用于平坦或坡面规整的造林地，不规则式块状混交适用于地形破碎、不同立地条件镶嵌分布的地段；④植生组混交，适用于立地条件差及次生林改造地段。

（三）水源涵养林的整地方式

应采用穴状整地、鱼鳞坑整地、水平阶整地、水平沟整地、窄带梯田整地等整地方法。具体整地规格及应用条件如下：

1. 穴状整地

（1）小穴的整地规格为直径 0.3 ~ 0.4m，松土深度 0.3m，原土应留于坑内，外沿踏实不做埂；适用于地面坡度小于 5° 的平缓造林地小苗造林。

（2）大穴的整地规格为干果类果树直径 1.0m，松土深度 0.8m；鲜果类果树直径 1.5m，松土深度 1.0m；挖出心土做宽 0.2m、高 0.1m 的埂，表土回填；适用于坡度小于 5° 的地段栽植各种干鲜果树和大苗造林。

2. 鱼鳞坑整地

鱼鳞坑整地规格长径 0.8 ～ 1.5m，短径 0.5 ～ 0.8m，坑深 0.3 ～ 0.5m；坑内取土在下沿做成弧状土埂，高 0.2 ～ 0.3m，各坑在坡面上沿等高线布置，上下两行呈"品"字形相错排列；适用于坡面破碎、土层较薄的造林地营造水源涵养林。

3. 水平阶整地

树苗植于距阶边 0.3 ～ 0.5m 处，阶宽 1.0 ～ 1.5m，反坡 3 ～ 5°；上下两阶的水平距离以设计造林行距为准；适用于山地坡面完整、坡度在 15 ～ 25° 的坡面营造水源涵养林。

4. 水平沟整地

沟口上宽 0.6 ～ 1.0m，沟底宽 0.3 ～ 0.5m，沟深 0.4 ～ 0.6m，沟半挖半填，内侧挖出的生土用在外侧做埂；水平沟沿等高线布设，沟内每隔 5 ～ 10m 设一横档，高 0.2m。树苗植于沟底外侧；适用于山地坡面完整、坡度在 15 ～ 25° 的坡面营造水源涵养林。

5. 窄带梯田整地

田面宽 2 ～ 3m，田边蓄水坛高 0.3 ～ 0.5m，顶宽 0.3m；田面修平后须将挖方部分用畜力耕翻 0.3m 左右，在田面中部挖穴植树，田面上每隔 5 ～ 10m 修一横挡，以防径流横向流动；适用于坡度较缓、土层较厚的地方营造果树或其他对立地条件要求较高的经济林树种。

（四）水源涵养林的结构配置

水源涵养林的造林配置以小班为单位配置造林模式。地形破碎的山地提倡采用局部造林法，形成人工林与天然林块状镶嵌的混交林分。

第一，种植行配置。种植行走向按不同地段分别确定：①在较平坦地段造林时，种植行宜南北走向；②在坡地造林时，种植行宜选择沿等高线的走向；③在沟谷造林时，种植行应呈雁翅形。

第二，种植点配置方式的适用条件。不同配置方式的适用条件包括：①长方形配置，相邻株连线成长方形，通常行距大于株距，适宜于平缓坡地水源涵养林的营造；②三角形配置，相邻两行的各株相对位置错开排列成三角形，种植点位于三角形的顶点，适宜于坡地水源涵养林的营造；③群状配置，植株在造林地上呈不均匀的群丛状分布，群内植株密集（3 ～ 20 株），群间距离较大，适宜于坡度较大、立地条件较差的地方水源涵养林的营造，也适宜次生林改造；④自然配置，在造林地上随机地配置种植点，适宜于地形

破碎的水源涵养林的营造。

(五) 水源涵养林的抚育管理

1. 抚育条件

水源涵养林营造后应封山育林。饮用水源保护林一般不允许抚育，其他水源涵养林除特殊保护地段外，可以适当开展抚育活动。

应划建封禁管护区的饮用水源保护林和水源涵养林包括：①坡度大于 35°、岩石裸露的陡峭山坡的水源涵养林；②分水岭山脊的水源涵养林；③大江大河上游及一级支流集水区域的水源涵养林；④河流、湖泊和水库第一重山脊线内的水源涵养林。

一般水源区水源涵养林和库区水源涵养林，可以进行轻度抚育；岸线水源涵养林可以根据立地条件进行必要的抚育活动。

2. 抚育方法

当郁闭度大于 0.8 时，可进行适当疏伐，伐后郁闭度保留在 0.6 ~ 0.7。遭受严重自然灾害的水源涵养林应进行卫生伐，伐除受害林木。

（1）水源涵养低效林改造对象。水源涵养林因人为干扰或经营管理不当而形成的人工低效林，符合相关条件之一时，即可以进行改造：①林木分布不均，林隙多，郁闭度低于 0.2；②年近中龄而仍未郁闭，林下植被盖度小于 30%；③病虫鼠害或其他自然灾害危害严重的林地。

（2）改造方式。

第一，补植，主要适用于林相残破的低效林，根据林分内林隙的大小与分布特点，可以采用 2 种补植方式：①均匀补植，用于林隙面积较大，且分布相对均匀的低效林；②局部补植，用于林隙面积较小、形状各异、分布极不均匀的林分。

第二，综合改造，主要用于林相老化和自然灾害引起的低效林。带状或块状伐除非适地适树树种或受害木，引进与气候条件、土壤条件相适应的树种进行造林。乔木林和灌木林一次改造强度控制在蓄积量的 20% 以内。

第三节 平原区综合防护林业生态工程体系

一、我国平原区综合防护林业生态工程

（一）东北西部与内蒙古东中部平原地区

东北西部与内蒙古东中部平原地区除沿海岸地区外，大部分地区年降水量350～550mm，自东向西雨量渐减，耕地面积占总土地面积的比例与雨量同步减少；而草原所占比例则逐步增加。全区多属旱作农业区，并由东部以农为主，向西逐步转向以牧业为主。间有大面积的盐碱地、流沙地错综分布。为我国多风地区之一，8级以上大风日数一般20天以上。东北西部与内蒙古东中部平原地区主要危害是尘暴，秋季暴风造成倒伏、风折、脱粒；早霜危害也造成严重减产。由于风沙、干旱无雪而造成的"黑灾"[①]，连降大雪造成的"白灾"[②]，以及草原沙化，则是牧区的主要灾害。

根据上述情况，东北西部与内蒙古东中部平原地区应以农田防护林为主体，农田防护林与基本草牧场防护林、固沙林、水土保持林相结合，防护林与小片用材林、薪炭林及"四旁"绿化相结合，构成以护田护牧为主、生态效益与经济效益相结合的综合防护林业生态工程。

在东北西部与内蒙古东中部平原地区边缘的缓坡丘陵漫岗地带，也有水土流失，应以沿等高线布局的水流调节林带、沿岗顶的防护林带为主，设计具有防风、防止水土流失双重功能的农田防护林。顺坡的防风林带应沿岗顶、沟边、路边设置。对水土流失严重的荒坡，可营造成片的水土保持林。

小块农田边缘为流动沙地的，应推广西北灌溉绿洲农业区的模式，即农田的护田林网与田边的防沙林带、成片固沙林相结合，构成固沙护田林体系。

东北西部与内蒙古东中部平原地区从鸭绿江畔到山海关的沿海岸地带，年平均气温为10℃，降水量600～700mm，为沙质海岸，间有泥质或基岩海岸。还应将沿海防护林与农田防护林、水土保持林（低山丘陵地带）等林种结合起来，形成沿海防护林业生态工程体系。

---

① 黑灾，我国北方草原冬季少雪或无雪，使牲畜缺水，疫病流行，膘情下降，母畜流产，甚至造成大批牲畜死亡的现象。

② 雪灾亦称白灾，是因长时间大量降雪造成大范围积雪成灾的自然现象。它是中国牧区常发生的一种畜牧气象灾害，主要是指依靠天然草场放牧的畜牧业地区，由于冬半年降雪量过多和积雪过厚，雪层维持时间长，影响畜牧正常放牧活动的一种灾害。

（二）西北绿洲灌溉农区

新疆、甘肃、青海、宁夏、内蒙古西部的灌溉绿洲农区，除宁夏、内蒙古耕地连片集中外，一般均呈大小不等的块状，零散分布于广阔的戈壁、沙漠之中。西北绿洲灌溉农区各地 8 级以上大风日数相差较大，在多风地区达 30 天以上，特别是沙暴日数较多，一般达 20 天以上。西北绿洲灌溉农区降水稀少，大气干旱，加上从青藏高原下降于盆地气流的增温现象，干热风日数为全国之冠。南疆靠近昆仑山各县，干热风日数多在 80 天以上；北疆地区年达 20 ~ 40 天；河西走廊地区 10 天左右。每遇一次强型干热风，小麦往往减产 10% 以上。

西北绿洲灌溉农区防护林业生态工程的布局应是：在绿洲外围建立宽 200m 以上的灌草固沙带；在绿洲与沙漠、戈壁交界处，营造一条较宽的防沙林带；在绿洲内营造农田林网。此外，还应与护岸护滩林、薪炭林、小片用材林、经济林等紧密结合。此外，在遇到盐碱地土地造林问题时，应按盐碱地造林要求进行。

（三）华北中原平原地区

华北中原平原地区是我国最大的平原，土地平坦，耕地广布。除沿海地区外，年降水量 550 ~ 800mm，以旱作为主，但多有灌溉条件，在干旱季节辅以灌溉。本区大风日数一般 10 ~ 20 天，风害较前两类地区为轻。沙暴日数也较上述两区少。干热风日数年达 10 天左右，主要产麦区晋南、冀南、鲁西南、鲁南、豫北、豫东等地年均 13 ~ 18 天。干热风危害季节主要在 5 月中旬至 6 月中旬，并以 5 月下旬到 6 月上旬较多，正值冬小麦灌浆至蜡熟期，危害较为严重。此时最适于小麦生长的气温为 20 ~ 22℃，空气相对湿度 60% ~ 80%，而干热风气温却达 32℃以上，相对湿度在 30% 以下，使小麦植株蒸腾加剧，发生水分平衡失调，轻则减产 10% 左右，重则减产 20% 以上。

华北中原平原地区农田林网应结合路、渠绿化配置，还应与带状的小片用材林、农桐间作、农枣间作、村庄绿化、小片果园等多林种、多树种实行统一规划，可具有更好的生态效益与经济效益。

华北中原平原地区从河北秦皇岛至江苏连云港以南有很长的海岸线，多为淤泥海岸，海潮内浸、盐渍化严重，应建设以防潮为主的沿海防护林，并与内缘农田防护林衔接，特别要注意盐渍化地、沿海岸沙地造林。

（四）长江中下游平原地区

长江中下游平原地区年降水量 800 ~ 1400mm，水热资源丰富，湖泊较多，河流、沟渠密布，以种植水稻或稻麦轮作为主，耕地连片集中。从江苏滨海、射阳一带到浙江镇海江口一带，海岸多为淤泥质。虽大风日数较少，风沙危害轻微，有时倒春寒、寒露风会对水稻造成一定的危害。但洪涝灾害较为严重，沿海台风暴袭击，对沿海地区农业和渔业生产构成很大的危害。

长江中下游平原地区在河旁、湖边、海岸堤防工程结合，营造了防浪防潮护堤林带和海岸、湖岸滩涂开发绿化片林。同时，在大、中型渠道旁植树造林，构成防护林业生态工程的重要组成部分。因此，长江中下游平原地区应充分利用纵横交错的河、渠水网系统及海岸，营造以农田林网为主体，与堤岸防护林带、防浪防潮林带、盐碱地造林、季节性淹没地带的速生用材林农林复合经营，以及与环村林相结合的农业综合防护林业生态工程。

二、农田防护林

农田防护林是以一定的树种组成、一定的结构，呈带状或网状配置在田块四周，以抵御自然灾害，改善农田小气候环境，给农作物的生长和发育创造有利条件，保证作物高产稳产为主要目的的人工林生态系统。

（一）防护林带结构的选择

1. 紧密结构林带

紧密结构林带的距离最小，而在林缘附近减低风速最明显（有明显的弱风区），这是因为风易在林缘积聚，不易和四周空气交换所致。在风沙危害比较严重地区，采用这种结构林带，容易在带内和林缘附近静风区内形成堆沙，并使带间田地产生风蚀现象，以致农田形成中间低两边高的地势，影响耕种和产量。堆积冬季降雪，推迟解冻，延误春播。所以紧密结构林带不适用于农田防护林。但是，在林缘附近降低风速作用大，可以用于阻止流沙的防风固沙林带，也适合为防止平流寒害的种植园和苗圃防护林带，也可用于阻止地表径流、保持水土的水土保持林带和水源涵养林带，以及护林村、护路林等。

2. 疏透结构林带

疏透结构林带与紧密结构林带相比，防风范围较远，林带减低风速慢而均匀，不会在林带内及林缘造成大量淤沙，也不会在林带附近形成大量堆雪。与通风结构相比也不易在林带和林缘造成风蚀。所以适于做农田防护林，特别是在低丘陵起伏农田，既可防风，也可避免水土流失，同时也适于山地果园中间的林带。

3. 通风结构林带

通风结构林带的防风范围最大，特别是用以减免干热风。另外，在降雪多的地区，采用通风结构林带还可以使积雪在带间田地上均匀分布。但在林带内和林缘附近风速大，易引起土壤风蚀。因此，除易风蚀的农田地区外，都可采用这种结构林带。

（二）防护林带宽度与横断面

林带宽度 =（林带行数 −1）× 行距 + 两侧林缘宽度。林带宽度的不同，防护效果也有差异。林带宽度应符合林带的结构要求及选择树种的生物学特性；同时，尽可能少占土地，发挥最大的防护效果。

20世纪50年代，营造基干林带和防护林主林带时，宽度达20m～30m，多行宽林带有紧密结构的缺点。目前，国内外林带宽度多不超过20m，我国现多系采用10m以下，3～5行窄林带。在山、水、田、林、路相结合的情况下，一般采用1路2渠4行树，或者2～3行的林带，只要树势生长旺盛，林带完整，抚育跟上，就能形成合理的防护林带。在沿大型渠系和公路两侧的林带行数虽多，带幅也宽，但因有渠系的路面间隔，并可适当调整林木密度，不致形成紧密结构，也能发挥较大的防护效益。

（三）防护林带方向

林带方向主要是根据害风方向来决定的。害风是指对农业生产造成危害的风，一般是指危害农作物生长的风速最大且频率最高的风，为了确定主林带走向，首先要确定主要害风方向。一般是根据气象观测资料绘制风向频率图，即根据当天的湿度、温度和风速，达到害风标准为害风日，然后统计这种风的风速和次数计算出风的频率，按方位有比例地绘制风向风速频率图。但有时风向频率大的风向，风速小；而风的频率小的风向，风速不一定小，为此可以采用把风速大小和风的频率大小结合起来考虑，以其二者的乘积——频率力来补充代替风向频率。

林带与主害风风向的夹角为林带的交角。林带与理想设计林带的夹角为林带的偏角。随着林带交角的减小，林带的防风效能逐渐降低。即林带与主要害风方向交角90°时，防风效应最大，当交角小于90°，防护效应减小。因此，原则上主林带应与主害风方向垂直，副林带则与之平行，起辅助作用，这样才最大限度地发挥林带阻截害风的作用。但也要考虑当地农业技术措施和耕作习惯，道路、沟渠的原有布局走向等。林带走向确定不能单纯局限在与主害风风向垂直这一点上，允许有一定的偏角。如果只有主林带，而不设副林带，林带走向可以有30°偏角；农田林网化之后，可降低来自任何方向的害风，主林带与主害风风向允许有不大于45°的偏角（当林带偏角大于45°时，防护效果明显降低）。

第一，当主害风风向频率很大，即害风风向较集中，其他方向的害风频率均很小时，主林带应与主要害风垂直配置。由于次害风频率极小，危害不大，副林带作用较小，副林带间距可宽些或不设副林带。如林网采取主林带为长边的长方形网格，风向偏角变化不超过45°。

第二，主害风与次害风风向频率均较大，害风方向不集中，或主害风与次害风的风向频率均较小，而且在两三个或更多方向上害风风向频率相差无几，主林带与副林带所起的作用同等重要，林网可设计成正方形林网。

第三，主害风风向频率较大而不太集中，主林带方向可以取垂直于2个频率较大的主害风方向的平均方向。副林带间距可以较大或不设副林带。

（四）林带间距与网格面积

合理地确定林带间距，也是营造农田防护林的一个重要环节。林带间距过大，往往不能使林带间的农田得到全面的防护；间距过小又会过多地占用农田。林带间距与林带本身结构的性能、自然灾害状况以及地形等环境因子有关，应因地制宜全面考虑。

1. 主林带间距

（1）沙尘风暴危害地带。为防止表土风蚀，保证适时播种和全苗，保持土壤肥力，主林带间距应当以林带成林树高的 15～20 倍为准。

（2）以干热风为主的危害地带。由于干热风风速不大，在背风面相当林带高度 20 倍处，仍能降低风速 20% 左右，对温度的调节和相对湿度的影响仍然明显。加上下一条林带的迎风面的作用，主林带间距按当地林带成林时高度的 25 倍设计。

（3）风害盐渍化地带。风害盐渍化地带区域的生物排水和抑制土壤返盐是设计林带要考虑的又一重要因素。林带间距对以上因素的影响非常显著，因此，这类地带一般主林带间距不应超过 200m。

2. 副林带间距

副林带间距以按主林带间距的 2～4 倍设计为宜。如害风来自不同的方向，仍可按主林带间距设计，构成正方形林网。

3. 网格面积

风沙危害严重地带的网格面积为 $10hm^2$ 左右，风沙危害一般地带 $13.3hm^2$ 左右，仅少数严重风蚀沙地和盐渍化地区可以小于 $6.7hm^2$。以干热风为主的危害地区，一般 $16.7～26.7hm^2$。总的原则是，按不同灾害性质、轻重和不同立地类型，因地制宜、因害设防地确定当地的适宜结构。窄林带、小网格类型是相对宽林带大网格类型而言，应当科学地具体确定当地适宜的规格。

（五）农田防护林的技术要点

农田防护林主要分布在平原的田边、路旁、渠侧等处，立地条件较好。但是，保证形成生长整齐、结构合理、效益较高的林带并非易事，在造林技术上有它自己的特点与要求，具体如下：

第一，营造护田林带的地区，一般为粮棉生产基地，人多地少，地形平坦，其中部分农田防护林是在原有耕地上营造的。造林工作必须打破传统的作业方法，部分地或全盘地实行机械化作业。农田林网的规划设计多与道路、渠系、建筑结合配置。整地造林技术措施可以因地制宜、多种多样，必须与道路、渠系等施工建设结合进行。

第二，尽管农田防护林的造林立地条件较好，但必须考虑平原区的一些特殊问题，如土壤含盐量、地下水位及排水状况、水源条件、钙积层的厚度、土壤肥力等，做到适地适树。

第三，选择适宜的造林技术措施。选择适宜的造林技术措施主要包括：①大坑，就是整地规格大，如杨树一般为 1m×1m×1m；②大苗，多是移植苗，一般阔叶树为 3~4m，针叶树 1~1.5m（有时要求更高）；③合理密度，就是按照立地条件、经营状况、树种特性等确定的适当密度，一般乔木树种为（2~3）m×（3~4）m，灌木树种为 1m×1m；④整齐划一，就是要画行放线，下灰定点；⑤精心栽植，就是按照要求，铺好根，放好苗，覆好土，踏实扶正，栽后浇水。

第四，营造农田防护林带是在指定的窄长地带的土地上进行的，营造时须建立有效的造林技术组织和劳动组织，以提高劳动生产率，保质保量地完成造林工作。特别是营造不同类型的混交林，在苗木的准备、造林技术组织或劳动组织上，要求更为严格，施工技术难度也比较大。

三、沿海防护林

我国从北至南有渤海、黄海、东海、南海四大领海。我国沿海地区物产丰富，经济发达，是我国对外开放和国际交往的重要窗口。我国沿海地区均属海陆交替的季风气候区，水热条件好，有利于农业生产建设。但气候变化剧烈，所以导致台风、暴雨、海潮等自然灾害的袭击，造成很大的经济损失。

营造沿海防护林的目的是减轻和控制自然灾害。营造沿海防护林主要包括：①通过沿海林网建设，减轻台风与风沙危害，保护耕地、橡胶园、果园等农业生产基地；②通过红树防浪林建设，消浪护堤，抵御风暴潮危害；③绿化沿海荒山与修筑水利工程紧密结合，减轻旱涝灾害；④缓解该地区的用材，特别是薪柴的困难；⑤能够绿化、美化沿海城乡与旅游区，改善当地环境条件；⑥对隐蔽国防工事具有重要意义。

（一）沿海防护林业生态工程体系

1.辽东半岛、胶东半岛沙岸间岩岸丘陵山地

本区属暖温带半湿润气候区，以缓平丘陵为主，间有中、低山地隆起。从鸭绿江口至辽宁省盖州市大清河口，山东掖县（莱州市）的虎头崖至江苏省交界处，以基岩海岸与沙质海岸相间分布为主，仅鸭绿江口至大洋河口一段为较长距离的泥质海岸。区内易遭受台风袭击，水土流失面积较大，沿海流动沙地较多。

沿海防护林应以减轻风、沙、洪涝、冬春旱灾为主，在完善防风固沙林带基础上，扩大带内固沙林网（沙滩面积很宽），网内发展经济林。在缓坡丘陵耕地，推广水流调节林带或梯田地造林；在小块平原，营造农田林网；丘陵地区营造水土保持林；水源山地封

造结合，扩大水源涵养林；岩岸地带主要搞好国防林和风景林。另外，在河滩地营造速生丰产用材林。由此构成沿海防风固沙林带与相邻山丘区水土保持林、水源涵养林、农田林网、用材林、经济林、国防林、风景林相结合的防护林业生态工程体系。

2. 辽西、冀东沙质海岸低山丘陵区

全区属暖温带半湿润气候区，地貌为燕山、黑山、松岭向渤海过渡的阶地和丘陵低山。在冀东临近海岸为滦河三角洲平原。海岸段东起辽宁锦县小凌河口，西至河北乐亭大清河口，以沙质海岸为主，间有基岩海岸。

辽西、冀东沙质海岸低山丘陵区沿海风沙危害及山地丘陵水土流失严重，洪涝与干旱的交替发生。防护林应以减少沿海风沙危害与控制水土流失为主要目的，在沿海沙地应全部营造防风固沙林带；滦河三角洲及其他平原应全部营造农田林网；荒山丘陵以营造水土保持林为主；坡度平缓处发展经济林；广泛结合四旁绿化，发展速生用材树种；风景旅游点重点营造风景林，构成防风固沙林带、农田林网与成片水土保持林、经济林、风景林相结合的防护林业生态工程体系。

3. 辽、津、冀、鲁渤海湾淤泥海岸平原区

全区为辽河、海河、黄河的冲积平原或海积平原。由辽宁省盖州市大清河口至锦县小凌河，自河北乐亭县大清河口经天津至山东掖县虎头崖为泥质海岸，沿岸大部为宽平的盐土荒滩，间有芦苇沼泽等洼地。

辽、津、冀、鲁渤海湾淤泥海岸平原区有干热风危害。由于海潮内侵，内陆洼地排水不畅，盐渍化严重，盐碱地也较多。应以减免风、潮、内涝灾害，治理开发盐碱地为主要目的，建立完善的排水系统，修筑沿海防潮堤和御潮排水闸，对沿海盐土荒滩实行林业、水利、农垦统一规划，综合开发。由于海滩逐步向外淤长的情况将持续下去，因此，在步骤上，要由近及远，先易后难，逐步推进。建设起以农田林网为主，农田林网与枣粮间作相结合，与海堤、河堤林带、片林相结合的防护林业生态工程体系。

4. 苏、沪、浙北淤泥海岸平原区

除苏北灌溉总渠以北少数地区属暖温带半湿润气候区外，其余均属亚热带湿润气候区。全区为黄河、长江的冲积平原或海积平原，只在浙北、苏北偶有低小丘陵。海岸段北起鲁、苏交界处，南至浙江省镇海区的甬江口。除江苏赣榆区以北为沙质海岸、云台山一段为基岩海岸外，其余为泥质海岸。有宽平的盐土荒滩和芦苇洼地。

苏、沪、浙北淤泥海岸平原区水、热条件较好，河网密布，内涝较少，但有风暴潮危害。应以减免风暴潮灾害、开发利用盐碱荒滩为主要目的，实行水利、农垦、林业相结合，绿化沿海海堤，营造护堤林带。同时，结合滩涂开发营造一定比例的用材林、经济林。但重点是搞好农田林网，广泛开展四旁绿化，构成以网为主，与海堤、河堤林带及片林相结合的防护林业生态工程体系。

5. 闽、粤、桂沙质间基岩海岸丘陵台地山地区

全区属南亚热带湿润、半湿润气候区。全区主要地貌除雷州半岛、桂东主要为台地外，大体从沿海地带的台地、丘陵、平原相间分布的状况逐步向内陆低山、中山甚至高山过渡，海拔逐步上升。闽、粤、桂沙质间基岩海岸丘陵台地山地区海岸段北起福建的闽江口，南到广东省的大鹏湾，然后间隔另一个分区，再从广海湾至广西的北仑河口。整个海岸曲折多弯，以沙质海岸为多，间有基岩、泥质海岸。

闽、粤、桂沙质间基岩海岸丘陵台地山地区为台风主要登陆或过境之地，台风危害严重，暴雨较多，水土流失严重，洪旱灾交替发生，风暴潮也较多。同时，在沙质海岸段有风沙危害，是我国沿海地带灾害最为频繁的地区。沙质海岸段在滨海沙地营造防风固沙林带，在宽阔的沙滩内侧建立果园与配套的果园林网，在小片平原营造农田林网。淤泥海岸段多为平原农区，沿岸多为御潮堤，是风暴潮危害严重地带。应当在堤外泥滩营造宽度40m以上的红树防浪护堤林带，在堤上营造护堤林或种养草皮。基岩海岸多为沿海风景旅游区，重点是营造风景林、国防林。

同时，在与其相连的丘陵地带营造水土保持林，山地营造或封育水源涵养林，并适当安排一些薪炭林（本区农村烧柴困难）、经济林、用材林等。雷州半岛、桂东合浦台地的内陆地区则应由橡胶园、热带作物种植园防护林、水土保持林及以桉树为主的大面积用材林相结合进行布局。

（二）沿海防护林业生态工程配置

1. 配置原则

沿海防护林业生态工程配置必须遵循的原则如下：

（1）实行田、路、河、渠、堤、滩、岸、林配套，构成带、网、片为主的综合防护林业生态工程体系。

（2）为达到以防风为重点，并防旱、防寒、防潮和改良土壤（防止土壤盐碱）的目的，营造海防林应将生物措施（以乔、灌、草相结合的造林）与工程措施相结合，同时变过去单一树种为多树种相结合，变单一林种为多林种相结合，以保证林木易于成活与生长。

（3）沿海防护林的设计、营造、经营管理等，均以尽早尽快发挥其生态效益和经济效益为目的，要变过去的粗放经营为集约经营。

2. 消浪林

消浪林是在潮间带及外缘的盐渍滩涂上造林种草，以消浪、促淤、造陆和护堤为目的的一个特殊林种，应选择适宜在盐渍滩涂上生长的耐盐、耐湿、耐瘠薄的树种或草本。如北方采用柽柳、紫穗槐、刺槐等，南方采用秋茄、海莲、红树、角果木、海桑、桐花

树、红海榄、红茄冬等营造消浪林。消浪林的宽度一般均在数百米至千余米以上。具体宽度根据海岸线以下适宜造林种草的宽度和消浪护堤的需要而定。

3. 沙质海岸防护林带

沙质海岸防护林带建设目的是为了防风固沙，防止海风长驱直入并阻隔流沙移动。为了防止风沙危害，营造成单条林带，宽度一般要求在50m以上。营造成2条以上林带，防护效果更佳，第一条林带要求30m以上，第二、三条林带宽10～20m，带间距100～150m较适宜。海岸沙滩因质地粗、透水性强、持水力差、比较干燥，必须选择根系发达、抗风力强的树种。北方如黑松、樟子松、刺槐、紫穗槐等；南方临海流动沙地为木麻黄、相思树、黄槿、露兜等，内侧湿地为松、火炬树、加勒比松、新银合欢、大叶相思、窿缘桉等。

4. 淤泥海岸防护林带

淤泥海岸在其淡水资源较好的地区，通过人工围堤以及淋盐养淡，大多已垦殖利用，成为农耕区，海岸林带建设可以同农田防护林建设结合起来规划。海岸林带一般均沿海堤规划带宽10m左右。

5. 农田林网

沿海防护林的林带方向，以垂直于主要害风方向为宜。但是海岸线蜿蜒曲折，范围广泛，沿海农区的农田及村镇绿化的林带方向一般可按内地农区的农田林网、村镇及四旁绿化的标准配置。林带结构采用疏透结构，对保护果树、橡胶等种植园为主的防护林网（带），可采用紧密结构，在浙江的沿海防护林株行距一般为2.5m×1.5m。沿海地区多强劲台风，农田防护林采用窄林带小网格。

由于沿海地区农区立地条件较差，应选择抗性强（耐盐碱、耐瘠薄、抗风）的树种，北方如刺槐、绒毛白蜡、毛白杨、沙兰杨、白蜡、旱柳、臭椿、黑松、樟子松、白榆、紫穗槐、柽柳等；江浙沿海如水杉、池杉、木麻黄、落羽杉、沙兰杨、旱柳等；广东沿海如落羽杉、池杉、蒲葵、番石榴、撑篙竹、青皮竹、荔枝、柠檬桉、木麻黄、大叶相思等。

（三）沿海特殊类型造林技术要点

1. 滨海盐碱地的造林技术

滨海盐碱地所含盐分主要是氯化钠，约占总盐量的70%～80%，其次是重碳酸盐和硫酸盐，碳酸盐没有或极少。土壤含盐量一般越近海岸越高。含盐量0.1%以上的盐碱地，只有少量树种可以适应；含盐量0.3%以上的盐碱地，只有个别树种可以适应。此外，沿海盐碱地地下水位高，一般0.4～2.0m，而沿海粉沙质土壤和黏壤质土壤通过毛细管的作用，能将地下水提高到1.5m以上，这使土壤盐分经长期雨水淋洗，而不显著减少，故矿化度一般均在20～100g/L，且距海越近，矿化度越高。

沿海盐碱地多的地区，由于蒸发量大于降水量，地下水全年都可以上升到地表，然后通过土壤水分蒸发，使盐分积聚在土壤表层。土壤盐分高，严重限制树木成活和生长。而要解决这一问题，必须先解决地下水位过高的问题。为此，滨海盐碱地造林必须采用工程和生物措施相结合的造林技术。

2. 滨海沙地的造林技术

滨海沙地的特点是，临近海岸，有不定期潮水淹及，含有一定的盐分；从海滩刮向陆地，流动沙粒带有海生动物的有机物质，肥力较高；近海沙地的地下水位一般较高。此外，与内陆流动沙地相同，即地下水为淡水；以细沙、粗细沙为主，属高容水沙地，也有少量粗沙地流动性大，植被稀少，常形成流动沙丘；距海较远的固定沙地，已着生杂草，沙地含水量低。

（1）南方沙地造林技术。

第一，树种选择。滨海沙滩受海水侵及，台风登陆时的风速大，因此，应当选用抗风能力强且耐盐碱的树种。流动沙地海防林带，以木麻黄与台湾相思最好；在流动沙地内侧，湿地松、火炬松、窿缘桉等也生长良好。要注意大叶相思在海滨沙地生长很快，但易风折，以栽内侧为宜；木麻黄沙地造林，在临海有潮水侵及的粗沙地生长良好，但在没有新的滨海流沙埋压的情况下，距海较远的粗沙地，地下水位距地面2m以上的固定沙地，都生长不良。

第二，客土施肥，改善立地。一些粗沙地和地下水位较深的固定沙地，造林时要施放塘泥，可大大改善质地、改变沙地漏水漏肥状况，增强沙地保水能力，利于树木生长。

第三，适当深栽，合理密植。密植是为早郁闭，防杂草，早发挥效益；深栽是防刮露苗根。如木麻黄造林密度一般 2505 ~ 10 005 株 /hm²，1 ~ 2 年便郁闭成林，起到固沙和阻沙积沙作用。其栽植比一般苗圃中深 10 ~ 15cm。

第四，风口处设置立式草沙障。风口处的流动沙地沙丘移动很快，深栽的苗木，也常常被全株刮出。为此多用当地草本植物或农作物秸秆做沙障，每造林 2 ~ 3 行，设 1 行高 0.5m 的立式草沙障，以固沙护树。

第五，小片皆伐，及时更新。木麻黄固沙林初期生长迅速，抗风力强，而到15 ~ 20年后，则长势衰退，易遭风折，只宜培育中、小径材。广东省湛江地区采取小片皆伐、及时更新的办法，使防护林带主要由中龄、幼龄林组成，收到良好效果。

（2）北方沙地造林技术。

第一，选择适宜造林树种。根据沙地的立地类型，安排适生树种。滨海沙地以黑松、刺槐、紫穗槐为好。黑松耐瘠薄、耐干旱、固沙效益好，是沿海沙地的主要造林树种，但在沿海一些粗沙地、低洼沙地成为小老树，甚至死亡。紫穗槐是抗逆性最强的树种，在粗沙地、低洼沙地都能正常生长，且对沙地有提高肥力的效果。

第二，封育与种植相结合，先固沙后造林。滨海沙地可以利用蔓荆子、胡颓子等灌木和茅草等植物可以自然繁殖的特点，进行封滩育草灌。同时，有的地方还大力种植荆条、茅草等，先将流动沙地改变为半固定沙地，以保护黑松的顺利生长，并减轻对农田的危害。

第三，整地筑堤，挖沟排水，乔灌混交，合理密植，及时间伐。滨海沙地，黑松与紫穗槐的混交林，不仅能够很快发挥固定流沙、保护黑松顺利成长的作用，且有提高沙地肥力、促进黑松生长的效果。由于初植密度大，必须做到及时间伐。

3. 红树林的造林技术

红树林是热带亚热带海岸防护林的重要类型，也是经济有效的海岸防护与促淤的生物工程。红树林通过消浪、缓流、促淤、固土等功能实现其防浪护岸效益。为了保护沿海海岸，繁衍海洋生物资源，应不断恢复和扩大红树林面积。红树林的造林技术应注意以下内容：

（1）封育与营造相结合。红树防浪护堤林的建设，先要采取封育保护措施，通过天然林的自然繁衍，扩大面积，提高林分密度和质量。同时进行人工造林，使两者结合。对大片的林间空地和缺乏红树林的堤岸外侧泥滩，应以人工造林为主、天然下种为辅，使散生变为成片、小段变为大段。一般堤岸外须有宽度40m以上的红树林带，才能发挥预期效益。

（2）树种选择。人工营造红树林，先要选择适宜的树种。我国红树林类植物，以红海榄、桐花树、木榄、海漆、海榄雌、秋茄等分布最广。秋茄只适于高、中潮线造林，海漆适于在高潮线上下造林，而海榄雌则适于中、低潮线半沙半泥滩造林，为滩涂造林的先锋树种。分布较广的桐花树适于淡化程度较高的滩涂地带。

（3）选好造林地、合理栽植。营造红树林，一般以淤泥质浅滩为宜。红树林的果实成熟后，在树上发育为胎生苗后，就落地入泥生根生长。人工造林应先采集已发育好的胎生苗，然后用手插入淤泥即可。只要栽后加强保护，防止一切人为破坏，成活率一般都很高。红海榄、木榄苗可先培育海榄雌树苗，然后植苗造林。在天然更新好的桐花树幼苗稠密处，适当用其野生苗造林，成活也很好。

四、治沙造林

世界上有1/3以上的陆地属于干旱和半干旱地区，这些地区普遍存在沙漠和沙漠化问题，特别是流动沙丘，严重地威胁着居民点、交通、农田和水源，成为妨碍国家发展和进步的大问题。人类在与沙漠和沙漠化斗争的过程中总结了大量的防沙治沙经验。

（一）沙漠化

1. 沙漠化的指征

为了预测沙漠化的发展趋势，以便确定防治措施和治理对策，需要根据主要指标和特征来鉴别、分类，下述沙漠化指征可供参考：

（1）风沙活动强度。风沙活动强度根据单位面积内沙丘数量或占面积的百分数、地表风蚀深度或积沙厚度来确定。主要包括：①轻微活动，片状流沙或低矮沙丘总面积10%以下，积沙厚度不超过20cm，风蚀深度小于腐殖层厚度的1/4；②中度活动，沙丘面积占10%～30%，地表积沙厚度在20～50cm，风蚀深度在腐殖层厚度的1/4～1/2；③强度活动，流动沙丘面积占总面积30%以上，地表积沙厚度在50cm以上，风蚀深度大于1/2腐殖层厚度。

（2）植被状况。植被状况以植物盖度、植物群丛结构及优势树种来判断沙漠化的植被指征。主要包括：①轻度沙漠化，植物盖度在40%以上；②中度沙漠化，植物盖度在15%～40%；③强度沙漠化，植物盖度在15%以下。

（3）土壤性质。土壤性质主要指土壤粒度组成的变化。主要包括：①轻度沙漠化，表土层沙粒含量在10%以下；②中度沙漠化，表土层沙粒含量在10%～20%；③强度沙漠化，表土层沙粒含量在20%～50%。

（4）水分条件。水分条件以土壤水、地下水深及矿化度来鉴别，如地表水、河床、源头水量的变化、地下水位的升降等。

（5）定位观测。可以通过定位观测（设固定监测点）来预测在风力作用下沙丘前移入侵的可能范围。

2. 沙漠化的类型

按沙漠化程度来划分，可分为以下类型：

（1）潜在沙漠化土地，即现阶段还未发生沙漠化，但具有发生"沙漠化"的自然条件，如干旱多风，雨量变率大，植被稀少，具有大量疏松沙质沉积物等，可通过气候、植被、土壤等主要环境因子来鉴别。如果人为地过度利用土地，就会诱发沙漠化，如在干旱季节与大风季节时间一致的地区，植被一旦遭到破坏，沙漠化极易发生。

（2）正在发展中的沙漠化土地，人为过度经济活动下导致生态平衡的破坏，地表出现风蚀，土壤粗化或出现片状流沙，灌丛沙堆正在发展，形成斑点状流沙和吹扬的灌丛沙堆。

（3）强烈发展中的沙漠化区，呈斑点状分布的流动沙丘或吹扬的草丛已经连接成片，面积占总面积的1/3。

（4）严重沙漠化区，地表有密集的流动沙丘和吹扬的灌丛沙堆，约占总面积的50%以上。

（二）沙漠及沙地的分布与规律

1. 沙漠与沙地分布

沙漠与沙地是属于不同自然地理带的沙质地域。沙漠主要分布在我国干旱地区，其中新疆、青海、甘肃、宁夏及内蒙古西部分布较多。我国的大片沙地，主要分布在半干旱地区的内蒙古东部、陕西北部、吉林西部、辽宁西北部。半湿润地区也有零星分布，如黄河故道的河南、山东、福建、广东等沿海地区。

2. 风沙流移动规律

（1）风力侵蚀。当风力达到一定速度时，由于气流运动冲击力的作用，使沙子脱离地表进入气流中被搬运，这种含有沙粒运动的气流称为风沙流。当沙粒粒径不同时，其起沙风速也不同。最小的沙粒，当风速达到3m/s时，便开始移动；当风速达到5m/s时，就可吹动直径为0.05 ~ 0.25mm的细沙。

气流搬运沙粒的运动形式主要包括：①沙粒沿地表的滑动和滚动（蠕移）；②沙粒随风浪跳跃运动（跃移）；③沙粒悬浮于气流中的流动（悬移）。当粒径大于0.5mm时，呈蠕移或跃移状态；当粒径小于0.05mm时，呈悬移状态或悬移仅占全部搬运沙量的5%以下，甚至不到1%。因此，构成风沙流的沙粒，主要是蠕移和跃移。当气流中的输沙量增大时，其风蚀作用增强。而输沙量的大小，又随风速的变化而不同，风速越大，输沙量越大；反之输沙量减少。

（2）沙丘形成。沙粒主要是在近地面气流内移动，风速对风沙流的搬动与堆积起着决定性的作用。当风速减弱或下垫面性质改变时，沙粒就会从气流中脱落发生堆积；如遇到障碍物，沙粒就会在障碍物附近大量堆积，形成沙堆，沙堆最后发展成沙丘。由于风速与障碍物的不同，沙丘的形态也不同，如新月形沙丘、格状沙丘、沙垄、金字塔沙丘、灌丛沙丘、梁窝状沙丘等，其中以新月形沙丘最多见。沙丘一般可分为迎风（沙）坡、背风（沙）坡和丘间地。

（3）沙丘移动。沙丘随着风做移动同样是风力作用的结果。影响沙丘移动的因素较复杂，与风、沙丘高度、水分、植被等许多因子有关，其中以风的影响最大。风是产生沙丘移动的动力因素，沙丘移动是在风力作用下，沙子从迎风面吹扬到背风坡堆积的结果，亦即通过沙丘表面沙子的位移来实现。因此，风向、风速、风的延续时间和风沙流的含量等，都会直接影响沙丘的移动。沙丘的移动方向大体与起沙风向一致，移动方式可分为前进式、往复前进式、往复式。

沙丘移动的规律如下：

第一，单向风最适于现有沙丘形态的运动，而多向风则往往需要将力消耗于改变沙丘形态，使其和新的风向、风力相适应，从而使得用于推动沙丘移动的"实际有效风速"大大减少。因此单向风作用下沙丘移动速度要比多向风作用下快。

第二，沙丘移动速度与风速的关系，实质上就是风速和输沙量的关系。沙丘移动的速度与输沙量成正比。沙丘的移动主要在风季，风季内沙丘移动值占全年移动值的60% ~ 80%，其中数场大风造成的移动值占风季移动值的40% ~ 60%。

第三，在同样的风力作用下，沙丘移动速度与沙丘高度成反比。

第四，由于植被增加了沙丘表面的粗糙度，削弱了贴地层风速，减少了沙粒的搬运量，因此，沙丘表面植被盖度越大，沙丘移动越缓慢。

第五，干沙粒在湿润状况下，增强了其团聚性，所以沙丘水分越多，移动速度越慢。

第六，沙丘下伏地面的起伏，也对上伏沙丘的移动有影响，平坦地面较起伏地面移动速度快。

（三）治沙措施体系

1. 治沙的宏观措施

在治沙工作中必须实行统一规划、防治并重、治用结合、注重实效的原则。因地制宜，因害设防，以保护和扩大林草植被，特别是沙生植被，综合治理、开发、利用水和沙区资源为中心，以保护城镇、村庄、生产基地和交通干线为重点，建立防、治、用有机结合的治沙体系。治沙包括以下 3 个方面：

（1）采取工程措施与生物措施相结合的办法，削弱风力，固定流沙，减轻风蚀，以防治风沙危害。

（2）在防治风沙危害的基础上，巩固和扩大绿洲范围，合理开发利用水、土、植被以及风、热、矿产等资源，为振兴沙区经济服务。

（3）控制沙漠化，它是建立在防治风沙危害与改造利用沙漠基础上的更高层次的治沙工作。要以管护好现有天然植被为起点，逐步扩大沙区植被覆盖度，改善沙区生态环境，为沙区生产力的提高创造适宜条件。

2. 治沙的具体措施

治沙的首要措施是实施防风沙措施，"风"是风沙流运动和沙丘移动的动力，"沙"是形成风沙流和沙丘移动的物质基础。控制风沙和沙丘移动的技术途径包括：①削弱风速，减少气流中的含沙量，使风速低于起沙风；②改变下垫面，固定沙表，减少沙源。归纳起来，有植物固沙措施、机械沙障固沙措施和化学胶结剂固沙措施。还有就是实施治用结合的工程措施，如引水拉沙、平沙整地等。

治沙措施中以化学胶结剂防风沙收效最快，但成本高，且只能固结沙表，不能防止外来沙，须严格封禁。如果固结的沙表一旦破坏，仍会流沙四起，一般应用于风沙严重而植物措施难以收效的重要工矿和居民点以及交通沿线地区。机械沙障防风沙收效较快，但防护期短，常用于风沙严重危害交通、农田和居民点的地区。在不适于采用植物措施的地区可单独使用，也可在风沙危害严重地区，作为植物措施的保护性措施。植物治沙措施相对收效慢，但发挥防护作用的时间长。并且可以同时起到改善环境和获取经济收益的效果，是沙区广泛采用的措施。但为了更好、更快地起到防护作用，往往和机械沙障同时采用、互相结合，以构成一个完整的沙区防护体系；引水拉沙则既属治沙措施，又是土沙资源合理利用的重要方式。

（四）植物固沙原则与措施

1. 植物固沙原则

植物固沙不仅能够防止流沙继续扩展和制止风沙发生，而且还能为沙区居民提供薪柴，为牲畜提供饲料，保护牧场、村庄等。植物固沙应考虑以下原则：

（1）以保护工矿及绿洲、固定流沙、变沙地为林地为目的的植物固沙，应在必要的情况下采用沙障措施，把植物固沙与沙障固沙结合起来。

（2）合理利用现有沙地植物，恢复由于自然原因或人为原因被破坏的天然乔、灌木林，如梭梭林、沙枣林、胡杨林等，把造林种草与封沙育林育草结合起来。应以林业为主，同时结合畜牧业的要求。

（3）在流动性大的流沙地区和铁路、灌渠系统的设施基地，以及居民点附近，应采用各种方法进行综合治理，包括机械沙障，选择一切可以利用的植物种。在沙区，如地下水位高，或滨湖、沿河地区，或有灌溉条件的地区营造高灌木和乔木。在半固定而又地下水位高的地区，可播种和种植饲料草本和灌木植物以固沙表，同时可逐步使之变为牧场。在各种植物恢复之后，应做到治理与利用相结合，允许合理放牧，或作为饲料地和后备牧场。

2. 植物固沙措施

（1）封沙育草育林带。

第一，封沙育草带，可应用于沙漠与绿洲的交界边缘地区，有宽阔丘间低地的低矮沙丘与农田交界的边缘，或固定、半固定沙丘的边缘，并具有不同程度的少量植被的地方。可对这些天然植被进行区划并封禁，使一些旱生植物得以萌发和天然下种，不断更新，增加植物盖度，得以固定沙表，减少吹向绿地的沙源。如能采用灌溉和人工播种等促进措施，则效果会更好。

第二，保护和封育天然林。在干旱荒漠区主要是围封保护河岸胡杨林和天然梭梭林及其他林木。有条件的地区应结合人工促进的措施。

（2）防风阻沙林带。这种林带多设在临近绿洲的沙漠边沿，或沙区流动沙丘临近农田的地区，用来拦截流沙，防止流沙进入农田或绿洲。这种林带要求紧密结构，多树种组成复层林冠，迎风林缘配置大量灌木树种，形成较宽的林带。

此种固沙林可用于全面固沙，也可用于局部固沙或丘间低地造林，以促进下源沙地的风力撵沙、拉沙或阻挡沙丘移动；还可用于海岸沙地固沙，以防沙丘向内陆移动。由于这种林带的作用是阻沙，不可避免地会形成不同程度的沙埋，因此要选择速生、耐沙埋和萌发力强的树种，如杨、柳、沙柳等。这些树种在幼年期经一定程度的沙埋后，可生长出大量的不定芽，而且还加速生长，呈现出沙埋优势。

在营造中还应采取抚育管理，防止风蚀和沙埋后再度产生风蚀。在干旱地区（尤其是荒漠草原地带），乔木树种只有依靠地下水供应水分才能正常生长，因此在营造时必须注意到地下水的深度及土壤和地下水的含盐量。

（3）流动沙地的固沙林。在水分条件和植被生长较好的低矮沙丘的沙地上，如荒漠草原有水源的地方，可以通过营造固沙林来防止流沙。根据沙丘大小、密度和沙丘部位，以及水分状况不同，可有不同的营造方式。

（五）固沙造林的技术要点

沙漠地区自然条件严酷复杂，虽然具备有利于林木生长的充足光热条件，但也存在着干旱缺水、风蚀沙埋、土壤瘠薄和含盐量高等许多不利于林木生长的限制因素。因此，营造防风固沙林难度大、技术性强，必须做到适地、适树、适法。

1. 沙地立地的条件与类型

固沙造林必须研究分析沙地立地条件。影响沙地植物生长和发育的环境因子，主要是风蚀、沙埋、水分、光热等条件，主要考虑以下几方面：

（1）气候条件。由于沙地所处气候地带不同，沙地光热、水分条件都有极大差别，就是在同一自然地带内，森林植物条件的差别也很大。降水量大的沙地实施在沙漠造林时较易成功。

（2）下伏地貌及下伏物性质。下伏地貌的不同直接影响着水分条件。下伏地貌若是冲积平原、河漫滩，地下水位高、水分条件好；如是阶地则地下水位低、水分条件差。下伏物性质如为基岩，则不透水、保水性差，还可能影响林木根系的发育；如为沙质或壤质间层，保水性较好。

（3）沙地机械组成。沙粒各种粒级的比例，决定着植物的矿物养分条件、沙地的物理性质和水分状况。沙地中细粒愈多，沙地肥力愈高，保水性愈好。一般由水的沉积作用而形成的沙地，细粒多，水肥力较好；风扬搬运后的沙地，细粒少，水肥条件差。细粒沙地，在草原地带可生长乔木；粗粒沙地，树木生长差，造林困难。在荒漠地带，乔木还是需要依靠地下水而生长，不同机械组成的沙地，在不同情况下应采取不同措施。

（4）沙地的矿物成分及盐渍化程度。沙地的石英粒含量大，因其难溶于水，其营养不能被植物利用，含量越高，沙地越贫瘠。因此，确定某一沙地中可被植物利用的可溶性物质是否够用，以及有哪些是对植物有害的物质，如氯化钠、硫酸钠等，对固沙造林十分重要。特别是水溶性矿物总盐量，对林草生长有直接关系。

（5）沙地水分与物理性质。沙地结构疏松，非毛管孔隙发达，渗水性强，不易形成径流，若沙地下面黏质间层较浅，降水自然储蓄成为地下水。由于毛细管作用微弱，水分蒸发少，可保持沙地内部湿润，满足沙地植物生长的水分条件。同时，林木只有深植在稳定湿沙层才能成活，一般需水量较大的乔木树种，只能依靠经常补给的地下水才能成活生长。地下水位低的地区，不宜作为乔木生长用地，可生长超旱生灌木或半灌木草本植物，应考虑改为牧场。深度大于 5m 的，已不能作为林业用地，应考虑以机械固沙措施为主，而不是以生物措施为主。此外，沙地结持力弱，通气良好，春季地温回升快，解冻早，有利于根系发育；但沙地地表温度变化迅速，昼夜温差大，则不利于植物生长。

（6）沙丘类型、沙丘高度、沙丘部位。不同沙丘类型，其移动速度不同，移动速度影响着流沙的固定。以单个新月形沙丘及低矮的新月形沙丘链移动速度快，高大的沙垄移动速度慢。在向前移动快的沙丘间造林，可逐渐控制流沙。不同的沙丘部位，其水分条件不同，风蚀区沙层靠近丘脚处，水分条件较好；迎风坡中上部、沙丘顶部、落沙坡干沙层最厚，水分条件差；低地风蚀较严重，有时水分条件较好，有时水分条件较差。不同的沙丘部位，风速也有差异，以丘顶风速最大；以背风坡中部至坡脚外风速较小，而且沙质疏松，水分条件较好，无风蚀现象，宜林条件最适宜。一般可根据不同部位沙粒流动状况和风速分布状况来确定固沙措施。

（7）植物覆盖情况。一般裸露沙地，覆盖率小于 15%；半固定沙地，覆盖率 15%～40%；固定沙地，覆盖率大于 40%。植物覆盖率越高，立地条件越好，造林种草越易成功。

2. 固沙造林的树种选择

树种选择先考虑气候带（干草原、半荒漠、荒漠）的适应性，然后综合分析影响造林成活及生长的不同环境因子，据此选择适于当地自然特点的乡土树种和引种成功的优良树种。沙区影响造林成活最关键的限制因子主要是水、沙割沙埋、土壤贫瘠，局部还有盐渍化问题。

（1）干草原带风沙区，由于水分条件较好，可选择油蒿、籽蒿、杨柴、小叶锦鸡儿、柽柳、黄柳、沙柳等灌木树种，以及白榆、桑树、小青杨、小叶杨、先锋杨、旱柳、油松、樟子松等乔木树种。

（2）半荒漠带地下水位高或有灌溉条件的，可选择沙枣、旱柳、小叶杨、钻天杨、新疆杨、二白杨、白榆等；无灌溉条件的可选择油蒿、籽蒿、柠条、花棒、沙拐枣、紫穗槐、杨柴、黄柳、沙柳等灌木树种。

（3）荒漠地带有灌溉条件的可选择沙枣、白榆、旱柳、胡杨、二白杨、小叶杨、新疆杨、沙拐枣、柠条、花棒、柽柳等。

3. 营造混交林

从水量平衡角度看，林木的蒸腾耗水是破坏地下水动态平衡的主要原因，而乔木树种的蒸腾耗水量，大都明显高于灌木树种。沙枣的蒸腾耗水量，约为沙拐枣、花棒、柠条、白刺等灌木树种的 5 ~ 10 倍。从防风固沙角度看，防风固沙林树高达 1m 以上，就足以起到预定作用。因此在干旱缺水的沙区，必须坚持以灌木为主、乔灌结合的造林方针，这样才有可能建立起稳定的林分群体，起到改善生态环境的作用。

4. 造林密度

在干草原地带的沙漠低地，降水量相对较高，土壤较湿润，造林密度应根据立地条件和树种的不同合理确定，一般为 1500 ~ 3000 株 /hm^2。在流动、半流动沙丘地区，或地下水位深的丘间低地，从保证造林后林木的水分收支平衡和增强防沙固沙效果考虑，采用单行或双行为一带的混交方式，一般株距为 1 ~ 1.5m，行带距为 3 ~ 6m，密度为 1050 ~ 3000 株 /hm^2。当用灌木直接栽植代替机械沙障时，双行式株距为 6 ~ 10cm，行距为 2 ~ 3m；单行式株距为 3 ~ 5cm，带距 8m 左右，中间栽植一行乔木。

5. 栽植要领

（1）深栽实踏、多埋少露。干旱地区沙丘迎风坡沙层 40cm 以下，多是含水率 2% ~ 4% 的稳定湿沙层、粉沙壤质或黏质土壤丘间低地。旱季水分含量稳定的湿土层，大多在 20 ~ 40cm 以下土层内，因此造林一定要栽植于稳定湿沙层上，坚持深栽实踏、多埋少露。一般在干旱区要求栽植深度大于 50cm，半干旱区可稍浅些，但也要达到或超过 45cm；对于插条、埋条造林，除地下水埋深较浅的地段外，通常要求埋土 60 ~ 70cm；枝干深埋于 100cm 以下土层内，以扩大吸水发根范围，效果会更好。

（2）灌水补墒保墒。在干旱沙区的沙丘上植苗造林，每株苗浇水 2.5 ~ 3kg；在丘间低地植苗造林，每株苗浇水 10 ~ 15kg，浇后穴面覆干沙保墒。此后无须灌溉，即可显著提高成活率并保证成林。

五、牧业防护林

由于气温、降水影响，自东向西按草群种类、结构可划分为草甸草原（森林草原）、干草原（典型草原）、荒漠草原3个地带。各草场地带的牧草种类、草群结构、营养成分、化学组成显著不同。

草甸草原为黑钙土地带，属半湿润温带大陆生物气候带，牧草高大且繁茂，以杂类草为主，草产量高，营养成分富含碳水化合物。干草原为栗钙土地带，是草原生态区中最广阔的自然地带，是在温带内陆半干旱强烈大陆季风气候环境下形成的。干草原牧草高度中等，草产量居中，禾本科牧草占优势，在牧草营养成分中蛋白质含量明显增高。向西到荒漠草原棕钙土地带，是向荒漠钙土荒漠过渡地带，气候更为干旱。草群稀疏低矮，种类减少，产量低，但仍有含蛋白质含量高的特点。半荒漠、荒漠带，半灌木和灌木占多数，产草量继续下降，而且牧草中含大量盐分，故称为"咸草""盐柴"。

草原主要分布在干旱、半干旱地区，强烈的日照和太阳辐射导致牲畜多发"日射病""热射病"，严重时可造成死亡；草原的骤热、骤冷、寒冻、酷暑对牧草和牲畜都会产生不利的影响；干旱，降水量少，年际变率大，加之大风、尘暴、寒潮、雪灾、鼠害、虫害等，直接影响到牧草产量、质量，从而也影响着牲畜的生长发育，甚至因此造成巨大的经济损失。此外，半干旱地带干草原，虽然降水量少，但多以暴雨形式降落，因此造成水土流失，冲走肥沃细土、养分，破坏了草地资源，影响畜牧业的发展。总之，草原生态系统气候脆弱，自然灾害频繁，对草原畜牧业的危害是严重的，是草原畜牧业不稳定和低产的重要原因。

在我国农业经济中，畜牧业占相当大比重，牧业防护林就是在草原上为发展畜牧业而营造的防护林。牧业防护林是运用生态学原理，通过改善草原生物（植物）群落去影响、改造环境生态，从而保持草原生产能力、提高牧草质量；对家畜生态来说，通过营造畜群防护林，可改善与调节小气候或是缩小环境生态与家畜要求的差距。总之，草原牧业防护林就是为改善草原的小地域气候、增加牧草产量、提高牧草质量和稳定性、调节局部地区草原生态环境、减轻各种自然灾害对牲畜的侵袭所营造的各种人工林（含改造的天然林）的总称。

我国牧业防护林发展历史较短，20世纪50年代以来，伴随草原畜牧业的恢复与发展才逐渐开展起来。结合治理沙漠化，建设人工、半人工草地、饲料林，总结出水、草、林、料（粮料）四结合的综合性草原建设措施；同时，在牧业防护林的各种防护林配置，干旱地区造林技术，抚育经营、利用等方面，也初步积累了经验。早期营造的护牧林，已日益发挥出多种防护功能及效益。

（一）牧业防护林的类型与配置

1. 干草原的牧业防护林类型

由于草原辽阔，气候土壤差异大，灾害的性质种类、防护需要、宜林程度各有不同，因而牧业防护林的配置、结构、林种也各不一样。按照防护对象与要求，大致可分为：①草场防护林，即指人工、半人工草场（含饲料基地）和天然草场防护林；②养殖场防护林，指畜群畜舍、家畜家禽养殖场防护林；③牧区其他防护林，指草原畜牧区其他建筑房屋、村庄绿化防护林等。

2. 干草原地带的护牧林配置

（1）人工草地和饲料地防护林。通常采用草田轮作制形成的人工草地、饲料地的防护林建设，应纳入农田防护林的范畴。在大面积草原上，选择地形和土壤条件较好、地势平坦、可以引水灌溉的沿河阶地、沿湖冲积滩地、碟形洼地、宽谷地，把天然草地改变为人工草地。实质上是开垦天然草场，进行人工种植牧草，实行水、草、林相结合，使其改造为生产率高于天然草场的饲草、饲料种植地。

人工草地和饲料地的防护林配置方法，基本与灌溉区农田防护林相同，林网由主、副林带组成，林带采用疏透结构，林带的走向不必完全拘泥于与主害风垂直，配置上应做到田、林、路、渠结合。树种可选用青杨、小黑杨、旱柳、白榆、杷柳、柠条、沙棘、怪柳等。面积不大的饲料地和人工草地，可按地块外缘镶边栽林带，其中按面积大小及形状，用林带区划为"田""目"字形的网格。为使林带与灌溉水渠布设相配合，林带方向和带距可以适当调整。

（2）半人工草地防护林。半人工草地，指在干旱草原中地势平缓、土壤条件较好的滩地、缓斜坡麓，或地下水位高度适宜、可以补给一部分和有季节地表径流补给的碟形洼地（封闭洼地）围圈起来的天然草地上，经过人工促进天然牧草更新复壮，并辅以适当补种优良牧草。其措施有封育、松土、补播、施肥、灌溉、烧荒等。可使其产草量比天然草场增加两倍左右。半人工草地是半人工培育和半天然草地的综合性草地，所占面积要比半干旱区人工草地大。防护林一般采用林网防护形式，林带亦用疏透结构，树种可选山杏、白榆、山樱桃等。

（3）天然草地放牧场防护林。干草原地带的天然草地放牧场，除已围圈起来的天然草地放牧场和设在沿河、沿湖等地的放牧草地外，由于造林立地条件差，不易保护，还未开展牧场防护林建设。

根据放牧区划，一个放牧小区，可作为一个林网。一般在牧草生长繁茂的草地上，小区面积为 20 ~ 26.6hm^2；在牧草生长较差的草地上，小区面积可扩大至 33.3 ~ 40hm^2。主林带基本与主害风垂直，林带结构近似紧密结构林带，一般由乔木 6 行、灌木 2 行组成，灌木以生物篱形式配置在乔木两外侧，用带刺灌木、蒙古扁桃等。紧密结构林带，有助于冬季林带内及背风侧附近形成雪堆,既有利于网格中间放牧,又有利于林木生长。在坡度超过 8° 的牧场上,主林带方向应沿等高线配置,并在林带的上坡挖水平截水沟,靠近林带上坡一侧灌木壕沟边外修筑截水坡,以便把地表径流阻截在林带之上坡相邻土地上,使之渗入土壤中,补给林地水分。如采取敞开型环坡等高带式营造防护林,可以不设副林带。

(4)岛状树丛(绿岛、树伞或疏林草地)。干草原地带内沿河(湖)等有水源地区的天然草地放牧场,在土壤、水分条件较好的低湿地,选择适宜干草原生境兼有饲料价值的树种,按稀树团状、短带状,疏散配置在放牧草地上,称为岛状树丛,也称绿岛;从保护牲畜角度,可称为树伞,这种草地则可称为疏林草地。岛状树丛面积一般为 50 ~ 400m²,以至 1 ~ 5hm²。树伞既能防风、防雪暴、避寒、避暑,同时也能生产饲料,特别灾年成为度荒的饲料。在干旱瘠薄地区,只能在饮水井、泉附近或冬营盘的低平滩地营造小片树伞。

(5)畜群防护林。为了保护牲畜、减轻自然灾害侵袭而营造的小面积形状不同的防护林,称为畜群防护林。一般布设在饮水井泉、居民点附近和放牧途中牲畜歇息之处,或多灾的放牧草场附近,为牲畜提供一个躲避恶劣的灾害性天气的庇护所。在干草原放牧场上,选择地势低洼、土层较厚、无坚实钙积层的土地,用宽 30m、长 200 ~ 300m、东西走向的基干林带一条。另用同宽的 150 ~ 200m 长的两条林带,间距 50 ~ 100m,垂直交叉基干林带,交叉点各在基干林带两端向内 50 ~ 100m 处,构成多角形。或在东南方向留 10m 宽缺口,构成内径为 50 ~ 100m 的圆形紧密结构林带。林带由 10 行乔木或灌木组成,行距 3 ~ 4m,乔木株距 2m,灌木株距 1m。树种可选择白榆、山杏、蒙古扁桃;水肥条件好的选择青杨、沙枣、旱柳等。

夏季牧场多设在沿河、沿湖有天然水源或距饮水井较近之地,牲畜营盘一般设在干燥、通风、凉爽之处。为减轻烈日照射与高温危害,在牲畜休息场、井泉附近,营造若干个群团状树丛组成的护牧林,用以保护牲畜。冬营盘多设在庇风向阳的地方,有固定的畜舍、棚圈。在容易积雪、积沙地区,可设计营造阻雪、挡沙、防风、保温的牲畜舍圈防护林。配置方法是由畜舍建筑外缘起,按紧密结构林带无叶期积雪、积沙宽度和堆雪量计算,棚圈防护林带应从棚圈外缘间隔 20m 宽的迎风面,沿北、西北、西、西南营造弧形防护林带,林带宽 40 ~ 50m,行距 3m,乔木株距 2m,灌木在乔木的两外侧各栽 1 行,株距 0.7 ~ 1m。树种可用白榆、山杏、沙枣、沙棘。

(6)生物围篱。生物围篱是建设、培育、改造和合理利用天然草场的一项工程措施,可替代刺丝、土、石围栏。天然草场用生物围篱围建草库伦后,牧草得到封育保护,获得正常生长发育,改善了生态条件,提高了产草量。围篱的配置方法,按造林立地条件可分为以下 2 种:

第一,能灌溉或有地下水补给的下湿地,生篱围栏由两行灌木组成 1 个条幅,共由 3

个条幅 6 行灌木组成。条幅开沟宽 0.7m、深 0.6m,沟两侧各栽 1 行灌木,株距 0.5m,品字形配置,条幅间距 2m。树种可栽沙棘、枸杞、山梨、山荆子。

第二,土层较厚、无灌溉条件也无地下水补给的地方,生篱围栏由 2 行灌木为 1 个条幅,共由 3 个条幅 6 行灌木组成。条幅宽 0.8m,沟内两侧栽植两行带刺灌木,行距 0.8m,株距 0.6m,品字形配置,条幅间距 8m。树种可选用锦鸡儿、山杏、蒙古扁桃。

(7)木本饲料林。饲料林是干草原地区人工培育或改造的,具有收割或放牧价值的林分,多为灌木。人工林多选择在退耕地上,种植耐旱、抗瘠薄、饲用价值较高的灌木,利用其枝叶做饲料;改造、利用天然或人工有饲料价值的灌木林,供直接放牧牲畜采食用,也称放牧林。在干旱遭灾之年,春季牧草枯黄难返青时,木本饲料林则成为抗灾保畜度荒饲草,也称应急饲料。

配置方法是在土层厚度超过 40cm 的平坦或缓斜坡上,开沟营造灌木林,斜坡地等高开沟;平坦地上则与主害风方向垂直开沟,一般在平坦地上每隔 2.5 ~ 3m 开一条宽 0.8m、深 0.7m 的沟,沟内两侧各栽 1 行,株距 0.3 ~ 0.5m,品字形配置。树种可栽锦鸡儿、山杏。下湿地栽桂柳、沙棘;沙地栽沙柳。也可将乔木白榆、旱柳改做灌木经营,隔 2 ~ 3 年,收割枝条,平茬利用,用作饲料。

(8)居民点绿化。为改善牧民居住环境条件,在土壤条件适宜的地方,配置居民点防护林,以保护房舍、棚圈、水井等。配置方法是因地制宜,因害设防。一般在西或北面营造紧密结构林带,以阻止风沙侵袭和积雪埋压房舍。冬营地(冬季放牧场地)居民点有水井的地方,可在水井旁围圈 0.3 ~ 0.5hm^2 的围栏,在其中栽植木本饲料林以及青杨、白榆。夏季牲畜移入夏营地(夏季放牧场地)后,可利用井水灌溉树木,解决度荒饲料及小径用材。

(二)牧业防护林树种选择与技术要点

1. 牧业防护林的树种选择

草原地带造林树种的选择,应遵循环境、生物统一的原理,贯彻"适地、适树、适用"的原则。针对草原环境生态特点,防护林营造的树种选择应注意以下内容:

(1)选用乡土树种,要求抗旱力极强,也能在雨季迅速生长。同时,对钙积层和盐碱土,有较大适应性或有抗性和忍耐性,生态、生物稳定性高。

(2)引种应从气候及土壤相似地区,或从干旱、寒冷程度更强烈一些的相邻地区来选择。成功与否取决于原产地树种抗旱能力,集中反映在水分因子上。

(3)在适宜的树种中还应注意选用"适用"树种,也就是从适宜树种中选用较快达到防护目的的树种。同时应具有饲料价值,或有其他明显的经济效益和耐啃食、更新萌芽力强,以及具有相对稳定覆盖率。草原地带的树种参见水土保持林树种选择。

2. 牧业防护造林技术要点

草原地区牧业防护林的造林所面临的问题，与水土保持造林和固沙造林一样，也是干旱问题。实施时总的来说是整地要做到抗旱保墒，密度上宁稀勿稠，栽植上要精心细致，栽后最好灌溉，成活后加强保护和抚育。

（1）整地技术。在干草原无灌溉条件的地方造林，其造林整地的中心任务是蓄水保墒，提高天然水源利用率。在地势较平坦地方，要提前 1～2 年全面深耕，多次翻压，休闲整地，疏松心土，使造林地具备渗水、吸水及保水性能。对生荒地要经过 2～3 次耕翻整地，根据降雨情况，也可 1 年耕翻 1 次。雨季开荒整地，秋季或翌春至初夏深耕，经过接纳集中降水过程，压青灭草，休闲管理之后，秋季或第二年春季即可造林。

干旱地带土壤中所能积蓄的水分，除受土壤质地影响外，与整地深浅关系也很密切，因耕翻愈深，则降水下渗深度越大，储水作用也越强。一般机耕整地深度为 33～35cm。缓斜坡的整地须采取汇集地表径流的整地技术，并将其汇集径流面积适当扩大；栽植点宜挖深穴并回填客土，要注意提前整地，使其经过当地集中降水过程，待土壤积蓄水分达到一定指标后再造林，以保证成活。

（2）栽植技术。干草原区秋季植树成活率较高，这是由于因秋季土壤处于含水较高阶段，如采用生长健壮的 1～2 年生苗造林，翌春即能扎根发芽，正常生长；如翌春土壤干燥，则应对萌芽力较强的树种幼苗截干。春季风大、蒸发强、气候干旱，必须注意土壤保墒、苗木保湿，待土壤解冻到栽植深度时抓紧造林。在无灌溉条件的干草原区造林，应做到一次成活，以免补植。故造林前应先测定地表下 30cm 深处土壤含水率，当沙壤土平均含水率在 8% 时，即可抓紧时间造林。

（3）幼林保护抚育与成林管理。草原区牲畜多，凡新造林地在草场内或大路边的，要设置围栏防护，幼林要加强补植、松土除草、扩穴培育，灌木要特别注意平茬。农牧交错区有条件的，可实行林农（豆类为主）间作，以耕代抚。成林后修枝、间伐，对于乔林，可根据情况采取灌丛式矮林作业或头木（状）作业。

六、盐碱地造林

（一）盐碱土类型与成因

1. 盐碱土类型

盐土和碱土，以及各种盐化和碱化的土壤，一般统称为盐碱土或盐渍土。盐土和碱土在发生上有一定联系，但在性质上却迥然不同。盐土含有过多可溶性盐，一般土壤剖面形态无显著构造，表土在干旱季节呈白色，甚至形成盐结皮。碱土胶体附有大量交换性钠，土壤呈碱性反应，土粒分散，黏粒和腐殖质下移，使表土松散，下面的碱化层相对黏重，形成粗大的不良结构，湿时膨胀泥泞，干时坚硬板结，通透性和耕性极差。

盐土可分为草甸盐土、滨海盐土、沼泽盐土、洪积盐土、残积盐土、碱化盐土。按土壤盐分组成，草甸盐土又可分为氯化物盐土、石膏硫酸盐盐土、硝酸盐土和硼酸盐土；滨海盐土多为碱性，当土壤含氯化盐量在 0.4% 以上时，即为氯化物盐渍土，在 0.4% 以下时则为硫酸盐 – 氯化物盐渍土；沼泽盐土可分为泥炭或腐泥沼泽硫酸盐盐土、草甸沼泽石膏 – 硫酸盐盐土；洪积盐土可分为氯化物盐土、硫酸盐 – 氯化物盐土和氯化物 – 硫酸盐盐土及硫酸盐盐土；残积盐土分为氯化物 – 硫酸盐盐土、石膏硫酸盐盐土及硫酸盐盐土；碱化盐土分为苏打盐土、碳酸镁盐土。

碱土可分为草甸碱土、草原碱土、龟裂碱土（白僵土）。草甸碱土分为暗碱土和瓦碱土；龟裂碱土分为白僵土和表白土。

2. 盐碱地成因

（1）气候干旱，地面蒸发强烈，年降水量低。如在干旱、半干旱区年降水量不超过500mm，而蒸发量一般都大于 2000mm，最高达 3700mm 以上。降水少，蒸发强烈（3 月~5 月，9 月末），土壤盐分随毛管上升积于地表；降水大（7 月~8 月），土表盐分随雨水下渗（冬季土壤盐分相对稳定）。

（2）地下水位变化和地表径流汇集，即盐随水来又随水去，盐随水上又随水下。如滨海沙地，地下水位升高，盐分向上聚集，降低则盐分向下回渗；又如在地形起伏的地区，地下水和地表径流向低凹处汇集，盐分也随水分迁移，水分蒸发后，盐分则沉淀于不同的地形部位，上部沉淀着溶解度最低的碳酸钙，较低处是石膏，最低处是碳酸钠、氯化钠、硫酸钠。

（3）由于人为因素对农业耕作区的影响。例如，引黄灌溉区的宁夏银川、内蒙古的巴盟等处的盐碱地，多由于采用了有灌无排、大水漫灌等不科学的灌溉方式，提高了地下水位引起。

（4）在草原地区由于过度放牧、打草割草，破坏了植被，减少了植被对地下水的蒸腾，加大了裸露土壤的蒸发，从而形成盐碱地。

（二）我国盐碱地的分区

依据盐碱地的形成原因和改良利用特点，分为以下区域：

1. 宁蒙片状盐渍区

宁蒙片状盐渍区包括内蒙古、宁夏黄河冲积平原，陕、甘、宁黄土高原地区及晋、冀北山间河谷盆地，盐碱地面积为 80 万 hm²。宁蒙片状盐渍区的成土类型为干草原 – 荒漠草原型。土壤盐分以累积为主，淋溶微弱，盐分多聚于表土层，形成盐结皮；底土盐分也很高，具有以硫酸盐为主的结晶析出，属硫酸盐 – 氯化物、氯化物 – 硫酸盐、苏打盐渍化、龟裂碱化盐类型。

2. 甘新青藏内流高寒盐渍区

甘新青藏内流高寒盐渍区包括新疆、宁夏贺兰山及阿拉善地区、甘肃河西走廊、青海柴达木盆地及湟水流域、西藏羌塘高原及雅鲁藏布江流域，盐碱地面积 1330 万 hm^2，是我国盐碱地分布最广的地区。

甘新青藏内流高寒盐渍区的特点包括：①高山环抱，戈壁沙漠广布，以绿洲灌溉农牧业为主；②气候干旱；③成土类型为荒漠草原－荒漠型，土壤积盐常年进行，基本无淋溶过程；④积盐快，表聚性强，并多次发生盐分重新分配，有含盐量很高的残余盐土，地表有厚层结壳。

3. 东北苏打－碱化盐渍区

东北苏打－碱化盐渍区包括松嫩平原、呼伦贝尔和西辽河地区、三江平原零星地段，盐碱地面积约 200 万 hm^2。

东北苏打－碱化盐渍区的特点包括：冲积平原地形平坦、气温低、有较厚的冻土层，成土类型为草原－草甸型。土壤积盐特点是积累与淋溶交替进行，累积略大于淋溶。水盐动态的季节性变化明显，其规律是春末夏初积盐，夏末秋初脱盐，初冬至早春土壤冷冻，亦有微弱积盐过程。黑土区的盐碱土，主要分布于松嫩平原、三江平原及辽河平原的排水不良、地下水埋藏较浅的低洼地区，多发育在草甸黑土上，大部属苏打盐土和碱土。苏打盐土表面有薄层盐结皮，可溶性盐分含量不高，表土盐含量约为 0.3%。碱土多含碳酸盐、重碳酸盐，硫酸盐次之，氯化物极少。栗土区的盐碱土，主要分布于内蒙古北部地势平坦的地区，多发育在暗栗钙土上，土壤多含碳酸盐。

4. 黄淮海斑状盐渍区

黄淮海斑状盐渍区包括黄河下游，海河，淮河流域中、下游的低平地区。山西、陕西一些地区盐碱土在形成和性质上，同黄淮平原有相似之处，因而也应属本区。盐碱土面积 330 余万 hm^2。黄淮海斑状盐渍区河流较多，两岸地下水位高，春冬枯水，夏洪秋涝，旱涝交替，涝后又旱，在经常发生涝灾的地区，常形成涝碱现象。气候是春季干旱多风，夏季炎热多雨，年降水量 400 ~ 700mm，水面蒸发量 2000mm。呈现盐分积聚与淋溶交替现象，累积大于淋溶。3 月 ~ 6 月积盐，7 月 ~ 8 月脱盐，10 月 ~ 11 月盐分回升，冬季盐分稳定；盐分表聚性强，深层含盐量不高。区内成土类型为草甸型，有潮湿盐土、草甸盐土、沼泽盐土。在地势较高处有轻度盐化浅色草甸土；北部地势低平，多分布轻度和中度盐化浅色草甸土，也有小面积的盐化、沼泽化浅色草甸土；在草原洼地和湖泊周围，形成浅色草甸盐土。

5. 滨海海浸盐渍区

滨海海浸盐渍区分布于我国沿海地区，面积约 467 万 hm^2，盐分主要来自海水。在成土之前就开始了地质积盐过程，盐碱土多发育在河流的冲积物上，局部地区为湖相或海相沉积物。滨海盐碱土的主要类型是滨海浅色草甸盐土和滨海滩地盐土。

（三）盐碱地的造林技术

盐碱地造林，首先是成活、成林、成材，其次才是效益。这只有在土壤含盐量不太重的条件下才能达到。因此，必须先采取改良盐碱地的措施来改善立地条件，使之符合造林的要求。

1. 密度与树种组成

营造混交林时适当密植，目的是尽快使幼林郁闭，以覆盖地面，增强林木的生物排水能力，降低地下水位，减少土壤水分的蒸发，抑制土壤返盐，增加林木凋落物量，进一步改良盐碱地。窄林带初植密度以株行距 1m 为好，以后可逐步疏伐。如单一种植乔木，其初植密度 2m×3m 时，则返盐严重，成活率低。

2. 盐碱地的造林方法

在盐碱地上播种造林较为困难，插条造林也易烧死芽苞。生产上一般采用植苗造林，主要方法如下：

（1）围垛、挖坑、压盐、秋冬栽树法。在地形复杂和盐碱较重的造林地上，先要平整土地，然后依地形变化，范围成大小不等、形状不一的小垛，于夏季挖好树坑，坑与坑间用小沟串通，这样可防止雨水流失，也可使坑内得到充分洗盐。初秋将坑内淤土挖到坑边，使其风化，利用秋冬季节植树造林。造林时要深挖浅埋，浇足底水，覆盖干土，以减少蒸发，抑制返盐。

（2）客土法整地造林。根据幼苗成活期耐盐力低，而成活后耐盐力逐步增强的规律，在土壤盐碱较重而栽树不活的情况下，采用井状或穴状换土，使局部地块的土壤盐分得到调整，为苗木成活创造条件。采用客土造林应注意：①进行大穴深翻整地，深度要大于表土下部的柱状结构层；②增施有机肥料；③坑底下部土壤性状不好时，可在坑底铺一层大粒沙，以阻止根向下延伸；④在不具备换土条件的地块，可在原土内适当掺沙，达到以沙压碱的作用。客土法造林较费工，目前尚不适于大面积造林，可应用于庭院绿化，定植果园和营造农田防护林。

（3）垄沟整地造林。在地形低、地下水位高、排水不良的造林地，可实行垄沟整地造林法，其规格一般包括：沟深度大于地下水临界深度，沟与沟相通，沟底有一定坡降，以利于排水，树木栽植于垄上。

（4）沟底造林。春季可用人工或机引开沟，夏季利用伏水灌溉排盐，秋季适时造林。造林后要及时中耕松土，保持土壤疏松，抑制返盐。

（5）沟畦（台、条田）整地造林。滨海盐渍区或地形平坦、土壤含盐量大、地下水位高，且有灌溉条件的造林地上造林时，可采取此法。整地最好在前一年雨季前进行，整地规格视地形变化而定。畦面要平整，畦旁修挖排水沟，沟畦要大于地下水临界深度，然后加深输水沟，干沟直到宣泄区的深度。畦田的规格，应根据当地具体情况而定，一般长 0.3 ~ 1.5m，宽 0.6 ~ 1.2m。同样的盐碱地，深沟比浅沟好，高台田比低台田好，窄比宽好。

3.盐碱地的抚育管理

造林后，要及时中耕松土除草，特别是透雨后中耕松土更为重要，以切断毛细管，减轻土壤返盐。也可在幼林地间做绿肥、间种矮秆农作物，以耕代抚。成林后的疏伐，要少量多次，尽可能保持较高的郁闭度。

第四节　山丘区水土保持林业生态工程技术

一、分水岭防护林的营造技术

分水岭是指分隔相邻 2 个流域的山岭或高地。在自然界中，分水岭较多的是山岭、高原。分水岭的脊线叫分水线，是相邻流域的界线，一般为分水岭最高点的连线。土石质山的梁岗分水岭，石多、土薄、水土流失严重，是产生径流的起点，应当营造分水岭防护林，用以涵养水源、固结和改良土壤。

（一）分水岭防护林的树种选择

营造分水岭水土保持林，必须综合考虑地形因素的坡度、坡向，气候因素和植被因素，甚至社会经济因素，对山、水、田、林、路进行综合治理，贯彻工程措施与生物措施相结合、以生物措施为主的原则。要选择适合当地气候、土壤条件的生长迅速、寿命长、根系发达的树种。

分水岭防护林常用的树（草）种，主要包括：①乔木有云南松、华山松、光皮桦、木荷、柠檬桉、大叶相思、马占相思、绢毛相思、铁刀木、黄槐、灰木莲等；②灌木树种有紫穗槐、胡枝子、马桑、紫薇、六月雪、黄荆条、黄檀、刺蔷薇、芦竹等；③草本有狗牙根、三芒草、野艾蒿、火棘、葛藤、常春藤、光荚含羞草等。

（二）分水岭防护林的配置与设计

分水岭防护林的配置树种应以灌木为主，实行乔、灌结合，栽植成疏透结构的林带。

第一，高山、远山的分水岭地带，可封山育林育草，也可在完成工程措施后全部造

林或带状造林。

第二，丘陵、漫岗分水岭的立地条件较好，应以乔木为主，适当混交灌木。

第三，林带设置。沿岭脊设置林带，带宽 10 ~ 20m，选择生长迅速而抗风、耐旱的树种。栽植采用三角形配置，乔木株行距为 1m × 1.5m，灌木为 0.5m × 1m。

第四，整地方式。在水土流失地区，根据坡度大小和坡面破碎程度等，因地制宜地采用水平沟、反坡阶等整地措施，以有效地拦截地表径流，改变地形，防止土壤冲刷，并为苗木成活和幼林生长创造良好条件。

第五，复层混交。混交林不仅能合理利用土地，而且生长稳定，有利于改良土壤、拦蓄径流。在立地条件较差、水土流失严重的地方，应增加落叶丰富、具有阻水吸水和改良土壤肥力的灌木比例。

（三）分水岭防护林的抚育管理

采用抚育保护方式，为迅速增加植被、保护幼林，应强调封山育林，严禁人畜破坏。林分过密影响生长时，可适当间伐，但以不破坏水土保持林的防护效益为原则，灌木平茬亦应轮流隔行或隔株进行。

二、坡面水土保持林的营造技术

（一）坡面水土保持林的树种选择

1. 防护林树种选择

坡面防护林应由所有以木本植物为主的植物群体所组成，例如南方地区常见的主要乔木树种有柏木、马尾松、湿地松、云南松、华山松、光皮桦、木荷、麻栎、栓皮栎、槲栎、墨西哥柏、枣、刺槐、油桐、桉、大叶相思、马占相思、绢毛相思、铁刀木、黄槐、灰木莲等；主要灌木树种包括紫穗槐、胡枝子、马桑、紫薇、六月雪、黄荆条、黄檀、刺蔷薇、芦竹等；草本主要包括狗牙根、三节芒、野艾蒿、火棘、葛藤、常春藤等。

此外，长江中上游的树种选择：①主要以气候区和立地条件为依据，土层厚度是划分立地类型的一项重要因子；②海拔高度相差悬殊，特别是金沙江高山峡谷地区，海拔 325 ~ 4000m，气候带从南亚热带至寒带，是又一个重要因素；③地貌不同，有中山、低山、高丘、低丘等，部位有山顶、阴坡、阳坡、山洼之别；④除南方的酸性土外，还有很大一部分为钙质土，并有粗骨土、裸岩等特殊立地类型。

2. 用材林树种选择

要培育用材林，必须选择良好的立地条件、水土流失轻微的造林地，如退耕地，弃耕地和坡度缓、土层厚、草被覆盖好的坡面。有好的速生树种，而没有好的立地条件，也不能达到效果。树种必须符合速生、丰产、优质、抗性强4个方面。

3. 薪炭林树种选择

一般应选择适应于瘠薄立地，再生能力较强，耐平茬，生物产量高，并且有较高热值的乔、灌木树种。

热值是评价薪炭林树种能源价值高低的重要指标，不同树种木质材料的热值不同，同一树种材料的热值又因产地和木质水分含量不同而影响热值的变化。热值的定义是指树种所储存的大量化学能，在供氧充足的条件下，将树木各木质完全燃烧时所释放的热量。因此，对不同的薪材树种，评价其价值时，多在风干状态下，以其热值的大小进行比较。

（二）坡面水土保持林的配置与设计

坡面水土保持林业生态工程配置的总原则是：沿等高线布设，与径流中线垂直；选择良种壮苗；尽可能做到乔、灌相结合；以相对较大的密度，用"品"字形配置种植点；精心栽植，把保证成活放在首位，在立地条件极端恶劣的条件下，可营造纯灌木林。

1. 防护林配置技术

配置防护林，先要考虑的是坡度，然后考虑地貌部位。一般配置在坡脚以上至陡坡全长2/3为止，因为陡坡上部多为陡立的沟崖。种植行的方向要与径流线相垂直，水土保持效果最好，行状配置有长方形、正方形和三角形3种。造林前先修筑等高反坡阶、水平沟，借以保土蓄水，改善坡面土壤水分状况。然后，造林紧紧跟上，做到以工程促生物，以生物保工程。土层薄、坡度陡、立地条件差的坡面，应先栽灌木，待其成林后再栽乔木。片状水土流失的缓坡，一般植被尚好，土层稍厚，可直接造林。为减免幼树被草欺，造林前应锄草，人工挖小穴整地。

2. 用材林配置技术

（1）人工营造法。以培育小径材为主要目的的护坡用材林，应通过树种选择、混交配置或其他经营技术措施来达到经营目的：①保障和增加目的树种的生长速度和生长量；②力求长短结合，及早获得其他经济收益。

（2）封山育林法。在这类山地依托残存的次生林，或草、灌等植物，采用封山育林以达到恢复并形成稳定林分的目的。在此类坡面上尽管已形成了水土流失和环境恶化的趋势，但是，由于尚保留着质量较好的立地和乔、灌、草植物等优越条件，只要采用的封山育林措施合理，再加上森林自然恢复过程中给予必要的人工干预，可较快地达到恢复和形成森林的效果。

3. 薪炭林配置技术

（1）立地类型。坡面水土保持林体系的薪炭林也称为护坡薪炭林，在规划中，可选择距村庄较近、交通便利而又不适于高经济利用（如农业、经济林、用材林、草场）的较缓坡面或沟坡，或水土流失严重的坡地作为人工营造护坡薪炭林的土地。

（2）技术要点。薪炭林的整地、种植等造林技术与一般的造林大致相同，只是由于立地条件差，整地、种植要求更细。在造林密度上，由于薪炭林要求轮伐期短、产量高、见效快，适当密植是一个重要措施。

（三）坡面水土保持林的抚育管理

对于坡面水土保持林的抚育管理技术，根据不同造林方法而营建的林型采用相应的方法进行林地的抚育和管理。但在水土流失地区，需要根据坡度大小和坡面破碎程度等，采取细致整地的方式，同时实施抚育保护措施。

三、水库、河岸水土保持林的营造技术

水库、河岸水土保持林包括水库防护林和护岸护滩林。水库防护林主要是在水库潜岸周围建造防护林，是为了固定库岸、防止波浪冲淘破坏、拦截并减少进入库区的泥沙，使防护林起到过滤作用，减少水面蒸发，延长水库的使用寿命。同时，水库周围营造的多树种、多层次的防护林，人们可利用其作为夏季游憩场所，同时还有美化景观的作用。

护岸护滩林生长在有水流动的河滩漫地与无水流动的广阔沿岸地带的植物群体，是组成沿岸群落的林分。护岸（堤、滩）林是沿江河岸边或河堤配置的绿化措施，用以调节地表水流流向，抵御波浪、水流侵袭与淘刷的水土保持技术。

（一）水库、河岸水土保持林的树种选择

在水库防护林和护岸（堤、滩）林业生态工程的设计中，选择造林树种是一项十分重要的内容，与其他林种比较，其对造林树种的要求有较大的差异。水库、护岸（堤、滩）林带的造林树种应具有耐水淹、淤埋、生长迅速、根系发达、萌芽力强、易繁殖、耐旱、耐瘠薄等特性。另外，应考虑树种的经济价值及兼用性。

（二）水库、河岸水土保持林的配置与设计

1. 水库防护林的配置技术

（1）废弃地整治绿化与库区管理区绿化。由于水库工程的废弃地整治后有良好的灌溉水源，应根据条件营建果园、经济林等有较高经济效益的绿色工程；也可结合水上旅游进行园林式规划设计。水库管理区绿化实际上也属于园林绿化规划设计的范畴。

（2）坝肩、溢洪道周边绿化。坝肩和溢洪道绿化应密切结合水上旅游规划设计进行，宜乔、灌、草、花、草坪相结合，点、线、面相结合，绿化、园林相结合；充分利用和巧借坝肩和溢洪道周边的山形地势，创造美丽宜人的环境。

（3）水库库岸及其周边防护林。包括水库防浪灌木林和库岸高水位线以上的岸坡防风防蚀林。

（4）坝前低湿地造林。坝前低湿地水分条件较好，可选择耐水湿的树种如垂柳、旱柳、杨、丝棉木、三角枫、桑、池杉、枫杨等营造速生丰产林。造林时应注意离坝脚8～10m，以避免根系横穿坝基。遇有可蓄水的坑塘，可整治蓄水养鱼、种藕，布局上应与塘岸边整治统一协调，形成林水复合生态工程。

（5）回水线上游沟道拦泥挂淤林。回水线上游沟道应营造拦泥挂淤林，并与沟道拦泥工程相结合，如土柳谷坊、石柳谷坊，还应与当地流域综合治理相结合。

2. 河岸水土保持林的配置技术

（1）护岸林。当河身稳定，有固定河床时，护岸林可靠近岸边进行造林；河身不稳定时，河水经常冲击滩地，可在常水位线以上营造乔木林，枯水位线以上营造乔、灌混交林；河流两岸有陡岸不断向外扩展时，可先做护岸工程，然后再在岸边进行造林，或者在岸边留出与岸高等宽的地方进行造林。

护岸林的宽度主要根据水流的速度，宽度一般为10～60m。林带宜采用混交复层林，在靠近水流的3～5行应选用耐水湿的灌木，其他的可采用乔、灌木混交类型。

（2）护堤林。靠近河身的堤防，应将乔木林带栽植于堤防外平台上。在堤顶和内外坡上不可栽植乔木，只能营造灌木，充分利用灌木稠密的枝条和庞大的根系来保护和固持土壤。

护堤林带应距堤防坡脚5m以外，防止根系穿堤。当堤防与河身有一定距离时，在堤外的河滩上，距堤脚5m以外，营造10～30m平行于堤防的护堤林带，在靠近河身一侧，可栽植几行灌木，以缓流拦沙，防止破坏林带和堤防，条件允许时，在堤防内侧平台栽植10～20m宽的林带。护堤林带应采用乔、灌木混交的复层林。

（3）护滩林。一般应采用耐水湿的乔、灌木，垂直于水流方向成行密植，可营造雁翅式防护林。在河床两侧或一侧营造柳树雁翅形丛状林带。多采用插条造林方法，丛状栽植，栽植行方向要顺着规整流路所要求的导线方向。为了预防水冲、水淹、沙压和提高造林成活率，可采取深栽高杆杨、柳树。

栽植深度：林缘、浅水区为80cm，林内60cm，滩地50cm。地面保留主杆高度一般为50～150cm。插条多采用1～2年生，长1～2m的嫩枝，平均用条量3000～4500kg/hm²，最多达12 000kg/hm²。丛状造林从第3年起，每年初冬或早春，结合提供造林条源对丛状林分普遍进行一次平茬，增加立木密度，增强林分缓流落淤能力。到了汛期，应及时清理

浮柴和扶正被种林木、泥沙压埋的树丛，为林分正常生长发育创造条件。

（三）水库、河岸水土保持林的抚育管理

对于水库、河岸（滩）水土保持林的抚育管理技术，可根据不同造林方法而营建的林型采用相应的方法进行林地的抚育和管理。制订水库、河岸（滩）水土保持林营造、管理、更新的发展规划，在确保防护功能的基础上，提高经济效益。建立管理专业队伍，苗木选育、栽培、抚育、更新、采伐、加工等要全程管理。造林树种在保证防护效果的前提下，选用经济价值高的树种，提倡营建混交林，特别在不淹水的大堤背水面可丰富造林树种，保持水库、河岸（滩）水土保持林持续稳定的综合效益。

第五章　林业经营理论体系与应用管理

第一节　林业经营思想与理论体系

一、现代林业经营思想

林业经营思想，即林业经营的指导思想，是在一定理论基础上，总结林业实践而形成的对林业的基本认识和全面指导林业发展的总体思路和想法。它决定着林业建设的方针、发展道路和发展战略。"近年来，我国林业取得了较快的发展，营林作为林业发展基础，所以加强对营林工作的进一步规范和完善，可以有效地推动林业的可持续性发展进程。"①从我国的林业发展看，林业经营思想在不断地变化调整。

（一）我国林业经营思想的变化

总体上说，我国林业经营思想的变化，也体现了世界林业经营思想的变化。但由于我国人口众多，且处于社会主义初级阶段，属于发展中国家，所以林业发展相对落后，林业经营思想也明显体现了我国国情、林情的特点。改革开放以前，我国属于计划经济，遵循的是以木材生产为中心的森林永续经营的林业经营思想。近年来，林业经营思想和理论研究非常活跃，提出或出现了许多各有特点的理论、观点和主张，比较典型的如下：

第一，经济论，即经济林业论，强调的是以经济利用为中心，认为社会主义市场经济体制下就应以经济效益为中心，林业要追求经济效益也必然会追求稳定高效的森林生态系统，良性循环的森林生态系统必将会产生良好的经济效益。

第二，生态论，即生态林业论，强调的是以生态利用为中心，把生态效益放在首位，认为追求生态效益必然会产生好的经济效益和社会效益。基本思想是以现代生态学、生态经济学原理为指导，运用系统工程方法及先进科学技术，充分利用当地自然条件和自然资源，通过生态与经济良性循环，在促进森林产品发展的同时，为人类生存和发展创造最佳状态的环境。

第三，分工论，即林业分工论，强调林业经营要有分工，强调木材培育论，认为林业的生态效益和经济效益，局部上是矛盾的，但整体上是统一的。基本思想可概括为"局

---

① 刘永波. 浅析现代林业经营工作 [J]. 科技创新与应用，2014（15）：272.

部上分而治之，整体上合二为一"。具体来说，就是拿出少量的林业用地搞木材培育，集约经营，承担起生产全国所需的大部分木材的任务，从而把其余大部分的森林，从沉重的木材生产压力下解脱出来，保持其稳定性，发挥其生态功能，从整体上实现经济效益和生态效益的统一。

第四，协同论，即林业协同论或效益协同论，强调经济与生态协调发展，地域综合效益协调发展，认为分类不是分块，主张大协调小分工，实现区域的综合发展。

第五，林业二元结构论，主张森林的生态效益和经济效益是构成林业的自然基础。应该按森林效益的功能把林业分为公益林业和商业林业，分类管理。

第六，全面经营论，认为要保护好现有森林，强化资源管理体系；扩大森林资源，建立森林生态屏障，发展工业人工林；建立资源再生产和资金自我循环的保障体系。

第七，知识密集型林产业理论，认为林业的基本特点是以太阳光为直接能源，林业是巧用以木本植物为主体的生物系统来进行初级生产，靠社会系统来继续进行高效益综合生产的一种产业，一个完整的生产体系；主张把所有的科学技术都用到林业生产上，靠高度的科学技术组织林业生产，在林业生产体系的所有方面形成知识密集型的林业生产体系，以引导林业。

这些理论、观点和主张，经过较长时间的讨论甚至争论，都有不同程度的修正，取得的共识日渐增多，主要体现在强调以生态经济理论为基础，把生态环境建设摆在突出地位，坚持三大效益的统一和综合，全面实行分类经营，进行林业两大体系建设，乃至当前断然实施天然林保护工程的伟大创举等方面。特别是 1992 年联合国环境与发展大会后，我国首先承诺并制定了《中国 21 世纪议程》，明确提出了实施林业可持续发展战略，集中体现了可持续林业经营思想。可持续林业，即在对人类有意义的时空尺度上，不产生空间和时间上外部不经济的林业，或在特定区域内不危害和削弱当代人和后代人对森林生态系统及其产品和服务需求的林业。可持续林业不是对森林永续利用经营思想的否定，而是在其基础上的发展和完善。

（二）现代林业的指导思想

世界林业已进入现代林业阶段，这一阶段的林业生产力水平高，但历史遗留下来的许多问题制约着生产力的发展，因此需要改变传统林业的某些观点，确立现代林业的指导思想。

第一，以森林生态经济系统为对象，力求林业经济系统与森林生态系统协调发展。传统林业以经济系统为对象，以开发森林资源获得木材和林产品产量、增加国民生产值为目标。传统的经济系统考核指标只有产值的增加值而没有产值的负值，认为森林开发过程对生态环境带来的副作用与国民生产值无关，结果导致生产力滞后达几年甚至几十年之久。现代林业则是以生态经济为对象，是在保持良好的生态环境下求得经济增长，这样才能使林业生产力持续稳定发展。

第二，以世人的长时间系统为对象，使人们公平享受自然恩赐。我们这代人是从前人手中继承的森林遗产。今天，我们开发森林是为了满足我们当代人的需求，而更新森林，则是为了留给后代享用。由于森林生长具有长期性的特点，一般超越了人的寿命，即使是短生长期的人工用材林、经济林，当代人可以收获自己培育的木材和林产品，但还要有生态效益好的天然林、天然次生林作为这些人工林的生态环境后盾，方能保证该区域的良好生态环境，保持人工林生长及产量。由于我们正处在生产力大发展时期，一般来说，当代人能享有比后代人更多更好的森林资源，这是自然恩赐。但要扩大更新森林，需要滞后几代人才能平等地享受。最明显的，如先发展的工业化国家，享用着廉价的森林资源，加速了该国的经济发展，然而随着资源的减少，人们对资源需求量的增加和林产品价格上涨，后发展的国家就失去了享受廉价资源的机会。这就涉及世代人之间的公平享受自然恩赐的问题。

第三，以森林的生产与消费为统一系统，开发利用森林资源。森林资源是有限的、稀缺的自然资源，为了更多更好地满足人们生产、生活的需求，节约利用，即节约消费资源就显得十分重要。随着科技发展，人们已由直接利用原木改变为利用木材的组成，如木质素、木纤维、生物质，制成人造板、饲料、能源及其他产品，使树木的根、干、枝、叶等全部利用起来，以充分发挥资源的原材料价值，也就是以同等面积的森林，生产加工出更多的工业产品。这就是借助工业生产扩大对森林资源的利用，节约消费森林资源，也发展了森林资源。现代林业就是把森林资源的消费和森林资源的生产视为统一过程，从生态经济再生产的系统考虑资源的利用和发展。

第四，全面发展森林，维持全球生态平衡。自欧洲工业革命后，各个工业化国家都有机会利用他国丰富的森林资源，发展本国经济。进入 20 世纪中期，全球森林锐减，尤其是热带地区森林的锐减，导致了全球的生态环境恶化，引起发达国家和发展中国家的普遍重视。发达国家为了本国的环境改善和木材需要，大力发展人工林，同时为了全球生态环境的改善，要求发展中国家，主要是热带地区限制甚至禁止采伐热带雨林和出口木材；发展中国家为了保护本国资源，限制原木出口，同时开发森林，发展本国木材加工业，并且要求发达国家承担对第三世界掠夺森林的历史责任和国际义务。这种开发森林和保护森林、发展人工林和限制森林采伐、发展国际木材贸易和限制热带林木材出口等一国乃至全球行为，都是建立在"我们共同生活在一个地球上"的观点上的。这就是现代林业所要求的应从全球角度看待森林的保护、开发、利用。

二、林业经营的理论体系

林业经营理论，是林业生产实践的指南，对林业的发展具有极大的影响。近半个世纪以来，林业经营理论有了很大的变化和发展，产生了许多学派，其具体理论如下：

（一）森林多功能理论

森林多功能理论，不仅强调林业生产多样性，而且还考虑生物多样性、景观多样性和人文多样性等。按照多功能理论经营的森林，原则上实行长伐期和择伐作业，人工林宜天然化经营，主要生产优质木材。由于轮伐期长，采伐利用强度低，人工干预时间少，生态系统可以保持长期稳定，从而各种生态功能也较强。永续多项利用森林经营理论、多资源森林经营理论以及多价值森林经营理论等，可以认为均属于多功能经营理论的范畴。

发展中国家，特别是亚洲国家所走的社会林业、农用林业的道路，也可以认为是多功能理论的一种经营形式。森林多功能理论的主要思想是：①保护和扩大森林资源，提高经营水平，满足国民经济和人民对林产品的需求；②保持生态平衡，改善生活环境，发展乡村林业，摆脱贫困，提高人民生活水平。

（二）新林业理论

新林业理论主要以森林生态学和景观生态学的原理为基础，并吸收传统林业中的合理部分，以实现森林的经济价值、生态价值和社会价值相互统一为经营目标，建成不但能永续生产木材及其他林产品，而且也能持久发挥保护生物多样性、改善生态环境等多种生态效益和社会效益的林业。

新林业理论最显著的特点，是把所有森林资源视为一个不可侵害的整体，不但强调木材生产，而且极为重视森林的生态和社会效益。因此，在林业生产实践中，主张把生产和保护融为一体，以真正满足社会对森林等林产品的需要和对改善生态环境、保护生物多样性的要求。

新林业理论的主要框架是由林分和景观2个层次组成的：林分层次的经营目标，是保护或再建，不仅能够永续生产各种产品，而且也能够持续发挥多种生态效益的组成、结构和功能多样性的森林；景观层次的经营目标，是要创造森林镶嵌体数量多、分布合理并能永续提供多种林产品和其他各种价值的森林景观。

（三）生态林业理论

生态林业理论的理论基础是生态平衡，强调发挥森林作为陆地生态系统的主体所具有的空间、时间、种群、生产和演替等优势，使生物种群配合和食物链多次循环利用所形成的结构达到生产力最大、经济效益最高，还能净化美化环境的一整套生物技术体系，形成综合效益的新型体系的产业。其实质是从生产角度强调森林资源与环境的永续利用原则，摒弃单纯追求木材生产、不考虑甚至破坏生态环境的错误做法。正确处理木材生产与生态利用的关系，把维护森林的生态功能放在首位，这应该是建立新的林业发展格局的指导原则。

具体地说，就是以生态学和生态经济学为理论指导，运用系统工程的方法，以科学技术为手段，按自然区域，通过调查研究，全面区划、规划，建立以多年生木本植物为主体的复合生态经济型的林业生产模式，充分发挥生态、经济和社会效益，以达到改善生态环境、促进国民经济和社会持续发展的目的。

（四）社会林业理论

社会林业理论，是发展中国家提出的，强调以乡村发展为目的的植树造林运动，由当地人民广泛参与，并从中直接受益，进而改变乡村贫困，减轻毁林压力，稳定生态环境。社会林业是人类利用森林具有特殊的多功能、多效益的一种社会组织形式，是人类为了纠正农业发展过程和工业化过程中片面追求过伐森林收获木材的效益而引起的生态、社会问题，适应社会发展的特点和文化背景而产生的一种社会协调组织形式。因此，它是历史的产物，是在一定的社会生态环境下的产物，其目的在于通过一定的社会组织形式，协调社会中人与自然环境、生产与自然环境的关系，借以保障人的生存环境和工农业生产环境的质量，维持有利于生存和生产的状态。

社会林业因国家的农业现代化和工业化进程、人口、问题、生态环境等不同而有明显的差异。在发展中国家，农业还没有现代化，工业化过程起步较晚，社会林业对改善乡村经济与生态环境是一种成功的组织协调形式；工业化和后工业化的经济发达国家的社会林业，则对改善城市环境和本国国土整治是一种重要的组织协调形式。社会林业既是历史的产物，也随着社会生态系统变化而产生和发展。社会林业是以社会生态系统动态平衡原理以及发展经济学原理为指导思想，以人—森林与环境—社会经济为对象。

当今出现的由于社会生态系统中熵值增大而导致的无秩序化，唤起了人类为建立人的生态环境和工农业生产与自然环境协调的秩序而进行的改革，这并非谋求让森林回复到原始平衡状态，而是寻求在混沌中的有序化进程，建立社会生态系统的新的平衡。这正是发展社会林业的目的，也正是社会林业被称为现代林业的一种社会组织协调形式的原因之所在。

第二节　林业经营形式与分类经营

一、林业经营形式

经营形式就是在经营过程中经营者和经营资产的具体结合方以及表现出的各种利益关系。经营形式的确定主要取决于技术、社会和经济条件。林业经营形式就是在一定技术和社会经济条件下，经营者与经营资产的结合方式，以及由此形成的各种利益关系，是林业生产经营活动的具体组织管理形式，也是不同林业所有制关系在林业生产经营活动中的具体体现。林业经营形式应当与其对应的所有制关系相适应，与具体的生产经营活动相适应，只有这样，才能使经营效果和生产力得到提高。目前，我国林业经营形式多种多样，概括起来主要有以下 5 种：

（一）家庭林场经营

家庭林场经营是在农村联产承包经营的基础上形成的一种经营形式。这种经营形式是以农村家庭或个人为单位，以农民的自留山或承包、承租集体山林或他人的山地为基础开展林业经营，主要有林业专业户经营和家庭林场经营 2 种。它是我国南方集体林区林业经营的普遍形式，是林业商品经济发展过程中的产物。家庭林场经营具有独自的特点：①有一定的经营规模；②有明确的培育目的；③林业商品率有一定的比重；④有一定的科学经营基础。但是这种经营形式因受本身经济条件的制约，其发展受到限制。

（二）林业折股经营

林业折股经营是随着家庭联产承包责任制应运而生的。折股经营的核心是将集体的山林折价作股，按股份配给个人，分股不分山，分利不分林，农民持有的股票只是作为对集体山林占有权的证明，农民根据占有股票的多少享有收益的分配权并参加对集体山林的管理。林业折股经营最早出现在福建省三明地区，该地区首先实行"折股经营""分股不分山""分利不分林"的经营形式，按照因地制宜、实事求是、林农自愿的原则进行。1985 年普遍成立了实施"折股经营""分股不分山""分利不分林"经营形式的村林业股东会，逐步理顺了股东会与村委会间的关系，使股东会成为自主经营、独立核算、自负盈亏的经营实体。这就是所谓的"三明模式"。1990 年广东的一些林区县也实行了折股经营的办法，"折股到户、按股分红、统一经营、分业承包"。承认"三定""分山到户"的历史，不改变原来的山林权属，尊重承包者的自主权。

（三）林业合作经营

林业合作经营是以森林资源生产经营活动为主的多种所有制合作经营的一种形式，是以林地、森林资源、资本、技术、劳力等各种生产要素组建成的联营实体。其合作的原则是资源互用、山林不变、收益分成和管理专业。合作经营，在责权明确的基础上可以广泛吸纳社会要素进行林业生产，这就在很大程度上缓解了林业生产投入不足和技术薄弱等矛盾。同时，还可以使森林资源的培育同利用更紧密地结合起来，提高林业经营的效益。林业合作经营在发展中积累了很多的经验，根据不同的合作特点形成了很多合作的具体形式。其中，国社合作造林和联合承包造林就是 2 种最普遍的形式。国社合作造林是指国有林场或国有林业企业同集体乡村林场联合经营，主要针对一些大面积集中连片的宜林荒山，或是交通沿线人口密集、少林缺柴、林业收入少、集中开发需要大量资金、乡村本身力量远远不足、国有林业单位又暂时无力经营、长期得不到开发利用的地区。联合体承包经营主要是联产承包荒山造林或现有林管护，通过集资集劳等方式，订立承包合同，收益按比例分成。

林业合作经营有3个好处：①国家、集体、群众三者相结合，有利于短期内集中连片建立林业基地；②资本、技术和经营管理相结合，有利于保证造林质量和效益；③合作各方互利互惠，有利于长期经营。

（四）林业企业集团化经营

林业企业集团是指由2个以上林业企业通过联合、收购、兼并等形式组织起来的集团化经营形式。这种经营形式是社会主义市场经济发展的产物。在市场经济条件下，企业为了规避风险，降低成本，互相之间通过联合协议或购并方案，组成林、工、商或产、供、销一体化的联合体，目的是节约资源，便于进行集约化经营，更好地参与市场竞争。林业企业集团化经营有利于集团内部资源的重新配置与组合，充分利用集团内部的人、财、物等生产要素，避免重复生产，减少浪费，可以统一组织生产经营活动。在市场经济条件下，这种经营形式有较强的生存和发展能力。

（五）股份制林业企业经营

股份制林业企业是指将林业企业所拥有的或股东投资的资产划分为若干等额的股份，按照《中华人民共和国公司法》的要求组建起来的企业组织经营形式。股东是资产的所有者。通常有国家股、法人股和个人股，分别代表国有资产、法人资产和投资者个人资产。股东根据其持有股票的多少而享有参与管理决策、资产受益等权利。股份制林业企业设有股东会、董事会和管理机构。股东会是企业的最高权力机构；董事会是受股东会委托管理企业的机构；而一般管理机构如总经理等是由董事会聘任的。因此，企业的管理者必须对董事会负责，而董事会必须对股东会负责。股份制林业企业一般采用公司制即股份有限公司，这种组织经营形式是现代企业制度的主要形式，是市场经济条件下的产物。这种形式有利于明晰产权，明确责任，政企分开；有利于建立科学的管理机制和激励约束机制。

二、林业分类经营

（一）林业分类经营的客观依据

对林业分类经营的客观依据是林业本身的基本经济属性。在市场经济条件下，林业生产有两大类产品（或服务）：①有价格的各种林产品，它们是可以用于交换的商品，如木材、茶、果等，这些产品可以为经营者独占，并且可以出售、转让、租赁等获取利益，由于有价格信息，可以通过市场进行资源配置；②无价格的各种产出（服务），如保持水土、涵养水源、防风固沙、调节气候、美化环境等服务，这些服务的占有和消费是难以排除他人的，经营者无法通过出售和交换占有其利益，也不可能通过市场去进行资源配置。

在计划经济体制下，区分两种产出并没有多少实际意义。而在市场经济体制下，做出区分则是有重要意义的，特别是对林业企业的经营具有决定意义。因为在市场经济体制下，先要区分政府和企业的职能，然后确定不同的经营体制、投资渠道、资金来源。为社会大众提供公共产品和服务的应该是政府职能，由政府来配置其资源，资金投入应由财政负担。为社会提供各种林产品能进入市场的林业企业，由市场来配置资源，按市场经济规律自负盈亏。

（二）林业分类经营与森林分类经营

林业分类经营内涵比森林分类经营要广，大体分为以下层面：

1. 森林分类及其森林分类经营

森林分类是森林分类经营的基础，而森林分类经营又是林业分类经营的基础。分类是手段，不是目的。森林分类经营是以林种经营目标为依据的组织经营模式，便于目标管理。

森林分类经营是指根据森林所处的自然环境和社会经济条件，以及森林的结构特点（结构决定功能），分成几种不同类型，按照各自的经营目的，采用相应的经营模式，便于目标管理。森林分类经营的重点是经营，属企业行为。林业的特点之一是周期长，森林经营贯彻林业生产全过程。

2. 经营主体的分类

按政企分开的原则，经营生态公益林的是政府提供经费的事业单位，经营商品林的是各种企业单位和个人。现在的林业经营单位和个人按这一原则，大多数是可以划分的。有一部分既有生态公益林，也有商品林的可以作为企业对待，但国家和社区要给予一定的补偿。对林农经营的生态公益林，国家和社区也要根据其损失给予补偿。

3. 管理体制、运行机制的分类

（1）公益林建设属社会公益事业，按事权划分，采取政府为主、社会参与和受益补偿的投入机制，由各级政府负责体制建设和管理。跨流域跨地区的重点公益林建设工程、生物多样性保护工程和荒漠化防治工程、天然林保护工程等由中央政府负责；地方各级政府划定的公益林由地方负责；分散的防护林、风景林、四旁树等按隶属生态系统，由各部门各单位和农村集体经济组织负责。

（2）公益林实行"谁受益，谁负担，社会受益，政府投入"的原则。服务对象明确的，由服务对象对公益林经营者实行补偿。服务对象不明确的，由政府补偿。

（3）商品林要在国家产业政策指导下，以追求最大经济效益为目标，按市场需求调整产业产品结构，自主经营，自负盈亏。

（4）商品林可以依法承包、转让、抵押。转让时，被转让的林木依附的林地使用权可以随之转移。探索森林产权市场交易形式，建立起有利于实现森林资源资产变现、作为资本参与运营的机制。公益林的景观资源可开发权可以一起转让。合资合作经营的森林林木所依附的林地的使用权、景观等可以作为合资合作的条件。

4.经营制度、经营模式的分类

公益林建设以生态防护、生物多样性保护、国土保安为经营目的，以最大限度发挥生态效益和社会效益为目标，遵循森林自然演替规律，及其自然群落层次结构多样性的特性，采取针阔混交，多树种、多层次、异龄化与合理密度的林分结构。封山育林、飞播造林、人工造林、补植，管护并举，封育结合，乔、灌、草结合，以封山育林、天然更新为主，辅之以人工促进天然更新。

商品林建设以向社会提供木材及林产品为主要经营目的，以追求最大的经济效益为目标，要广泛运用新的经营技术、培育措施和经营模式，实行高投入、高产出、高科技、高效益，定向培育、基地化生产、集约化规模经营。以商品林基地为第一车间，延长林产工业和林副产品加工业产业链，构建贸工林一体化商品林业。

总之，公益林属于社会事业，主要发挥生态效益和社会效益，按公益事业建设管理，由各级财政投资和组织社会力量建设，主要依靠法律手段和行政手段管理，辅之以必要的经济手段。商品林属于基础产业，主要追求经济效益，依靠市场调节其发展，实行企业化经营管理，靠经济手段和法律手段管理，按市场需要组织生产，自主经营，自负盈亏。林业分类经营与森林分类经营的内涵有所不同，林业分类经营是政府行为（宏观决策）；森林分类经营既有政府行为，又有企业行为，但主要是企业行为。

综上所述，分类经营可理解为：慎重地区划森林资源，协调相关效益间的不同利用，减少其利用间的矛盾与冲突，达到各功能间互补与优化。分类经营是一种手段，通过小空间资源的分类实现大空间资源的优化组合。

森林分类经营是林业分类经营的前提和关键，要搞好林业分类经营，首先必须将森林资源分类落到实处，即森林分类区划界定。只有做好区划工作，才能将森林分类经营从5个林种划分水平上，上升到经营水平上。

第三节　林业经济效益评价方法

林业经济效益评价是为了衡量林业经济活动的成果。科学合理的效益评价，有助于客观认识林业经济活动中投入与产出的关系，从而致力于提高投资效益和资源利用效益，缓解我国人口多与资源相对不足、资金短缺的矛盾，提高经济增长的速度。

一、林业经济效益原理

（一）经济效益原理

1. 经济效益及相关概念

经济效益就是把劳动消耗、劳动占用同劳动成果和利益联系起来，考核它们之间的对比关系，以期从数量方面对经济发展目标的实现程度进行评价。

还有 2 个与经济效益相似但又不完全相同的名词，即经济效果和经济效率。经济效果的提出比经济效益更早，且目前仍然有许多地方在使用该名词。在技术经济学中，往往把"成果与消耗之比""产出与投入"称为经济效果，而将经济活动中所取得的有效劳动成果与劳动耗费的比较称为经济效益。但是在具体的项目评价中，往往 2 个名词相互替代。

经济效率是指用货币计量的投入与产出之间的比率。在微观生产理论中，效率是指资源投入与有用产出之间的比率。在福利经济学中的效率，是指产出与效用之间的比率。换言之，在资源投入一定的情况下，提高生产领域的效率，会增加有用总产出；在产出一定的情况下，提高消费领域的效率，会增加总效用。总之，在资源一定的情况下，提高经济效益会使人类需要得到更大满足，这正是效率在经济学中占有核心地位的原因所在。因此，经济效益与经济效率的研究范围和目的等方面具有相同性。但是，经济效率在表现上主要是用投入与产出的比率来表现。

2. 经济效益的基本内容

在物质生产领域，经济效益的基本内容如下：

（1）劳动消耗与劳动成果的对比关系。人类从事物质生产活动，就是经自己的劳动和相应的物质手段来改造自然，取得社会需要的物质资料。从简单劳动过程看，经济效益就是劳动消耗与劳动成果的比。这一过程是任何社会都客观存在的，不管各个社会生产的特殊目的是什么，它必须消耗劳动，生产使用价值，而劳动消耗同劳动成果的对比，始终是人类所关心的。但是，在私有制社会受到限制，仅仅具有相对意义，只有到了社会主义社会，才以充分的形式表现出来。因为提高经济效益，进行劳动消耗同劳动成果的比较，是社会主义经济建设的中心问题。

（2）劳动成果同社会需要的对比关系，是社会主义基本经济规律的客观要求。社会主义生产目的，就是要保证最大限度地满足社会及其成员不断增长的物质和文化需要。物质生产能否达到这个目的，就看这些劳动成果或者说使用价值满足社会需要的程度如何，这是衡量实现社会主义基本经济规律要求的标准。只有当劳动成果无论在数量上或品种和质量上都适应社会日益增长的需要，才能获得最佳经济效益，否则劳动成果得不到社会承认，就会造成极大的社会浪费，所以力求生产符合社会需要的使用价值，始终是社会主义经济效益的中心问题。

（3）劳动占用与劳动成果的对比关系，是指物化劳动占用同劳动成果的对比关系。实质上是要考核物质的经常性消耗（生产费用）和一次性垫支（资金占用）的最优结合问题。这是我国提高经济效益的重要问题。社会主义经济效益，在物质生产领域是基本的，而非物质生产领域的活动，如智力投资等，同样需要劳动消耗和劳动占用，要把这些劳动消耗和占用同它们活动的目的相比较，考核科学、文教等非物质生产领域的经济效益。

3.经济效益的一般分类

（1）按研究主体范围大小分为宏观经济效益与微观经济效益。

宏观经济效益就是指把某一国家的国民经济作为经济总体，综合研究整个国家的所得和所费的比率，包括综合研究国民经济各部门或行业、地区、再生产各环节或者各种资源的经济效益，宏观经济效益不是各个部门或行业经济效益的简单相加，而是其相互影响、相互作用的产物。因此，必须从国家整体角度来看，合理的产业结构、企业结构及产品结构，地区的、社会再生产的各环节、各种资源等关系到国民经济整体运行的各方面的经济效益，都是提高宏观经济效益所必需的基础。

微观经济效益就是相对于宏观来说在更小范围的个体的经济效益。相对于国民经济来说，微观经济个体可以是企业、某一个单个的产业或部门，或者是一个特定的地区。

从经济学的角度来看，宏观经济效益等同于国民经济经济效益和社会经济状况，而微观经济效益是个别企业单位的经济效益。而产业、地区等中间层次也可称为中观经济，为此可称为中观经济效益。

（2）按社会再生产过程的各个环节分为生产经济效益、消费经济效益和社会经济效益。社会再生产是由生产、分配、交换和消费4个环节组成。在这些环节中，生产是基础，分配和交换是手段或途径，消费是目的。因此，再生产过程的实质是生产与消费的统一，在生产过程中，要研究如何以尽可能少的资源投入，生产出尽可能多的产品和劳务，以取得最佳经济效益；如何将生产环节的产出经过合理分配、交换和消费，取得最大的效用，即最佳消费经济效益。而将最佳生产与消费经济效益结合起来，以尽可能少的资源投入，取得最大的效用，即最佳社会经济效益。

（3）按投入与产出在空间范围上是否一致分为内在经济效益与外在经济效益。经济效益从其投入与产出、所费与所得的空间角度，可分为内在经济效益和外在经济效益。所谓内在经济效益是指不存在或不考虑投入和产出的外部经济性或不经济性时的经济效益；外在经济效益是指由于投入和产出外部经济性或不经济性所产生的经济效益。

（4）按时期长短分为近期经济效益和长远经济效益。近期经济效益是指经济活动或某项技术的采用在当期或近期内投入与产出的比较；而远期经济效益，则是指在更长时间上某一项目或经济活动所费和所得的比。一般来讲，近期经济效益应服从长远经济效益。某项目在当期的投入会大于收益，但是，在未来更长时间里，会取得较大的收益。

（5）按是否考虑时间因素分为静态经济效益和动态经济效益。当计算某一技术或项目方案的经济效益时，如果不考虑货币的时间价值时，得到的经济效益称为静态经济效益；如果考虑货币时间价值时，得到的经济效益称为动态经济效益。在市场经济条件下，任何一个投资项目或技术改进等项目的经济效益，都与项目建设期间和投产后所生产的产品价格变动有着直接的关系。为了更好地体现出不同时期投入的价值量与所得的价值量之间的差或比值，准确反映出项目的经济效益，应该以动态的经济效益作为项目选择或确定方案的标准。

（6）按经济活动所产生的成果来源不同，可将经济效益分为直接经济效益和间接经济效益。直接经济效益是指根据生产活动直接获得的成果所计算的经济效益，如木材采运生产所得到的直接产品就是原木，按原木计算的成果就是直接经济效益；间接经济效益是指生产活动所产生的间接成果，如由于木材采运生产需要所带来的机械制造业、对木材加工和深加工等产业发展的需要增加的经济效益。

（7）按产出的形态分为有形经济效益和无形经济效益。根据产品具体的形态不同，可分为有形产品和无形产品，当计算经济效益的成果是具有一定的几何形状的产品时，称其为有形经济效益；反之为无形经济效益。林业经济活动中，不仅为社会提供木材及木材制品，同时也为社会提供诸如涵养水源、净化空气、改善环境等无形的森林生态产品。对于如何准确计算和评价林业经济中的无形产品及其经济效益的问题，至今仍然是受到林业经济学乃至经济学界普遍关注的热点问题之一，也是经济效益问题研究的关键性问题。

（二）林业经济效益的基本内涵

"林业是重要的经济部门，化工、建材、装饰等行业都离不开林业开发所提供的木材，同时，由于森林是自然生态系统的重要组成部分，林业的开发和运营还承担着维护生态平衡的职责，因此，开发林业必须兼顾经济效益与生态保护的平衡。"[①] 人们在培育、保护和开发利用森林资源产业等经济活动过程中，不仅提供了大量的森林资源、木材及木材制品等有形的和直接的经济产品，从而获得直接的和有形的经济效益；同时，也因此而给人们带来间接的和无形的生态效益和社会效益。

1.林业经济效益

林业经济效益就是反映人们在经营林业生产劳动过程中，投入对产出、费用对效用、所费对所得的相互关系的比较，它表现为人们营林生产、木材采伐运输、木材加工和林产化学等一系列林业经济活动合乎目的的程度，包括满足人们需要的物质效果和经济利

---

① 马雪亮，秦婷. 林业经济效益与生态保护的平衡 [J]. 现代园艺，2016（08）：146.

益，属于直接的和有形的效益。就此含义来讲，可视其为狭义的林业经济效益。

林业经济效益按评价的内容、标准和表现形式不同，可分为绝对经济效益和相对经济效益。绝对经济效益指某项生产技术方案的投入与产出之间的比值或差额，主要通过经济效益临界值分析，用来确定技术方案或措施本身有无经济效益，即所得除以所费＞1，或者所得减所费＞0；所谓相对经济效益是指2种以上可行性方案之间，或新方案与对照方案之间的经济效益相对比，即新技术经济效益除以原技术经济效益＞1，或者新技术经济效益减原技术经济效益＞0。通过这种比较，可以选出最佳方案或措施，相对经济效益主要用于方案择优。

2. 林业生态效益

林业生态效益是指人们在营林生产过程中，通过投入一定量的劳动而对森林生态系统的诸多因素和整个生态系统的平衡产生的某种影响，从而对人们的生活环境和生产条件产生的效益。它反映人们营林劳动耗费和耗费这些劳动对维护生态系统的平衡所起的作用的比较关系。由于人们经营管理森林资源的过程中，特别是对各种防护林经营，将使生态环境质量得到改善，进而满足人们不断增长的对良好生产和生活环境的需要。这些生态效益不仅具有使用价值，而且应该具有价值，因为它也包含了"人类劳动力耗费的单纯凝结"。

然而，在现实生活中，经过林业生产经营活动所产生的具有使用价值和价值的生态效益，诸如新鲜空气、保持水土、防风固沙、涵养水源等，因其属于林业生产过程中的无形产品，无法准确得到产出的数量，也就无法进行市场交换，从而也就无法通过市场交易来实现这些生态产品的价值。消费这些无形产品还具有非排他性，即每一个享受到新鲜空气、保持水土、防风固沙、涵养水源等好处的受益人不会因为他的消费而减少其他人消费。换言之，在森林周边的所有人都可以同时享受到森林所产生的生态效益而不为其所得到的生态效益付费。因此，对于林业生产者来说，他们对森林资源的经营活动具有正的外部性。这将导致林业生产者的利益损失，同时，也将造成其他投资者不愿意对林业生产投资。

3. 林业社会效益

林业社会效益是指林业经济效益与林业生态效益的结合，其实质上是林业生产经济效益的不同利用方式，是由于投入一定的劳动和其他生产要素经营管理森林，从而改善了森林及其周边地区的生态环境条件，从而对人类社会和人类自身的生存与发展，包括人类的生存、繁衍、生理和心理等方面所发生的影响。从这个角度来说，林业的社会效益和生态效益很难截然分开。而林业的经济效益也无法脱离开林业的生态效益和社会效益而存在。三者之间相互依存、相互制约。

（三）林业经济效益的影响因素

林业经济效益受多种因素的影响，既有自然条件、经济条件等方面的客观因素，又有劳动者素质和管理水平方面的主观因素；既有林业部门本身的因素，又有经济政策、价格政策等宏观经济因素。

从林业内部来看，影响林业经济效益的因素主要有以下几方面：

1. 生产要素条件

林业经济效益受到各种要素条件的制约。如果自然资源、经济资源、劳动力资源等生产要素发生变化，则相同的投入会产生不同的经济效益。森林资源的地域性分布、数量、质量、结构，所处地区的气候条件、地形、地貌、土壤等立地条件等因素，都是影响林业生产的经济效益的自然资源的条件。经济资源诸如林业资金的数量、来源和投入方式，林业生产所需要的技术、机械设备的供给、林产品的市场价格和国际木材产品市场的状况等，也会影响到林业生产的经济效益。

2. 经营方针和政策

林业生产单位的经营方针涉及经营目标的选择、生产类型的确定、生产结构和生产布局等有关林业总体规划和布局的一系列重大问题。经营方针正确与否，对于发挥自然、经济和技术优势，合理利用各种资源有重大作用，是影响林业经济效益的重要因素。

3. 林业经营管理水平

林业生产单位的经营管理水平，不仅直接影响生产单位的人、财、物等生产要素的合理结合，而且还影响技术应用和产品开发，与提高林业生产的经济效益有密切关系。

4. 林业经济管理体制

从物质利益分配关系来看，在林业经济活动中，对国家、集体、个人三者利益处理是否妥当，林业经济主体内部生产责任制以及企业内部的管理制度是否完善等关系林业经济管理体制方面的问题，都对提高林业经济效益、推动林业生产力的发展，具有极大的影响。

（四）提高林业经济效益的基本途径

根据经济效益的一般概念和表现经济效益的 2 个方面——劳动成果和劳动消耗，提高经济效益的途径如下：

第一，以同样的消耗，获得更多的劳动成果。从劳动成果方面看，在同等劳动消耗量情况下，劳动成果越多，则经济效益也就越大。而要实现经济效益的提高，就要不断地提高对所投入的劳动消耗和其他各种生产要素的利用率，争取收益最大化。

第二，以更少的消耗，获得同等数量的劳动成果。从劳动消耗方面来看，在取得同等劳动成果的条件下，减少劳动消耗，从而使得经济效益最大化。因此，提高经济效益的关键在于采用合理先进的生产技术、管理措施，降低劳动消耗，争取成本最小化。

第三，尽可能地使消耗的增长幅度小于成果的增长幅度。当劳动消耗和劳动成果均为变量时，消耗的增长幅度小于劳动成果的增长幅度，则经济效益就会上升；相反，则经济效益下降。如利用现代林业科学技术，采用优良速生树种，营造速生丰产林，实行林业集约化生产，使得产出经济效益的增长幅度远远大于所投入的劳动消耗的增长幅度。

第四，劳动成果增长与劳动消耗降低。通过增产节约，提高林业经济效益。在林业生产过程中，一方面通过对采伐、加工等生产过程中的剩余物利用，节约森林资源的消耗，提高森林资源的利用率；另一方面也增加了林产品的产出。

第五，当进一步分解劳动消耗和劳动成果的具体内容时，经济效益的提高还要考虑各组成部分之间的相互影响和作用，局部经济效益与整体经济效益的协调。特别是在考虑到林业经济效益与林业的生态效益和社会效益之间的关系时，可以通过政府的政策措施或其他手段，协调生态效益与林业的经济效益之间的关系，从而保证林业经济效益能够持续不断地提高。

二、林业经济效益评价指标

（一）林业经济效益评价的步骤

所谓经济效益评价就是要运用经济效益理论，对宏观与微观经济实践的经济效益的有无或高低等进行评价，目的在于认识过去、说明现状、计划未来，以全面提高经济效益。

林业经济效益评价是对林业的投资方案、新技术采用或生产经济活动的成果与产出进行比较，从而说明林业某项新技术、多个投资方案或生产等经济活动能够产生的经济效益的有无或高低，从而为新技术采用、多种林业投资方案的选择决策，对林业经济发展政策的执行效果等提供系统的、科学的数量依据。

林业经济效益评价需要采用定性与定量相结合的方法。林业经济效益评价的步骤如下：

第一，确定评价目的。根据需要评价的林业经济问题，明确评价目的。

第二，确定评价指标体系和评价方法。林业经济效益评价要在确定的评价目的的指导下，运用相关的经济理论和专业知识，对所要评价的研究对象进行定性的研究分析，了解研究对象的消耗和成果方面的特点和构成，决定经济效益的具体表现，从而确定具体评价的指标和指标体系。

第三，搜集和整理相关资料，进行分析和评价。采取科学实地调查方法，或者搜集已有的统计资料，获得各项评价指标的数值。在此基础上，运用评价方法进行定量分析，获得具有客观性、系统性和科学性的数量评价结果。

第四，对评价结果进行检验。经过上述分析所得到的结果，需要进行相应的检验，包括调查精度、可靠性、敏感性等的检验。不同的分析评价方法，要求不同的检验项目。如果前述分析结果不能通过检验，则要返回到第二步，重新进行各步骤的工作，检查和修正已有的评价指标体系、指标数据资料的搜集、整理和分析等工作环节。如果通过了分析评价方法所要求的检验，则进入下一个环节。

第五，将评价结论应用于制定相关的决策或政策制定。在完成上述一系列工作过程之后，还要对评价结果进行解释说明，从而为林业经济活动的选择决策和政策制定等提供依据和指导。在林业经济效益评价工作过程中，运用多个评价指标对所要评价的对象进行数量方面的分析是其主要内容。而建立评价指标及指标体系是评价工作的核心。

（二）林业经济效益指标和指标体系

1. 林业经济效益指标

在经济研究中，指标是用来反映某种社会经济现象总体数量方面的名称和数值。它有6个构成要素，即指标名称、计算单位、计算方法、时间限制、空间限制和具体数值。根据指标的性质、计算方法不同或表现形式不同等方面，可将指标划分为总量指标、相对指标和平均指标等类别。指标的数值可以是一个绝对数，也可以是一个相对数或平均数。在林业经济效益评价中使用的指标，称为林业经济效益评价指标，它是反映林业生产过程中投入与产出相互关系的数值形式，是用来衡量林业经济效益的一种尺度和工具。

2. 林业经济效益指标体系

一个指标只能表现经济现象的某一个数量方面的特征。然而，社会经济现象是非常复杂的，在具体分析中，要从多个角度、多个方面对其进行分析，因此，就需要运用一系列相互联系的指标构成说明同一经济现象总体的指标群（或称指标的集合），即指标体系。

由于林业是一个多部门的生产系统，林业经济效益评价内容广泛且多样，所以，需要设置和运用一系列指标，以便从不同的角度和不同的方面，综合地、全面地反映林业经济效益。例如，反映林地利用的经济效益的林地赢利率指标；反映劳动力利用的经济效益的直接生产工人劳动生产率和全员劳动生产率等指标；反映经营效果的利润指标等。这些相互关联和相互补充的指标就构成了评价林业经济效益的指标体系。

（三）林业经济效益评价指标体系的设置原则

建立林业经济效益指标体系，即依据指标设置的原则，选择若干具有代表性的指标反映林业经济效益各个侧面的发展水平，用科学的方法构造综合效益指数，以便对比分析林业经济效益的水平。林业经济效益的评价指标的设置要遵循的原则包括如下内容：

1. 系统科学性

根据林业经济效益的内涵，建立林业经济效益评价指标体系，必须坚持系统科学性原则，重点把握林业生产系统内指标间的内在联系性和相互统一性，科学地反映林业生产过程中各项投入和劳动成果之间的内在关系。同时，在指标的表现形式和具体内容上，既要有绝对数指标，也要有相对数指标和平均数指标；既要有实物指标，也要有价值指标。

2. 实践指导性

设置指标体系应注重实践的指导性，只有坚持来源于实践又可指导实践的原则，才便于普及和推广。

3. 实用操作性

强调指标的实用性、可操作性原则，在于各指标易于理解，具有现代化操作程序。如果指标边界模糊，有关数据难以采集，甚至需要经过复杂计算，则难有使用价值。

4. 时序动态性

对指标体系的设置，要考虑指标动态原则。不同的时期，林业经济发展具有不同的特点，在进行林业经济效益的综合评价时，不仅要在同一时点上进行分析，还要揭示系统的发展趋势，分析其结构的稳定性和缓冲性，并进行有效控制。因此，一方面在指标的设置上，要考虑水平指标与速度指标；另一方面，对不同时期指标体系要进行适时的调整和改进。

5. 纵横可比性

任何指标的合理化程度和运用效果都是从比较中衡量和鉴别的。林业经济效益的评价不仅要在不同的时序上纵向可比，还要能够对不同地域空间或不同的单位之间在同一时序上横向可比。纵横可比性要求指标的含义、计算的方法、计量单位、统计的范围和计算内容的范围等方面保持一致。此外，在设计经济效益指标时，应该考虑所设计的指标与国民经济核算指标体系、经济统计和会计核算等方面所使用的指标保持一致，以便在指标应用时，能够很方便地进行数据的获取。对于特殊指标则需要进行专门的设置。

（四）林业经济效益指标体系

1. 林业经济效益指标体系的构成

为了科学地建立林业经济效益指标体系，必须研究指标体系的构成，主要包括以下三类指标：

（1）林业经济效益衡量指标。林业经济效益衡量指标是用于反映林业经济活动中的劳动消耗与劳动成果之间的比较，能直接计算和衡量不同的生产技术、经营方案或设备的使用的经济效益大小。因此，这类指标在林业经济效益评价指标体系中处于主体地位，称为主体指标。它以数值形式比较综合地反映林业生产投入与产出的关系，用来衡量林业经济效益的大小。常用的指标有劳动生产率、全要素劳动生产率、投资利润率等。

（2）林业经济效益分析指标。林业经济效益分析指标主要是用于分析林业经济效益同相关因素的关系的指标，主要用来反映各种影响林业经济效益的因素对林业经济效益所起的不同作用和影响程度。在评价指标体系中处于辅助地位，称为辅助指标。根据指标所反映的内容，这类指标可以进一步划分为以下指标：

第一，经济分析指标。该类指标主要用于分析林业生产过程中投入或产出某一方面的内容，作为分析林业经济效益之用，如产量、产值、劳动用工量等。

第二，技术经济效益指标。该类指标反映技术措施应用于所能达到技术要求的程度，如种子发芽率、造林成活率、林木保存率等。该类指标具有各生产部门和各项技术措施的特点，所以因为各部门的技术特点不同、采用的技术措施不同而有所不同。

第三，生态效益分析指标。该类指标反映所采用营林措施对保护和改善生态环境以及提高生态效益的程度。在林业生产中，必须遵循生态平衡规律，合理组织生产，处理好森林和环境因素之间的关系，保持物质输入和输出间的正常交换关系，才有可能使生产持续发展，取得良好的经济效益。若超过了生态系统自动调节和自我恢复的能力，破坏了生态平衡，就可能产生森林的退化、水土流失、地力衰退、灾害频繁，甚至森林消失等现象。严重影响林业生产的经济效益。所以，林业经济效益评价需要分析生态效益，以期在生态上合理，经济上合算。

此外，还可以按照指标的表现形式，分为水平分析指标和结构分析指标。水平分析指标用以计算分析林业生产的经营成果以及各种投入和产出的经济水平；结构分析指标是指通过投入、产出、劳动与资源占用的构成比例，分析经济效益的实现程度以及经济活动的合理性的指标。

（3）林业经济效益目的指标。该类指标是反映林业生产技术应用所得对满足人们和社会需要的程度，故称为社会效益指标。主要有产量、产值、利润等的计划完成率、增长率，林产品的商品率，人均占有林地面积或森林蓄积量，人均消费指数等。目的指标在一定程度上既反映经济效益增长结果，又反映经济效益增长同积累和消费基金的增长关系。因此，该类指标是进行林业经济效益综合评价的和生产决策的重要依据，在经济效益评价指标体系中处于重要地位。

2.林业经济效益衡量指标组成

林业经济效益衡量指标主要从投入与产出2个方面进行比较。

（1）投入方面。林业所消耗的劳动总量包括物化劳动和活劳动，其价值形态可以近似地用生产费用来表示。除了劳动消耗外，还有劳动占用，包括固定资产占用量和流动资金占用量。土地是林业的重要投入，是林业最基本的生产资料。这样，林业中的生产投入归纳为土地、劳动、资金三大类。

（2）产出方面。一般是指生产劳动所创造的使用价值或价值。它可以是各种实物形态，也可以是价值形态。

（3）全资金利润率和全要素生产率。在经济效益评价指标中。除了上述指标外，还有2个需要了解的指标，即全资金利润率和全要素生产率。

利润部分又从价值形态方面完整地体现了从经济效益观点来看的最重要产出，即全部剩余产品价值。所以，全资金利润率指标可以很好地体现出工业生产经济效益的高低。

全要素生产率的增长率可以定义为各生产要素生产商品的经济、技术效率，是产出增长率与投入要素（资金和劳力）增长率加权和之间的差额。为了计算全要素生产率，可以设计出各种不同的数学模型。

（五）林业项目投资的综合评价指标体系

1. 林业项目投资的经济效益评价指标构成

（1）林业项目投资及其评价。林业项目投资是林业经济发展的必要保证，不仅关系到林业重点发展领域的建设资金需要，也可以实现林业产业在全国范围内的合理布局和产业结构调整，从而实现全局性、战略性地保护森林资源，改善生态环境，为我国经济和社会发展提供基础条件。

我国林业在20世纪70年代后期，随着改革开放政策实施，先后开展了"三北"防护林体系建设、农田林网水土保持和沙漠治理、平原绿化等一系列的林业生态工程项目，以及为提供更多木材产品的速生丰产林建设项目。进入21世纪以后，将各重点生态建设工程整合成六大重点工程，包括天然林资源保护工程、退耕还林（还草）工程、京津风沙源治理工程、"三北"等防护林工程、野生动植物保护工程和速生丰产林建设工程等项目，在保护和重建脆弱的森林生态系统、保护天然林资源和生物多样性、满足人们日益增长的木材及林产品需求、为国家经济和产业发展提供良好生态环境等方面发挥了巨大作用。

在众多林业项目投资活动中，都需要对项目资金投入进行多时段和全面的评价，包括项目实施前期的投资可行性评价，项目进行中的实施情况评价和项目建成后的评价。这些评价都离不开对项目投资的经济效益评价。

这些林业项目投资的经济效益主要体现在与该项目的预期目标密切相关的一系列相应的成果方面。不同的工程项目，目标不同，其评价的指标及指标体系也有很大不同。例如，天然林资源保护工程项目是以保护天然林资源为主要目的，为此，通过减少或禁止林业企业木材生产，加强天然林保护和培育，调整原有的产业结构，安置由于该工程造成的企业富余人员再就业，进而稳定林区经济和社会。因此，主要评价指标应该以天然林资源保护为核心，建立一系列相关的综合评价指标体系，对其进行评价。

（2）林业项目投资的经济效益指标构成。从经济效益的角度，林业项目投资的主要指标如下：

第一，林木蓄积量增量及其价值。对于森林资源培育和保护的营林生产性林业项目来说，林木培育的数量是一个重要的评价指标。这类项目包括速生丰产林、用材林建设和天然林保护等林业工程项目。具体指标包括：①活立木蓄积量增量；②活立木价值（林价）；③木材产量及产值。

第二，非林非木产品增量及其价值。除了上述活立木蓄积量和价值的增加量以外，能够使林业项目获得其他非木材的产品，包括林果、叶、浆、食用菌等林产品。这些产品的开发和利用，将使项目的经济效益增加。这些产品的经济效益应按其项目前后相比较所增加的产值计算。

第三，林业项目地区经济效益指标。包括地区生产总值及其各项产业产值，经济增长率，地方财政收入增长率，非林产业产值及其增长速度等。对于退耕还林项目投资的经济评价，还应设置退耕农民的年收入增长量或增长率、收入来源结构变化，退耕户的农作物（或畜牧）产品的增产数量或产值增长率指标。

2. 林业项目投资的生态效益评价指标构成

林业项目投资建设过程中，随着森林资源的保护和培育活动，工程项目总是不断提供森林各种的生态服务功能。这些生态服务主要包括涵养水源，防风固沙，防止水土流失；截尘降噪，净化空气，储碳释氧，调节气候；提供生物多样性保护等。因此，对其评价所使用的指标主要如下：

（1）涵养水源。具体包括：①我国水库建设成本；②我国各森林气候带年降水量和蒸散量；③我国森林气候带的森林面积。

（2）固定 CO_2。植物生长过程是一个通过消耗一定的光能，吸收 CO_2 和水，合成有机物质基础，从而释放氧气的过程。树林将吸收的 CO_2 转化成立木蓄积量。为此，固定 CO_2 的效益计算时，应该设置包括森林资源年净生产力，森林每生产1吨干物质固定 CO_2 量（吨）、固碳制氧造林成本等指标。其中，森林资源年净生产力是指单位森林面积上的针、阔叶林所积累的干物质数量。

（3）森林增加营养物质循环与储藏。植物生长过程中，从土壤中吸收和储存矿物质养分的能力，可以按森林资源的净生产力、各类森林面积和蓄积量以及各类森林所含的氮、磷、钾等元素的数量，根据各种化肥市场价格计算其经济价值。

（4）净化空气。根据单位面积森林所吸收 SO_2 能力、吸附尘埃能力，以及我国为减少 SO_2 和尘埃的平均治理费用或成本，可计算全部森林净化空气的效益。

（5）水土保持。按各类有林地土壤侵蚀模数，潜在侵蚀模数，土壤平均密度，土壤平均厚度，土壤中的氮、磷、钾等元素含量，我国各类化肥价格，水库建设成本等指标，用于计算森林资源减少土壤流失量和因此而减少的各种营养成分的流失量，以及森林拦截降水和林地持有水分的数量；再根据化肥价格和水库建设成本等指标，计算出相应的水土保持的效益量。

3.林业项目投资的社会效益评价指标构成

林业项目投资的社会效益评价指标主要包括：项目地区产业的构成及其变化、就业数量及其增长率、林业企业职工收入增加、非林产业产值及其构成、项目区减少贫困人数等方面的指标。

三、林业经济效益分析和评价方法

（一）比较分析法

比较分析法，也称对比分析法，是将通过调查、统计或实验所搜集到的有关技术和经济方面的数据资料加以分组和整理，根据可比性原则，运用各种经济效益指标进行对比分析的一种方法。在应用比较分析法时，需要特别注意多种可行性方案及其评价指标之间的可比性条件。

只有在评价对象、满足需要、劳动消耗、劳动占用、价格标准以及自然和社会经济条件等方面具备可比性条件，运用比较分析法才能得出正确结论。在比较分析时，可以是同一企业或地区的相关指标在不同时间上的比较，说明不同时间上，其经济效益的变化；也可以是不同企业或地区之间的比较，说明相互之间存在的经济效益上的差距。

比较分析法主要用于林业生产的规模、速度、水平、结构和经济效益等有关经济运行方面的对比和评价，特别适用于技术方案经济效益的对比。

比较分析法在实际应用中，依据分析、评价的对象不同，可分为以下方法：

第一，平行比较法。它是比较分析法中最基本、最常见的方法。在分析不同技术在相同条件下的经济效益，或者同项技术在不同条件下的经济效益时，多采用平行比较法。这种方法是通过调查研究，收集所要评价的某一单项技术、经济资料和数据，评价其经济效益的大小，从中选出经济效益最佳的方案。

第二，分组比较法。对于林业技术、经济活动资料，若不适于按调查项目对比，就需要将评价对象采用统计分组法。按照一定的标准对其进行分组，然后再比较各组的平均数并进行经济评价，这种方式就是分组比较法。

第三，动态比较法。平行比较法和分组比较法主要是用同一时期资料，从静态上来比较。但有些林业经济效益还存在着时间上的变化，需要从时间的角度，利用各项评价指标的时间数列进行对比。这种方法叫作动态比较法。它是采用普遍联系的观点来研究现象的动态变化及其影响因素的方法，即把若干有联系的动态数据排列起来进行分析，用以提示经济现象间的依存关系，或反映出经济技术条件不同而在生产发展水平与速度上的差异。

（二）边际分析法

边际分析法，是指在生产活动中，对投入连续增加的每单位因素的作用，及其产出所产生的影响程度的分析方法。边际分析法是物质生产部门研究经济效益的一种重要方法。其理论基础是运用回归分析和微积分求导数的方法分析林业生产问题的最优化模型。

在进行林业生产时，必须在一定面积的土地上投入一定数量的人力、物力和财力，凡是在一定生产周期所消耗的生产资料数量、生产工具所提供的服务量，以及所投入的劳动量，统称为投入；生产出的成果则称为产出。

在林业生产经营活动中，应用边际分析法，通常是研究和解决以下三方面的问题：

第一，确定资源最佳投入水平。它可以揭示投入生产中的某种资源的数量与产品数量的变化及其发展趋势，通过分析，可以具体确定某种生产资源最适宜的投入量。

第二，资源利用的最佳配合比例。它反映的是生产资源之间的数量关系。通过定量分析，可以找出为获得一定数量的林产品所需要的各种生产资源最适宜的配合比例。

第三，运用有限生产资源生产多种产品，产品最佳配合比例。它所反映的是产品与产品之间的数量关系，主要解决在林业中如何将有限的资源分配于不同产品生产，以取得最大效益的问题。选择生产资源最佳投入水平的目的，是以等量的劳动消耗来生产尽可能多的林产品，并注意发挥森林的多种效益，维持和改善生态平衡，不断满足对整个社会的物质与精神生活的需要。选择生产资源最佳投入水平一般要遵循 3 条原则：①在注意生态平衡的基础上，应满足社会对林业副产品日益增加的需要；②充分有效地利用好森林资源；③节约资金，力争做到增产增收，以便获取最大的收益。

（三）因素分析法

因素分析法，也称为连环替代法。此法的基本原理运用了统计指数体系进行总量指标的因素分析原理。因素分析法是在对某个研究对象进行分析时，分析 2 个以上的因素对研究对象的影响程度的一种方法。

因素分析法的特点包括：①在对某个研究对象的某个总量指标进行分析时，将该总量指标分解成 2 个以上的因素；②在多个因素中，假定其他因素不变，而逐个分析其中一个因素变动对研究对象所发生的影响，即保持其他因素不变，看其中一个因素的变动对研究对象的影响。运用因素分析法，实质上是按顺序排列各个影响因素，从而计算各个因素对某一指标变动情况的影响程度的数值。

第六章 林业可持续发展理论与创新实践

第一节 可持续发展理论概述

一、可持续发展理论的内涵及思想

（一）可持续发展的内涵

可持续发展的内涵有 2 个最基本的方面，即发展与持续性。发展是前提，是基础，持续性是关键。没有发展，也就没有必要去讨论是否可持续了；没有持续性，发展就行将终止。

发展应从 2 个方面来理解：①发展至少应含有人类社会物质财富的增长，经济增长是发展的基础；②发展作为一个国家或区域内部经济和社会制度的必经过程，它以所有人的利益增进为标准，以追求社会全面进步为最终目标。

持续性也有 2 个方面的意思：①自然资源的存量和环境的承载能力是有限的，这种物质上的稀缺性和在经济上的稀缺性相结合，共同构成经济社会发展的限制条件；②在经济发展过程中，当代人不仅要考虑自身的利益，还应该重视后代人的利益，即要兼顾各代人的利益，要为后代发展留有余地。

可持续发展是发展与可持续的统一，两者相辅相成，互为因果。放弃发展，则无可持续可言，只顾发展而不考虑可持续，长远发展将丧失根基。可持续发展战略追求的是近期目标与长远目标、近期利益与长远利益的最佳兼顾，经济、社会、人口、资源、环境的全面协调发展。可持续发展涉及人类社会的方方面面。走可持续发展之路，意味着社会的整体变革，包括社会、经济、人口、资源、环境等诸领域在内的整体变革。发展的内涵主要是经济的发展和社会的进步。

（二）可持续发展的基本思想

可持续发展并不否定经济增长。经济发展是人类生存和进步所必需的，也是社会发展与环境保持和改善的物质保障。特别是对发展中国家来说，发展尤为重要。发展中国家正经受贫困和生态恶化的双重压力，贫困是导致环境恶化的根源，生态恶化更加剧了贫困。尤其是在不发达的国家和地区，必须正确选择使用能源和原料的方式，力求减少损失、杜绝浪费，减少经济活动造成的环境压力，从而达到具有可持续意义的经济增长。既然环境恶化的原因存在于经济过程之中，其解决办法也只能从经济过程中去寻找。亟待解决的问题是研究经济发展中存在的扭曲和误区，并站在保护环境，特别是保护全部资本存量的立场上去纠正它们，使传统的经济增长模式逐步向可持续发展模式过渡。

可持续发展以自然资源为基础，同环境承载能力相协调。可持续发展追求人与自然的和谐。可持续性可以通过适当的经济手段、技术措施和政府干预得以实现，目的是减少自然资源的消耗速度，使之低于再生速度。如形成有效的利益驱动机制，引导企业采用清洁工艺和生产非污染物品，引导消费者采用可持续消费方式，并推动生产方式的改革。经济活动总会产生一定的污染和废物，但每单位经济活动所产生的废物数量是可以减少的。如果经济决策中能够将环境影响全面、系统地考虑进去，可持续发展是可以实现的。"一流的环境政策就是一流的经济政策"的主张正在被越来越多的国家所接受，这是可持续发展区别于传统发展的一个重要标志。

二、可持续发展的内容及原则

（一）可持续发展的内容

1. 经济可持续发展

自古以来，人们追求的目标是"发展"，而经济发展，尤其是工农业发展更是"发展"的主题。但是，可持续发展不仅重视经济数量上的增长，更追求质量的改善和效益的提高，要求改变"高投入、高消耗、高污染"的传统生产方式，积极倡导清洁生产和适度消费，以减少对环境的压力。经济的可持续发展包括持续的工业发展和农业发展。

（1）持续工业包括综合利用资源、推行清洁生产和树立生态技术观。综合利用资源是指要建立资源节约型的国民经济体系，重视"二次资源"的开发利用，提倡废物资源化。清洁生产指"零废物排放"的生产。就生产过程而言，实现废物减量化、无害化和资源化；对产品而言，生产"绿色产品"或"环保产品"，即保持生产对社会环境和人类无害的产品。生态技术观是指应用科学技术与成果，在保持经济快速增长的同时，依靠科技进步和提高劳动者的素质，不断改善发展的质量。

（2）持续农业是指采取某种使用和维护自然资源的基础方式，实行技术变革和机制性改革，以确保当代人及其后代对农产品的需求得到满足。这种持久的发展（包括农业、林业和渔业）维护土地、水、动植物遗传资源，是一种环境不退化、技术上应用适当、经济上能生存下去及社会能够接受的农业。

2. 社会可持续发展

社会可持续发展不等同于经济可持续发展。经济发展是以"物"为中心，以物质资料的扩大再生产为中心，解决好生产、分配、交换和消费各个环节之中以及它们之间的关系问题；社会发展则是以"人"为中心，以满足人的生存、享受、康乐和发展为中心，解决好物质文明和精神文明建设的共同发展问题。由此可知，经济发展是社会发展的前提和基础，社会发展是经济发展的结果和目的，两者相互补充、相互协调发展，才能使得整个国家持续、快速、健康地发展，全体公民过上美满、愉悦、幸福的生活。

3. 生态可持续发展

生态可持续发展所探讨的范围是人口、资源、环境三者的关系，即研究人类与生存环境之间的对立统一关系，调节人类与环境之间的物质和能量交换过程，寻求改善环境、造福人民的良性发展模式，促进社会、经济更加繁荣昌盛地向前发展。生态可持续发展的含义是：当人类开发利用资源的强度和排放的废弃物没有超过资源、经济及生态环境承受能力的极限时，既能满足人类对物质、能量的需要，又能保持环境质量，给人类提供一个舒适的生活环境。加之生态系统又能通过自我调节能力以及环境自净能力恢复和维持生态系统的平衡、稳定和正常运转。这样的良性循环发展，不断地产生着经济效益、社会效益、生态效益，这就是生态可持续发展的要求。

可持续发展并不简单地等同于环境保护，而是从更高、更远的视角来解决环境与发展的问题，强调各社会经济因素与生态环境之间的联系与协调，寻求的是人口、经济、环境各要素之间的联系与协调发展。

（二）可持续发展的原则

1. 公平性原则

公平性原则是可持续发展观与传统发展模式的根本区别之一。可持续发展的关键问题是资源分配在时间和空间上都应体现公平。所谓时间上的公平又称代际公平，要认识到人类赖以生存的自然资源是有限的。当代人不要为自己的发展与需求而损害后代人需求的条件——自然资源与环境，要给世世代代以公平利用自然资源的权利。当前的状况是资源的占有和财富的分配极不公平。所谓空间上的公平，又称代内公平，可持续发展观认为人与人之间、国家与国家之间应该是平等的。此外，可持续发展观还认为人与其他生物种群之间也应该是公平的，应该相互尊重，人类的发展不应该危及其他物种的生存。

2. 持续性原则

可持续发展有许多制约因素，其中最主要的因素是资源与环境。

持续性原则的核心是指人类的经济活动和社会发展不能超越资源与环境承载能力，以保障人在社会可持续发展的可能性。人类要尊重生态规律、自然规律，能动地调控"自然－社会－经济"复合系统，不能超越生态系统的承载能力，不能损害支持地球生命的自然系统，保持资源可持续利用的能力。经济的发展要同环境的承载能力、自然资源的供给能力相协调，不能以损害人类共有的环境、浪费自然资源来换取经济的发展，发展要与自然和谐。

不可再生资源的合理利用、可再生资源的永续利用是实现可持续发展的首要条件。可持续发展的目标是实现经济效益、社会效益和生态效益的相互协调。

3.共同性原则

可持续发展已成为全球发展的总目标，要实现这一目标，全球必须采取共同的行动，建立良好的国际秩序和合作关系。人类只有一个地球，全人类是一个相互联系、相互依存的整体，要达到全球的可持续发展需要全人类的共同努力，必须建立起巩固的国际秩序和伙伴关系，坚持世界各国对保护地球的责任原则。各国可持续发展的目标、政策和实施步骤不全相同，但对保护环境、珍惜资源，经济发达国家负有更大的责任。要建立公正、公平、合理的国际政治经济新秩序，全人类的共同努力及采取全球共同的联合行动是可持续发展的关键。

三、可持续发展的要素及要求

（一）可持续发展的要素

第一，环境与生态要素，是指尽量减少对环境的损害。尽管这一原则得到各方人士的认可，但是目前人类科学知识的局限性使人类对许多具体问题产生了截然相反的认识：如核电站，支持人士认为它可以减少温室气体排放，是环保的；而反对人士认为核废料有长期放射性污染，同时核电站存在安全隐患，是不环保的。

第二，社会要素，是指仍然要满足人类自身的需要。可持续发展并非要人类回到原始社会，尽管那时候的人类对环境的损害是最小的。

第三，经济要素，是指必须在经济上有利可图。这有2个方面的含义：①只有经济上有利可图的发展项目才有可能得到推广，才有可能维持其可持续性；②经济上亏损的项目必然要从其他盈利的项目上获取补贴才可能收支平衡，正常运转。

（二）可持续发展的要求

第一，满足全体人民的基本需要（粮食、衣服、住房、就业等），给全体人民机会，以满足他们要求较好生活的愿望。

第二，人口发展要与生态系统变化着的生产潜力相协调。

第三，像森林和鱼类这样的可再生资源，其利用率必须在再生和自然增长的限度内，使其不会耗竭。

第四，像矿产这样的不可再生资源，其消耗的速率应考虑资源的有限性，以确保在得到可接受的替代物之前，资源不会枯竭。

第五，不应当危害支持地球生命存在的自然系统，如大气、水、土壤和生物，要把对它们的不利影响降到最低限度。

第六，物种的丧失会大大地限制后代人的选择机会，可持续发展要求保护好物种。

环境与发展是不可分割的，它们相互依存，密切相关。可持续发展的战略思想已成为当代环境与发展关系中的主导潮流，作为一种新的观念和发展道路被人们广泛接受。

第二节　林业可持续发展与森林可持续经营

一、林业可持续发展

"为了加强对当前森林资源的保护和利用，在可持续经营下，完善森林经营管理机制，开展新的森林经营以及管理工作，探索森林经营管理的主要途径，提高现代林业的建设质量，以促进林业的持续发展。"[①]

（一）林业可持续发展的目标和特征

我国目前在针对林业可持续发展的过程中有着自身的目标和特征。

我国目前林业可持续发展的目标是：在林业发展的过程中提升林业发展的经济效益，满足经济社会发展对于林业资源的需求，同时要保护我国的林业资源，促进我国林业的可持续发展。

我国目前在开展林业可持续发展工作的过程中主要的特征是：林业发展的过程中的整体发展具有较强的动态性，同时十分重视林业发展的协调性和综合性，因此应当根据我国目前发展的特点来开展林业可持续发展的相关工作。

（二）林业可持续发展的主要原则

我国制定了相应的原则来开展林业可持续发展的工作，目前在开展林业可持续发展的过程中主要遵循的原则主要有四点，分别是公平性原则、持续性原则、公益性原则、需求性原则。其中公平性原则是指在利用林业资源的过程中要考虑到后代的使用状况；持续性原则是指在利用林业资源的过程中要考虑到森林的承受能力，应当避免传统利用方式的使用；公益性原则是指在开展林业可持续发展工作的过程中要进行全球化的协调和使用；需求性原则是指在利用林业资源的过程中要考虑到多方的利益，满足多方对于林业资源的需求。

---

① 邸桃元. 森林可持续经营管理措施［J］. 特种经济动植物，2022，25（01）：123.

（三）林业可持续发展的主要思想

我国在开展林业可持续发展战略的过程中有着其自身的思想，只有这样才能够真正指导我国林业的可持续发展。在利用林业资源的过程中要能够让林业资源成为国民经济的重要增长点，但是在使用的过程中应当保证林业经济的可持续增长，同时应当保证林业经济在发展的过程中整体发展的水平要不断提升，依靠科学技术的进步来进一步促进林业经济的增长。同时应当以林业生态系统的整体运行状况为基础来开展相应的工作，在利用森林资源的过程中应当以森林的整体承载力为基础，达到促进林业经济可持续发展的目的。

二、森林可持续经营

（一）森林可持续经营的层次

在对森林进行开发和利用的过程中应当保证森林可持续的经营和发展，在对森林进行经营的过程中应当分清森林可持续经营的层次，在进行开发和经营的过程中应当注重对于技术层次的开发和利用工作，在开展相应工作的过程中应当按照相应的技术标准进行调查、规划以及评价工作。我国以前在进行森林经营的过程中主要是围绕培育森林木材的目的，但是在利用这种技术的过程中会对森林生态造成严重的损害，不利于我国森林可持续经营和发展。因此在开展相应工作的过程中应当利用新的技术和新的理念，以促进森林可持续经营和发展。

（二）森林可持续经营的任务

我国在进行森林可持续经营的过程中有着自身的任务，在开展相应工作的过程中主要是通过对森林资源的合理利用来提升森林整体的经济效益，同时减少对森林自身生态产生的损害。只有这样才能够促进森林可持续经营的进一步发展，提升我国林业经营的整体水平。

（三）森林可持续经营的要素

在对森林进行经营的过程中应当按照其自身的因素来开展相应的工作，我国的森林资源虽然非常丰富，但是人均的森林资源非常少，因此在进行利用和经营的过程中应当按照相应的因素来开展相应的工作。在进行森林可持续经营的过程中应当有有效的法律和制度保障，应当减少外部因素对森林经营效果的影响。同时在开展相应经营工作的过程中应当按照相应的经营单元来实施可持续的经营方案，按照相应的种类来开展经营工作。

（四）森林可持续经营中的配置方案

在开展森林可持续经营和发展的过程中应当按照相应的配置方案来开展相应的经营工作，在经营的过程中应当根据森林生态的发展状态来开展相应的管理工作，应当在不同的经营目标之间找到均衡，从而创造森林经营可持续性的一项关键性资源配置方案。

第三节　推动林业可持续发展的创新技术

一、创新林业技术对推动林业可持续发展的重要意义

（一）产业结构优化

技术创新对林业产业结构的积极影响体现在诸多方面，其中新品种的培育是最直接的体现。就当前而言，大部分的林业品种主要是传统的品种，而传统的品种在种植管理过程中存在一定的缺点，具体表现为繁衍周期较长、树种生长速度较慢、抗病虫害能力较弱。因此在技术不断发展的背景下，我国的林业发展战略规划也会越来越科学。利用技术创新的方式，可以对林业的发展结构进行优化，从而促进我国林业的可持续发展。

（二）提高经济效益

我国林业工程管理模式属于粗放型模式，也存在较多的弊端，因此在后期的林木养护以及病虫害防治过程中，需要消耗大量的人力、物力和财力。这种管理模式本身的技术含量较低，投入的成本较高，最终取得的效益不够明显。而通过新的技术创新手段培育出的新品种，具有繁衍周期短、生长速度快、抵抗能力强的特点，并且生命力相对旺盛，在后期的管理过程中可以节约成本，对于增加经济效益起到重要的积极影响。

（三）推动健康发展

在传统的林业工程建设与管理中，服务体系和管理机制不够完善，导致林业区的自然灾害发生的概率较高。另外，对于林业的管理不够科学，环境逐渐恶化，不利于林业的可持续发展。在科技的快速发展下，通过不断创新，可以将信息管理技术平台更好地应用到林业的管理中，比如资源培育技术、灾害控制技术、经营管理技术以及生态管理技术等，对于改善管理水平具有重要意义。通过这种方式还能有效解决林业产业发展与自然环境之间的矛盾，从长远的角度制订林业发展规划，从而实现林业的可持续发展。

二、推动林业可持续发展策略

（一）优化林业技术创新发展体系

林业技术创新资金投入方面不能仅依靠政府财政给予，要通过多种渠道，如金融融资和引进外资等，多方筹措来解决资金不足的问题，政府应加大对林业的扶持力度，通过减免税收等政策减轻压力，推动林业技术创新发展。另外，通过引进国外先进科研成果、积极参与国际林业技术发展大会等方式，增加学习机会，增强沟通交流，营造一个良好的林业技术创新发展环境。

（二）加强对林业创新技术的研发

林业创新技术的研发需要精良的林业装备，要将现有的林业装备整合提升，助力开发林业资源。积极利用当前林业资源，建立起开放、合作、公平的良性技术创新管理机制，提高林业创新技术科研成果的转化程度，推动林业技术的更新换代，提高林业产业经济效益。淘汰陈旧的模式和技术，以创新高新技术知识产权为重点，改革研发新型林业高新技术产品，促进绿色林业经济的可持续发展。

（三）加强林业技术人才培养

做好林业技术创新就需要有高素质林业人才队伍的支持，必须有效利用好林业科学技术人才，将人才放到合适的位置上，才能发挥最大的作用。丰富林业人才队伍的配置，完善队伍结构，各研究方向的人才都要配齐，将具有专业林业技术知识且具有丰富实践经验的人才提拔起来，设立学习标杆，引导比学赶超，营造积极向上的学习氛围。提高对林业教育的重视，加大对教育培训的投入，注重林业专业技术人才的开发和培养，全面提升林业队伍人才的综合素质，引导林业技术专业人才对林业技术创新的积极性。

总之，现代化林业产业发展是落实生态环境保护的主要途径，也是实现林业生态和谐建设的重要举措。在现代化林业发展中推动林业技术创新，是实现林业产业发展的基础。

参考文献

[1] 程鹏，束庆龙．现代林业理论与应用 [M]．合肥：中国科学技术大学出版社，2007．

[2]《林业工作改革创新与现代林业建设》编委会．林业工作改革创新与现代林业建设 [M]．北京：经济日报出版社，2017．

[3] 艾亚玲．林业技术管理创新工作探析 [J]．南方农业，2022，16（14）：65-67．

[4] 蔡晖，牛薇婉．林业管理可持续发展对策 [J]．现代农业科技，2020（05）：140+143．

[5] 曹建斌．新技术在林业资源管理中的应用 [J]．中国高新科技，2022（03）：61-62．

[6] 陈东腾．对南方林业生态管理对策的探析 [J]．林业科技情报，2021，53（03）：79-80+83．

[7] 邸桃元．森林可持续经营管理措施 [J]．特种经济动植物，2022，25（01）：123-124．

[8] 范琼，杜帅帅，刘德正．林业信息化建设与森林资源管理探究 [J]．河北农机，2021（11）：111-112．

[9] 冯建华，祁有海．林业资源保护和森林防火管理措施探讨 [J]．新农业，2022（21）：41-42．

[10] 耿玉德．现代林业企业管理学 [M]．哈尔滨：东北林业大学出版社，2016．

[11] 郭莹．实施智慧林业管理模式提升森林资源管护水平 [J]．智慧农业导刊，2022，2（21）：4-6．

[12] 侯元兆，李玉敏，张颖，等．森林环境价值核算 [M]．北京：中国科学技术出版社，2002．

[13] 胡显勇．基于生态文明视角下林业管理及可持续发展的实践与思考 [J]．农家参谋，2019（07）：134+188．

[14] 胡彦．林业防火管理及森林资源保护建议 [J]．现代农业科技，2022（10）：122-123+128．

[15] 蒋有绪，郭泉水，马娟，等．中国森林群落分类及其群落学特征 [M].2 版．北京：

科学出版社，2018.

[16]蒋志仁，刘菊梅，蒋志成.现代林业发展战略研究[M].北京：北京工业大学出版社，2019.

[17]康海峰.林业资源保护和森林防火管理措施探讨[J].消防界（电子版），2021，7（24）：118-119.

[18]李静.林业抚育采伐技术与管理探析[J].科技资讯，2022，20（16）：107-109.

[19]李文林.林业资源保护和森林防火管理措施微探[J].农村实用技术，2021（12）：115-116.

[20]刘奇鹏.林业可持续发展和森林可持续经营的理论[J].黑龙江科技信息，2016（20）：267.

[21]刘艳春.浅析林业工程造林管理的方法及意义[J].新农业，2022（15）：47.

[22]刘颖.林业信息化建设与森林资源管理的研究[J].河南农业，2022（02）：49-50.

[23]刘永波.浅析现代林业经营工作[J].科技创新与应用，2014（15）：272.

[24]吕彬.关于林业生态工程建设的思考[J].河北农业，2021（12）：55-56.

[25]吕洁华，张滨.国有林区林业产业识别与产业建设研究——以黑龙江省为例[M].北京：科学出版社，2018.

[26]马雪亮，秦婷.林业经济效益与生态保护的平衡[J].现代园艺，2016（08）：146-147.

[27]孟雪梅.生态防治森林病害的策略[J].农业技术与装备，2021（06）：137-138.

[28]乔和文.浅谈森林资源管理与生态林业发展对策[J].南方农业，2022，16（02）：104-106.

[29]邵小荣.森林防火管理及林业生态安全管理措施[J].世界热带农业信息，2023（01）：50-51.

[30]盛友谊，郭尔庆，王勇.现代林业理论与工程实践[M].长春：吉林科学技术出版社，2012.

[31]覃丹.创新林业技术推动林业可持续发展[J].新农业，2021（17）：88-89.

[32]覃淑贞，徐德兰.水源涵养林对水资源的保护与利用的途径与方法[J].河南林业科技，2019，39（04）：34.

[33]谭鹏.林业生态管理技术的要求与应用解析[J].新农业，2022（11）：45-46.

[34]陶媛媛.森林资源管理与生态林业发展探析[J].新农业，2020（21）：38-39.

[35]王海帆.现代林业理论与管理[M].成都：电子科技大学出版社，2018.

[36] 吴娘初. 信息技术时代下林业管理策略分析 [J]. 现代农业研究，2021，27（01）：83-84.

[37] 肖立华. 我国生态林业管理现状及改良策略 [J]. 中小企业管理与科技（下旬刊），2019（07）：1-3.

[38] 徐紫茜. 我国林业资源管理存在的问题及对策 [J]. 乡村科技，2020，11（35）：83-84.

[39] 薛美丽，高敬红，王娟. 林业营林方法与病虫害预防管理措施分析 [J]. 现代农业研究，2022，28（06）：93-95.

[40] 杨晓占，冯文林，冉秀芝. 新能源与可持续发展概论 [M]. 重庆：重庆大学出版社，2019.

[41] 于洋. 生态文明视角下林业管理及可持续发展探讨 [J]. 现代园艺，2020，43（07）：67-69.

[42] 翟明普，马履一，方升佐. 现代森林培育理论与技术 [M]. 北京：中国环境科学出版社，2011.

[43] 张永泰. 论生态文明下的林业管理可持续发展策略 [J]. 山西农经，2021（23）：136-137.

[44] 赵红花. 林业管理中发生病虫害的影响因素及防治技术 [J]. 农家参谋，2021（09）：164-165.

[45] 赵文鹏. 林业可持续发展中森林经营管理的有效策略 [J]. 中国产经，2021（14）：182-183.

[46] 郑华，张路，孔令桥，等. 中国生态系统多样性与保护 [M]. 郑州：河南科学技术出版社，2022.

[47] 周晓丽. 林业基层管理中应用智慧林业的探索与实践 [J]. 智慧农业导刊，2022，2（22）：8-10.

[48] 刘永波. 浅析现代林业经营工作 [J]. 科技创新与应用，2014（15）：272.